Elite Training Workbook

Mit Wissenschaft zu mehr Muskeln, mehr Kraft und mehr Ästhetik.

Sjard Roscher

Copyright 2018 CJ Marketing GbR
vertreten durch Sjard Roscher
Alle Rechte reserviert

Erste Auflage
Juli 2018

Bibliografische Information der Deutschen Nationalbibliothek
Die Deutsche Nationalbibliothek verzeichnet diese Publikation in der Deutschen Nationalbibliografie. Detaillierte bibliografische Daten sind im Internet über https://www.dnb.de abrufbar.

Für Fragen und Anregungen:
info@sjardfitness.de

1. Auflage Juli 2018
© 2018 CJ Marketing GbR
Neuer Weg 1
14656 Brieselang
Deutschland
Tel.: 0178 / 102 66 52
E-Mail: info@sjardfitness.de

Vertreten durch:
Sjard Roscher & Christian Jäck

Hinweis:
Alle Rechte, insbesondere das Recht der Vervielfältigung und Verbreitung sowie der Übersetzung, vorbehalten. Kein Teil des Werkes darf in irgendeiner Form (durch Fotokopie, Mikrofilm oder ein anderes Verfahren) ohne schriftliche Genehmigung der vertretungsberechtigten Personen reproduziert oder unter Verwendung elektronischer Systeme gespeichert, verarbeitet, vervielfältigt oder verbreitet werden.

Haftungsausschluss:
Die Benutzung dieses Buches und die Umsetzung der darin enthaltenen Informationen erfolgt ausdrücklich auf eigenes Risiko. Der Autor kann für Schäden jeder Art, die sich durch Anweisung dieses Buches ergeben, aus keinem Rechtsgrund eine Haftung übernehmen. Das Werk inklusive aller Inhalte wurde unter größter Sorgfalt erarbeitet. Der Autor übernimmt jedoch keine Gewähr für die Aktualität, Korrektheit, Vollständigkeit und Qualität der bereitgestellten Informationen. Druckfehler und Falschinformationen können nicht vollständig ausgeschlossen werden. Es kann keine juristische Verantwortung sowie Haftung in irgendeiner Form für fehlerhafte Angaben und daraus entstandenen Folgen vom Autor übernommen werden.

ISBN Print: 978-3-948233-03-7
ISBN E-Book (PDF): 978-3-948233-08-2

The Laughing Heart

your life is your life
don't let it be clubbed into dank submission.
be on the watch.
there are ways out.
there is a light somewhere.
it may not be much light but
it beats the darkness.
be on the watch.
the gods will offer you chances.
know them.
take them.
you can't beat death but
you can beat death in life, sometimes.
and the more often you learn to do it,
the more light there will be.
your life is your life.
know it while you have it.
you are marvelous
the gods wait to delight
in you.

Charles Bukowski

Widmung

Fitness ist eine Reise ... eine Reise zu sich selbst, zu seinen tiefsten inneren Dämonen und eine Reise zu seinen höchsten Höhen. In all den Jahren auf dieser Welt habe ich keinen besseren Lehrer für das Leben finden können. Niemand lehrte mich die Selbstdisziplin und die Eigenverantwortung so sehr, wie es dieser Sport tat und weiß Gott, immer noch tut. Dieses Buch ist für uns. Für uns, die nach mehr streben. Für die, die ihre kühnsten Träume wahr werden lassen wollen und gewillt sind, ihn mit Blut, Schweiß und Tränen zu bezahlen.

Lerne, das Eisen zu lieben. Entwickle die Disziplin. Schätze die vielen Stunden und die vielen Momente der Unlust und erkenne, dass nur du dein Schicksal bestimmen kannst. Im Leben und in diesem Sport ganz besonders. Meistere deine Gewohnheiten und meistere dich selbst - und du wirst erblühen und eine Sicht auf die Welt entwicklen, wie du sie nie wieder missen willst. Das hier ist für dich. Nutze es und siege.

Danksagung

Fitness ist eine Reise ... und so ist es ebenfalls eine Reise, dieses Buch zu schreiben. Eine Reise mit Hindernissen, Rückschlägen und so manchem Schicksalsschlag. Die Wahrheit ist, ohne dich wäre ich nicht hier und ohne dich wäre dieses Buch niemals entstanden.

Ich danke dir persönlich von ganzem Herzen. Für jeden Kommentar, für jeden gelesenen Abschnitt und für jede noch so kleine Nachricht. Ohne Menschen wie dich wäre ich nicht hier und keines meiner Bücher hätte jemals das Licht der Welt erblickt. Deine Unterstützung ist die Flamme in meinem Herzen und sie lässt mich jeden Tag geladen aus dem Bett springen, in der Erinnerung, dass es hier eine Mission zu erledigen gibt. Dafür danke ich dir und ich hoffe, dass dich dieses Buch wieder ein ganzes Stück weiterbringt.

Fitness ist eine Reise ... doch es ist eine Reise, die wir nicht alleine beschreiten müssen. Ich bin für dich da. Du bist für mich da - und ich danke dir dafür.

Meine Geschichte:
Wie ich nicht nur meinen Körper formte, sondern mein gesamtes Leben.

Jeder Mensch braucht ein Warum. So sagt es schon die alte Prophezeiung: Ohne eine Vision vergehen wir. Ohne eine Vision sterben wir. Ohne einen Traum sind wir nichts ...

So ist es meine Vision, meine Mission, den Menschen die simplen Werkzeuge für echte und nachhaltige Veränderung an die Hand zu geben. Die Form von Wissen, mit dem so viele Menschen ihr Schicksal selber in die Hand nehmen können und dass sie endlich gesünder und fitter werden. Wissen, damit sie endlich den Körper ihrer Träume erreichen und ein langes, vitales und kraftvolles Leben führen können. Ein Leben ohne Krankheiten und Lethargie, sondern ein Leben voller Freude, Glück, Erfüllung und Kraft.

HEY - HIER IST SJARD und wenn du dich fragst ob, du gerade ein Fitness- oder doch eher ein Philosophiebuch in den Händen hältst, dann kann ich dich beruhigen: Es ist zu 100% ein Fitnessbuch und hier geht es um die fortgeschrittenen Strategien zum Muskelaufbau.

Dennoch sehe ich viele Parallelen zwischen dem Weg zur eigenen Fitness und der Philosophie. Fitness ist im Grunde wie meditieren: Tag um Tag um Tag gehen wir ins Fitnessstudio. Wiederholung für Wiederholung kämpfen wir uns nach oben und gleichzeitig fühlt man sich wie auf einer Rolltreppe, auf der man sich unmöglich erlauben kann, stehen zu bleiben. Es muss nur nach oben gehen - oder das Gerüst zerfällt nach einiger Zeit und wir sind wieder am Ausgangspunkt angekommen.

Krafttraining, Bodybuilding und Fitness können sehr undankbar sein. Viele müssen ihr Leben nach dem Sport ausrichten, größere und kleinere Anpassungen im Alltag vornehmen und quälen sich wohl auch hin und wieder ...

Und dennoch ist der Kraftsport der wahrscheinlich beste und nobelste Sport, der mir in all den Jahren meines Lebens über den Weg gelaufen ist. Krafttraining ist immer ehrlich. Es belohnt und bestraft gnadenlos. Wir können nicht schummeln, es gibt keine Abkürzung und wer immer wieder nur seine Ausreden gelten lässt, der wird es leider niemals schaffen.

Zudem lernen wir so viel über uns selbst. Wir müssen lernen, was es bedeutet, Gewohnheiten zu implementieren und auch, dass wenn wir versagen dies nicht zu schaffen, dass wir unsere Ziele niemals erreichen werden. Wir lernen, was es heißen kann zu kämpfen und dass wir weit mehr leisten können, als wir uns es manchmal sogar selbst zugestehen. Wir lernen die wahre Bedeutung von Geduld und Konsistenz und auch, dass echte Resultate vor allem Zeit brauchen. Nicht nur Tage oder Wochen, sondern viel eher Monate und sogar Jahre. Wir lernen, an einer Sache dranzubleiben und nicht eher aufzugeben, bis wir unser selbsternanntes Ziel wirklich erreicht haben.

All dies sind Lektionen, die mich nur der Kraftsport lehren konnte. Denn wir formen nicht nur unseren Körper - wir formen vor allem unseren Charakter und unseren Geist. Dies ist auch der Grund, warum ich glaube, dass das Training durchaus etwas tiefes Philosophisches an sich hat ...

Meine eigene Fitnessreise begann mit einem folgenschweren Radunfall im Jahre 2013. Ich stürzte so schwer auf meine rechte Schulter, dass mit einem Schlag alle essentiellen Sehnen rissen und meine Schulter vollständig demoliert war. In Fachkreisen nennt man diese Verletzung eine Schultereckgelenksprengung (richtig, hört sich schon nicht schön an ... war es auch nicht). Nur wenige Wochen zuvor begann ich erstmalig mit dem Krafttraining und ich wurde sofort vom Eisen-Käfer gebissen: Ich verspürte eine so tiefe Freude beim Trainieren und ich wusste, dass dies meine Zukunft ist. Ich wollte alle anderen sportlichen Aktivitäten an den Nagel hängen und mich von nun an nur noch voll und ganz auf das Krafttraining fokussieren. Leider kam es etwas anders ...

Die Ärzte prognostizierten mir eine finstere Zukunft und ich solle doch froh sein, wenn ich meine Schulter jemals wieder voll schmerzfrei bewegen würde können. Ich war am Boden zerstört, mein Herz war gebrochen ...

Sollte meine Karriere und der Wunsch, nur ein einziges Mal in meinem Leben wie ein echter Athlet auszusehen, bereits mit nur 20 Jahren im Sande begraben liegen?

Ich betete täglich für das Gegenteil. Nach meinem Unfall am 03.05.2013 unterzog ich mich mehreren OPs, bekam eine Stahlplatte in die Schulter geschraubt und war den Rest des Jahres mit Heilen, Regenerieren und der Rehabilitation meiner Schulter beschäftigt.

In den vielen Momenten tiefer Trauer und Verzweiflung schwor ich mir, dass wenn ich nur ein einziges Mal wieder die Chance in meinem Leben bekommen würde, ich das *Fitness-Ding* bis zum Schluss durchziehen würde und mir und den Ärzten beweisen würde, was wirklich in mir steckt. Und so kam der Tag: Am 01.01.2014 meldete ich mich in meinem lokalen Fitnessstudio in Berlin-Marzahn an und trainierte wie ein Besessener (fast). Ich fing langsam an, kämpfte über Wochen und Monate mit den Schmerzen in meiner Schulter und übte mich in Geduld und der Zügelung meiner großen Ambitionen.

Dazu las ich jede Woche diverse Bodybuilder-Magazine, stöberte in Blogs herum und schaute jedes Interview mit all den großen, erfolgreichen und muskulösen Bodybuildern im Internet. Ich dachte, ich hätte den Weg zum Erfolg verstanden. Ich trainierte nach ihren Plänen, ernährte mich nach ihren Methoden und kaufte ihre Supplemente. Monat für Monat. Doch ich stagnierte ... es wollte sich einfach nichts tun. Selbst nach 2 Jahren intensivstem Krafttraining nicht.

Anstatt Muskeln aufzubauen, wurde ich fetter. Anstatt einen Sixpack zu haben, wurde nur mein Geldbeutel schmaler, und auch wenn ich es schon immer für sinnvoll hielt, in mich zu investieren, so schlugen all die fragwürdigen Supplemente bei mir (natürlich) nicht an und ich war frustriert. Ich hatte keine echten Ansatzpunkte und mehr als hart trainieren und viel essen gab mein Standardrepertoire leider nicht her und so dachte ich ans Aufgeben. Ich hatte keine Lust mehr. Immer schienen es nur die anderen zu sein, die Ergebnisse erzielten - doch ich? Ich drehte mich lediglich hoffnungslos im Kreis und war gefrustet.

Doch dann erinnerte ich mich an mein Versprechen. Mein Versprechen, dass ich niemals aufgeben und den Weg bis zum bitteren Ende gehen würde. Also änderte ich meine Strategie. Ich studierte die Arbeit von Top-Natural-Bodybuildern, las mich in Studien ein und verbannte sämtliche Magazine aus meinem Leben. Ich glaubte nicht länger falschen Werbeversprechungen und investierte mehr Zeit denn je in meine Bildung.

Doch was viel wichtiger ist: Ich änderte meine kompletten Ansatz. Anstatt 6 Tage die Woche ins Fitnessstudio zu gehen, ging ich fortan nur noch jeden zweiten Tag ins Studio und kam somit auf lediglich 3 bzw. 4 Trainingstage pro Woche. Ich stellte meine Ernährung um und beschäftigte mich mit Dingen wie der Kalorienbilanz und Makronährstoffverteilung. Im Training fokussierte ich mich weniger auf den *Pump*, sondern vielmehr auf die Progression und darauf, dass ich stets stärker in den großen Grundübungen wurde.

So sah ich vor meiner Umstellung und vor den vielen anderen Ansätzen und Strategien aus. Auf dem folgenden Bild trainiere ich bereits seit 2 Jahren regelmäßig im Gym, oftmals an 6 Tagen in der Woche. Das Ergebnis ist alles andere als beeindruckend ...

Mein Körper nach exakt 2 Jahren Krafttraining ...

Weder dick noch schlank, aber dass ich zu diesem Zeitpunkt 24 Monate mit 6 Tagen Gym die Woche verbracht habe, das sieht man mir beim besten Willen nicht an ... oder?

Mit den neuen Strategien änderte sich mein Körper. Ich änderte mich und langsam, aber sicher, stellten sich die ersten Resultate ein. Meine Schultern wurden runder, mein Rücken breiter und meine Brust größer. Meine erste Bizepsvene zeigte sich und ich hatte Blut geleckt. Also entschloss ich mich ernst, zu machen und das erste Mal in meinem Leben eine *echte Diät* hinzulegen - eine Diät, so wie sie die Wissenschaft empfiehlt und nach neusten Erkenntnissen ...

Formupdate 6 Monate später

Ich machte ernst. Keine Ausreden mehr, keine Partys mehr - was ich wollte, waren Resultate! Ich speckte über 7 Kg ab und hatte das erste Mal in meinem Leben einen echten Sixpack.

Ein unglaubliches Gefühl - bis heute!

Es klappte ... es klappte wirklich. Niemals hätte ich das für möglich gehalten und ich war hungrig nach mehr. Ich wusste also, wie eine Diät funktioniert und auch, wie man einen Sixpack bekommt - aber wie schaffe ich es nun zu mehr Muskulatur? Wie kann ich es schaffen, stärker zu werden und meinen Körper auf das nächste und auf das übernächste Level zu bringen? Also gingen meine Recherchen weiter. Ich studierte Progressionsarten und lernte alles über die verschiedenen Trainingsparameter. Es war unglaublich verwirrend und es hat mich viele Anläufe gekostet, dieses Wissen gebündelt zu verstehen und umzusetzen. Es schien, als würde es immer tiefer und tiefer in den Kaninchenbau gehen und ich fragte mich, ob ich wohl jemals ankommen würde ... dieses Ankommen beschäftigt mich noch heute, ganze 3 Jahre später und ganz ankommen werde ich wohl nie. Doch eines merkte ich: *Es funktionierte und ich wurde stetig besser und besser ...*

Formupdate nach 3 1/2 Jahren Krafttraining

Stück für Stück feilte ich an meinem Körper. Ich arbeitete mich langsam nach oben und neben meiner Definition konnte ich auch allmählich mit purer Muskelkraft glänzen. Die Trainingsparameter griffen immer besser ineinander, ich verstand immer mehr, worum es wirklich geht, und ich wurde besser und besser ...

Formupdate nach 4 1/2 Jahren Krafttraining

Das ist, wovon ich geträumt habe. Ich bin gesund, fühle mich pudelwohl, habe alles unter Kontrolle und wenn ich heute in den Spiegel schaue, dann muss ich doch schon manchmal vor Erstaunen schmunzeln ...

Ich habe meinen Frieden gefunden und den Kampf gewonnen. Doch viel wichtiger: Es funktioniert und ich habe die Gewissheit, dass man selbst auf natürlichem Wege und ohne verbotene Substanzen und Drogen einen herausragenden Körper aufbauen kann.

Der Beginn meiner Karriere

Unverhofft kommt oft - sagt man zumindest. Auf mich und meine Karriere passt dies wohl aber wie die Faust aufs Auge. Heute habe ich das Privileg, als Fitnessmodel und Buchautor arbeiten zu dürfen, wobei nichts von beidem war meine ursprüngliche Intension oder Absicht.

Meine Karriere als Fitnessmodel nahm im Jahre 2016 richtig Fahrt auf, kurz nachdem ich mich das erste Mal so richtig in Shape gebracht habe. Ich kam bei McFit unter Vertrag und erhielt sogar nach einiger Zeit den Status des Profis. Ich arbeitete für diverse nationale und internationale Firmen und konnte tatsächlich nach kurzer Zeit meinen gesamten Lebensunterhalt aus den Einnahmen des Modelns bestreiten.

Meinen bisherigen persönlichen Höhepunkt fand diese Karriere im Gewinn des ersten New Body Awards von McFit. Hier setzte ich mich gegen 3.000 andere starke Teilnehmer durch und wurde für 1 Jahr das Gesicht der größten Fitnessstudio-Kette Deutschlands.

Ich kam auf das Cover eines renommierten Fitnessmagazines und auch wenn ich die vielen Magazine stets auf Kieker habe, so ging doch für mich ein großer Traum in Erfüllung und der Albtraum der vergangenen Jahre und Verletzungen war ein für alle Mal überwunden.

Meine zweite Karriere ist die als Autor und Fitness-Mentor - welche ebenfalls alles andere als geplant war. Mitte 2016 war ich derart von der Fitnessindustrie angewidert mit all ihren Fake-Athleten, die allesamt auf anabolen Steroiden neuen Sportlern falsche Träume verkauften. Vor nicht allzu langer Zeit war ich selbst eines dieser *Opfer* und so wollte ich der Industrie für immer den Rücken kehren. Zwar war ich selbst Fitnessmodel und liebte den Sport über alles, doch ich wollte kein Teil der Industrie sein. Weder jetzt noch in der Zukunft. Auch wollte ich nicht den *naturalen Messias* spielen, der all die Fake-Sportler an den Pranger stellen würde und vergebens versucht, die Missstände aufzudecken. In meiner Vorstellung hatte ich eine Chance gegen diese aufgespritzten Übermenschen und ich wollte den Kampf um Gerechtigkeit und Aufklärung nicht beschreiten ...

Also kehrte ich der Industrie den Rücken zu und wendete mich anderen Zielen und Leidenschaften in meinem Leben zu. Doch ganz stillschweigend wollte ich nicht gehen. Immer wieder kamen Freunde und Bekannte auf mich zu und baten mich um Rat. Anstatt also immer wieder die selbe Story erzählen zu müssen, entschloss ich mich, einen kleinen Ratgeber zu verfassen und die erste Fitness Fibel war geboren. Kurz, knackig und gefüllt mit ersten praxisrelevanten Ratschlägen. Wie es der Zufall wollte, verirrte sich dieser kleine Ratgeber eines Tages auf Amazon und wuchs zum Leser-Liebling heran. Innerhalb weniger Wochen sollte dieser winzige Ratgeber zum Bestseller aufsteigen und über 18 Monate das meistverkaufte Buch in der Kategorie *Bodybuilding und Krafttraining* auf Amazon sein. Viele hunderte Nachrichten erreichten mich und die Leser bedankten sich nicht nur für meine ehrliche und authentische Art, sondern berichteten mir, dass sie endlich wieder Fortschritte machen würden und dass das Training ihnen wieder Spaß machen würde. Damit war der Traum geboren und ich entschloss mich, mein Wissen tiefer zu fundieren und es noch besser für die vielen ambitionierten Athleten im ganzen Lande aufzubereiten.

Ein Jahr später veröffentliche ich die rundum und komplette erneuerte Version meines Manifestes: *Die Fitness Fibel 2.0 - Der wahre Weg zum Traumköper!*

Vom hoffnungslosen Fall zum Fitnessmodel & #1-Bestseller-Autor ...

Was sich nach außen hin so pompös und beeindruckend liest, ist in Wirklichkeit kein Grund, überheblich zu sein oder zu denken, *ich hätte es geschafft*. Verstehe mich bitte richtig: Ich bin extrem stolz auf meine Errungenschaften und wenn ich später auf mein Leben zurückblicke, dann kann ich sagen, dass ich es wirklich versucht habe - und das erfüllt mich mit Seelenruhe. Doch ich mache all das hier weder um zu zeigen, wie toll ich doch bin, noch um anzugeben. Vielmehr will ich dir verständlich machen, dass ich absolut nichts Besonders bin. Wir sind uns höchstwahrscheinlich sogar sehr ähnlich.

Ich komme aus einem kleinen Dorf und liebe, es auf dem Land zu leben. Ich genieße lange Spaziergänge und lese gerne spannende Bücher. Ich habe keine gute Genetik, ich war nie der Sportlichste in der Schule und von purem Glück kann man bei meiner Laufbahn auch bei bestem Willen nicht reden. Ich hatte die schlechtesten Voraussetzungen, um mit Fitness auch nur irgendwie erfolgreich zu werden - und doch habe ich bewiesen, dass es funktioniert.

Dieser Punkt ist mir extrem wichtig und liegt mir ganz besonders am Herzen. Ich bin nichts Besonders. Ich bin ein junger Mann mit einem Traum aus einem kleinen Dorf. Das Leben hat mir in der Vergangenheit viele Steine in den Weg gelegt und gefühlt hört das niemals auf. Ich bin nicht perfekt. Mein Alltag ist nicht perfekt. Ich habe keinen besonders hohen IQ und für all die schönen Studiengänge wurde ich leider abgelehnt, einfach weil mein Abitur zu miserabel war.

Ich habe dir lediglich drei Dinge voraus: Etwas mehr Zeit, etwas mehr Wissen und etwas mehr Willenskraft. Doch gestartet bin auch ich bei Null (vermutlich eher irgendwo bei -3). Ich wurde nicht als Fitnessmodel geboren und habe auch keine besonders gute Veranlagung dafür. Meine Schulter war vollständig demoliert. Meine Gesicht ist voll mit Akne-Narben aus der Pubertät und bis zu meinem 21. Lebensjahr hatte ich nicht auch noch nur im Ansatz einen meiner Bauchmuskeln jemals zu Gesicht bekommen.

Alles, was ich dir voraus habe, kannst du lernen und ebenfalls meistern. Mein Körper ist erreichbar und vermutlich schneller und besser, als du es selbst jemals vermuten würdest.

Ich sage nicht, dass du in nur 21 Tagen deinen absoluten Traumkörper erreicht hast und in nur 4 Wochen wie Brad Pitt in Fight Club aussiehst. Was ich dir dagegen hin anbiete, ist meine Hand, mein Wissen und das Verspechen, dass all dies hier funktioniert und es keine Frage des *Ob* ist, sondern nur des *Wann*.

Auch mache ich dir keine falschen Versprechungen und locke dich mit irreführenden Marketingkampagnen zu meinen Büchern und weiß im Grunde schon vorher, dass es nur eine Frage der Zeit ist, bist du gefrustet das Handtuch schmeißt.

Was ich dir aber biete, ist die Wahrheit (falls es so etwas überhaupt gibt - *aber ich berichte von meiner Wahrheit, die gefüllt ist mit 5 Jahren Erfahrung, hunderten Studien, dutzenden Büchern und tausenden Stunden des Testens und Scheiterns.*)

Dieses Buch wird dein Training für immer verändern und der Inhalt kann und sollte der Begleiter deines Trainings für die nächsten Jahre sein. Ich weiß auch, dass es an manchen Stellen kompliziert und teilweise auch verwirrend sein kann. Doch bleib auch du am Ball. Zieh auch du das Ding durch und meistere die Fitness und somit dich selbst.

Du hast nur dieses eine Leben. Du hast nur diesen einen Körper - also mache ihn zu deinem großartigsten Projekt, an dem du jemals gearbeitet hast. So viele Leute vor dir haben es bereits vorgemacht. Leute mit viel weniger Talent und viel schlechteren Voraussetzungen. Warte nicht länger auf morgen, sondern kämpfe für deinen Erfolg. Im Heute. Im Jetzt ... und erreiche deinen Traum.

Ich glaube an Dich!

In Freundschaft
Dein Sjard

Imitiert das Leben das Gym oder imitiert das Gym das Leben?

Es gibt keine Antwort auf diese Frage

- Tom Platz

Inhaltsverzeichnis

EINLEITUNG — 25

DAS STREBEN NACH ÄSTHETIK — 29

WIE VIEL MUSKELMASSE KANN MAN IN EINEM JAHR AUFBAUEN? — 37

DIE VERSCHIEDENEN MUSKELFASERTYPEN — 43

DIE PERIODISIERUNG DES TRAININGS — 51

BESTÄNDIGKEIT, VOLUMEN, INTENSITÄT UND FREQUENZ — 59
- DIE BESTÄNDIGKEIT — 60
- DAS TRAININGSVOLUMEN — 62
- DIE TRAININGSINTENSITÄT — 68
- DIE TRAININGSFREQUENZ — 78

PROGRESSION - DER SCHLÜSSEL ZUM ERFOLG — 89
- SCHLAF FÜR MUSKELAUFBAU — 96
- ZU VIEL CARDIO UND ÜBERTRAINING — 97
- DELOAD-TRAINING — 99
- FITNESS-FATIGUE-THEORIE — 102

DIE ETWAS KLEINEREN ERFOLGSFAKTOREN IM TRAINING — 109
- SATZPAUSEN — 109
- KADENZ — 115
- WAHL DER ÜBUNGEN — 118

DEIN PERFEKTER TRAININGSPLAN — 134

BEISPIELE FÜR GUTE BASIS-TRAININGSPLÄNE — 161
- RÄTSELRATEN UND DIE SUCHE NACH PERFEKTION — 163
- TRAINING BEI WENIG ZEIT ODER KRANKHEIT — 170

DAS ELITE TRAINING - DIE WORKOUTS — 182

BIG BAD BACK: RÜCKEN-HYPERTROPHIE — 183

BRUST OVERLOAD - BRUST-HYPERTROPHIE — 219

QUADZILLA: BEIN-HYPERTROPHIE — 255

DELTOID DOMINATION: SCHULTER-HYPERTROPHIE — 289

ARM AUTHENTIZITÄT II: ARM-HYPERTROPHIE — 317

DER ÜBUNGSKATALOG	345
GEDANKEN ZUM SCHLUSS	385
QUELLEN & STUDIEN	388
IMPRESSUM	403

Ich messe meinen Erfolg nicht an meinen Siegen, sondern daran, ob ich jedes Jahr besser werde

- Tiger Woods

Einleitung

Wenn du dieses Buch in den Händen hältst, gehe ich von folgenden Dingen aus:

Du hast bereits Monate oder Jahre Trainingserfahrung und der eigentliche Akt des ins Fitnessstudio zu gehen und Gewichte zu bewegen, ist für dich schon längst kein Problem mehr. Du hast die Fitness Fibel 2.0 gelesen und bereits mindestens grobe Kenntnisse darüber, wie eine gute Ernährung im Prinzip aussieht. Du willst besser werden. Du willst stärker werden und deine Zeit im Fitnessstudio sowohl effektiv als auch effizient nutzen.

Und zu guter Letzt:

Du willst mehr Muskeln aufbauen und deinen Körper auf das nächste Level bringen.

Wenn diese Skizzierungen grob auf dich zutreffen sollten, dann spielen wir im selben Team und du hältst das richtige Buch in deinen Händen. Wahrscheinlich wird dir direkt schon durch den Formfaktor aufgefallen sein, dass dies kein herkömmliches Buch ist - sondern tatsächlich ein Workbook. Sprich ein Buch, mit dem du auf wöchentlicher Basis arbeiten solltest und welches ab sofort dein neuer Begleiter im Fitnessstudio sein wird.

Dieses Buch ist auf dieselbe Art und Weise entstanden, wie alle meiner Bücher das Licht der Welt erblickt haben ... Ich war extrem neugierig und auf der Suche nach der richtigen Trainingsmethode, um selbst nach Jahren mir einen stetigen Fortschritt im und außerhalb des Gyms zu ermöglichen und nicht nur stärker und stärker zu werden, sondern auch weiterhin kontinuierlich neue Muskelmasse aufbauen zu können und meinen Körper noch athletischer und ästhetischer zu formen.

So begann meine Recherche erneut.

Dieses Workbook ist der nächste logische Schritt, nachdem man die Basics des Krafttrainings gemeistert hat und mindestens 6 bis 12 Monate "ordentlich" im Fitnessstudio trainiert hat. Mit ordentlich meine ich dabei, dass du jeden Muskel mehr als nur einmal in der Woche trainierst, darauf achtest, dass du kontinuierlich stärker wirst und dass du auch die ersten optischen Erfolge verbuchen konntest.

Jetzt fragst du dich sicher, warum es denn nach der Fitness Fibel 2.0 überhaupt noch weitere Trainingspläne gibt und weshalb ich dieses Buch geschrieben habe?

Der Grund ist einfach erklärt.

Zu viele Sportler gehen ihre Fitness-Reise leider immer noch zu falsch an, weshalb ich in der Fitness Fibel so sehr auf die Basics einhämmere (*Trainiere im GK-Stil, achte auf deine Kalorienzufuhr, kenne deine Ziele und passe deine Ernährung an, entwickle das Krafttraining zur Gewohnheit etc. ...*). Und siehe da - die Leute erzielen Fortschritte und man könnte so in der Theorie auch den Rest seines Lebens weiter trainieren, doch auch das wäre nicht optimal ...

Um ab einem (un)bestimmten Zeitpunkt weiterhin Fortschritte garantieren zu können, müssen wir das Volumen und die Intensität in der einen oder anderen Form in unserem Training erhöhen. Nur so werden wir neue Reize setzen und uns weiterhin optisch und hinsichtlich der eigenen Leistungsfähigkeit verbessern können. Jetzt stoßen wir allerdings ziemlich schnell an ein neues Problem: Wir können unmöglich das Volumen und die Trainingsintensität in allen Übungen gleichzeitig erhöhen, um jede Muskelpartie noch besser auszuprägen, ohne dabei ins absolute Übertraining zu geraten und vollkommen auszubrennen. Dieses Problem wirst du später genauer nachvollziehen können.

Vor dieser Herausforderung stand auch ich - und so war auch ich auf der Suche nach einer fundierten Lösung und "dem heiligen Gral" für erfahrene bis fortgeschrittene Athleten.

Das Ergebnis meiner Recherche hältst du nun in deinen Händen in Form dieses Workbooks und den folgenden Trainingsplänen für ein gesamtes Jahr. Diese Trainingspläne basieren auf den neusten wissenschaftlichen Erkenntnissen und im Laufe des Jahres wirst du nicht nur immer stärker und muskulöser werden, sondern wir legen zeitweise auch besonderen Fokus auf die Brust, den Rücken, auf Schultern, Arme und Beine - das gesamte Paket also.

Am Ende des Jahres wirst du deinen gesamten Körper auf ein komplett neues Niveau gehoben und die Zeit optimal genutzt haben. Du lernst deinen Körper noch besser kennen und vertiefst dein Wissen in der Form, dass du deinen Traumkörper nicht nur erreichst, sondern schon bald wesentlich besser aussiehst, als du es selbst jemals für möglich gehalten hast.

Zu Beginn werde ich kurz (in Wirklichkeit viel eher lang und ausführlich) auf die wissenschaftlichen Hintergründe eingehen und die einzelnen Parameter des Trainings ausreichend erläutern, sodass du zu jedem Zeitpunkt weißt, was hier eigentlich abgeht und warum genau wir so und nicht anders trainieren.

Ich wünsche dir viel Erfolg bei der Umsetzung, viel Durchhaltevermögen und vor allem viel Spaß während deiner Workouts - und natürlich beste Fortschritte.

Dein Coach

Sjard

Schwäche ist eine Entscheidung - ebenso wie Stärke eine ist

- Frank Zane

Das Streben nach Ästhetik

Wenn wir ehrlich sind, dann wollen wir alle doch das eine: besser aussehen. Und damit meine ich nicht einfach nur mehr Muskeln zu haben, sondern viel eher schöne Proportionen, einen niedrigen Körperfettanteil und qualitativ hochwertige Muskeln, die nach Arbeit und Disziplin aussehen. Einfach nur immer mehr Muskelmasse zu haben, sorgt leider nicht immer direkt für das körperliche Ideal, welches so viele von uns anstreben.

Sicherlich kennst auch du Bodybuilder, die sich vor schierer Muskelmasse kaum retten können und trotzdem alles andere als ansprechend oder ästhetisch aussehen. Auf der anderen Seite siehst du sicherlich auch manchmal Athleten, die weitaus weniger Muskelmasse haben (aber immer noch viel) und trotzdem subjektiv viel, viel besser aussehen und man wünscht sich heimlich, dass man auch eines Tages so aussehen würde.

Woran liegt das?

Nun ... Das ist keine Frage, die nur ich mir stelle - sondern die sich selbst Künstler schon vor tausenden von Jahren gestellt haben, wie zum Beispiel Leonardo da Vinci vor knapp 500 Jahren. Da Vinci griff dabei die Prinzipien des Architekten Marcus Vitruvius auf und skizzierte anhand seiner Vorlagen und Ideen einen Menschen mit den idealen Proportionen. Eine Blaupause quasi, wie der Mensch im schönsten Falle auszusehen hat. Diese Blaupause ist heute weltweit bekannt als der vitruvianische Mensch, bei dem da Vinci sehr stark die Proportionen mithilfe des goldenen Schnittes ausgearbeitet hat.

Was zunächst etwas abgehoben oder unschlüssig klingt, hat im realen Leben jedoch seine absolute Daseinsberechtigung. Den goldenen Schnitt - so wie ihn viele vermutlich noch aus der Schule und dem Mathematikunterricht her kennen - finden wir nicht nur in schöner Architektur oder bekannten Kunstwerken wieder, sondern vielmehr in so gut wie jedem Bereich des Lebens. Wissenschaftler fanden die Proportionen des goldenen Schnittes in vielen Skeletten von Tieren, in Anordnungen von Blättern und Stielen bei Pflanzen, bei der Zusammensetzung von Kristallen und selbst auf atomarer Ebene konnte man die goldenen Proportionen nachweisen.

Der goldene Schnitt scheint also viel mehr zu sein als nur ein einfaches Schönheitsideal in der Architektur, sondern es gleicht viel eher einem universellen natürlichen Gebot für Schönheit.

So ist auch kaum verwunderlich, dass wir in der Großzahl klassischer griechischer Statuen eben genau diese goldenen Proportionen wiederfinden. Und hier ist meine Frage an dich - wie willst du eher aussehen? Wie ein moderner Bodybuilder mit 100Kg Muskelmasse oder doch eher wie ein griechischer Gott?

Also bei mir fällt die Wahl jedes Mal auf den griechischen Gott ...

Das gleiche musste sich auch Eugen Sandow gedacht haben, als er ebenfalls in den späten 1800er Jahren auf der Suche nach der goldenen Ästhetik war. Sandow gilt als Vater des Bodybuilding und er studierte die griechischen und römischen Statuen in Museen, legte das Maßband an und entwickelte eine Formel, die er das "griechische Ideal" nannte. Diese Formel war für ihn die Blaupause zu einem perfekten Körper und war tatsächlich auch die Grundlage vieler klassischer Oldschool-Bodybuilder wie Steve Reeves, Bob Paris und Frank Zane (*alles Bodybuilder, die ich persönlich sehr bewundere und als erstrebenswert empfinde*).

Eugen Sandow um die 1890er Jahre

Vater des Bodybuildings, Begründer des griechischen Ideals und 100% Natural Bodybuilder.

Sandow trainierte und formte seinen Körper ein halbes Jahrhundert vor der ersten erfolgreichen Extrahierung und Herstellung von Testosteron um das Jahr 1935.

Heute gilt er als Ikone und Vorreiter des Bodybuildings und sogar der Pokal des größten Wettbewerbs im Bodybuilding - Mr. Olympia - ist nach ihm benannt. Jedes Jahr erhält der Gewinner des Mr.Olympia die Trophäe des "The Sandow".

Ok ... wie können wir jetzt also auch wie griechische Götter aussehen? Welche sind die Proportionen, die dich am schönsten und besten aussehen lassen?

Starten müssen wir mit bestimmten Fixpunkten - Punkte bzw. Teile des Körpers, die fix sind und anhand derer wir dann bestimmen können, wie stark andere Teile und Muskeln für einen idealen Körper ausgebildet sein müssen. Diese Fixpunkte sind die Handgelenke und Knie. Wenn wir den Umfang des Handgelenks kennen, können wir daraufhin die ideale Größe des Oberarms, der Waden und des Nackens errechnen. Der Knieumfang hilft uns bei der Ermittlung der angestrebten Dicke des Oberschenkels und der Taillenumfang bestimmt die ideale Weite der Schultern und der Brust, wobei der Taillenumfang sich durch die Senkung des Körperfettanteils beeinflussen lässt.

Ich würde sagen, wir gucken uns mal genauer an, was das in der Praxis zu bedeuten hat:

Der angespannte Oberarm sollte 150% größer als der Umfang des Handgelenks sein (Handgelenkumfang x 2,5)

Miss nun den Umfang deines Handgelenks mit einem Maßband und multipliziere diesen Wert mit dem Faktor 2,5. Wenn dein Handgelenke beispielsweise einen Umfang von exakt 17 Zentimetern haben sollten, dann wäre dein idealer Armumfang im angespannten Zustand 42,5 cm. An der Stelle möchte ich nochmals auf das Wort "ideal" hinweisen!

98% aller Leser haben dieses Idealzustand wahrscheinlich noch lange nicht erreicht (_MICH INKLUSIVE!_), aber diese Werte sind hilfreich und dienen als Messwert, wo denn die Reise mal hingehen soll. Ich werde dir später auch noch erklären, wie du mit diesen Werten umzugehen hast und wie du das Workbook hinsichtlich der Optimierung der Proportionen richtig nutzt.

Die angespannten Waden sollten dieselbe Größe wie die angespannten Oberarme haben

Oberarme und Waden sollten denselben Umfang haben, um wirklich wie ein echter Athlet auszusehen. Um den korrekten Umfang der Waden messen zu können, hebe lediglich den Hacken so hoch. wie du kannst, und lege das Maßband dann am dicksten Teil der Wade an.

Der Schulterumfang sollte das 1,618-fache des Taillenumfanges sein (Hüftumfang x 1,618)

Hier findet der goldene Schnitt das erste Mal im vollen Umfang seinen Einsatz und er bestimmt das Schulter-zu-Taillen-Verhältnis für optimale Ästhetik.

Die Taille befindet sich oberhalb des Bauchnabels und unterhalb der Rippen und wird gemessen, ohne den Bauch oder die Luft einzuziehen. Lege das Maßband einfach wie einen Gürtel um deine Taille, entspanne deinen Bauch dabei und multipliziere diesen Wert mit dem Faktor 1,618. Als Nächstes gilt es den Ist-Zustand der Schultern herauszufinden.

Lasse hierzu deine Arme zur Seite fallen, stehe aufrecht - ohne aber dabei den Latissimus extra anzuspannen - und lege dann das Maßband um deine Schultern und den größten Punkt der Brustmuskulatur an. Am besten geht das, wenn du dir hierfür einen Freund oder Partner zur Hilfe holst.

Der Brustumfang sollte 550% größer als das Handgelenk sein (Handgelenk x 6,5)

Den Brustumfang misst du ähnlich wie den Schulterumfang. Stehe aufrecht und lasse die Arme entspannt zur Seite hängen. Nun hilft dir am besten wieder ein Freund und er führt das Maßband am kräftigsten Punkt der Brust durch die Achseln über den Rücken und dann wieder zur Brust. Das Ergebnis multiplizierst du dann wieder mit dem Faktor 6,5 und schon kennst die Differenz zwischen Ist- und Sollzustand.

Der Oberschenkelumfang sollte 75% größer als der Knieumfang sein (Knieumfang x 1,75)

Zum Schluss berechnen wir noch das Ideal für die Oberschenkel. Hierfür misst du zunächst den Umfang des Knies und multiplizierst diesen Wert mit dem Faktor 1,75. Danach legst du das Maßband am dicksten Teil des Oberschenkels an und weißt dann auch hier, wie viel Muskelmasse deine Beine noch vertragen können.

Kenne deinen Nordpol

Nun bist du an der Reihe und solltest jetzt alles ausmessen. An dieser Stelle möchte ich nochmals betonen, dass es sich bei diesen Werten um das Ideal handelt, nicht etwas, dass du jetzt bereits schon erreicht haben solltest. Neben mehr Muskelmasse und mehr Stärke sind diese Werte ein drittes Ziel, welches du mit deinem Training verfolgen kannst, und du kennst dann nun deinen Horizont, auf den du hinarbeiten kannst.

Außerdem ist es hilfreich, diese Messungen mit einem niedrigen Körperfettanteil vorzunehmen und anhand dieser Werte sich mit dem "griechischen Ideal" von Eugen Sandow zu vergleichen. Du solltest ungefähr einen KFA von 10 bis 12% für diese Messungen haben, denn nur so kannst du wirklich herausfinden, welche Stellen wirklich noch Fokus und Aufmerksamkeit brauchen.

Was bringen dir diese Wert jetzt?

Ganz simpel - sie offenbaren einem seine Schwachstellen. Oft hört man, man solle seine Schwachstellen besonders trainieren und ausgleichen, doch nur die wenigsten können ihre Schwachstellen überhaupt definieren und deshalb ausgleichen. Mit dem Workbook wirst du dies tun können. Im ersten Schritt solltest du alle 5 Mesozyklen am Stück nachtrainieren. So werden alle Muskelpartien stärker und größer. Nach dem Jahr kannst du aber problemlos beispielsweise den Mesozyklus für die Arm-Hypertrophie wiederholen und so gezielt an deinen Schwachstellen arbeiten und deine Figur Stück für Stück perfektionieren.

<u>Das hier sind im Übrigen meine Werte ...</u>

Körpergröße: 183 cm
Handgelenk: 17 cm
Knie: 38 cm
Taille: 78 cm

Muskelgruppe	Mein Ist-Zustand	Mein Soll-Zustand
Armumfang	38 cm	42,5 cm
Waden	41 cm	42,5 cm
Schulterumfang	129 cm	126 cm
Oberschenkelumfang	61 cm	66 cm
Brustumfang	103 cm	110 cm

Du siehst also, auch ich bin noch nicht an meinem Ziel angekommen und habe noch lange nicht das Maximum meiner möglichen Ästhetik erreicht (was auch mitunter einer der ausschlaggebenden Gründe für die Entstehung dieses Buches ist ...).

Ich will dir damit Mut machen - denn selbst mit meinen noch nicht perfekten Werten habe ich es geschafft, Cover-Fitnessmodel zu werden und einen Körper aufgebaut, nachdem sich sowohl Männer als auch Frauen nach mir umdrehen und ich bekomme so gut wie überall Komplimente für meine Figur (sorry; aber so wird es dir bald auch gehen - damit musst du dann selber lernen zu leben ...).

Bevor wir uns langsam dem eigentlichen Workout-Programm nähern, würde ich vorher dir gerne noch einen Ausblick auf das geben, wie viel Muskelzuwachs man erwarten kann in seiner Fitnesslaufbahn und wie viel Muskelmasse auf natürlichem Wege überhaupt möglich ist, so dass du deinen Fortschritt sauber einordnen kannst und nicht schon vorher eventuell gefrustet das Handtuch schmeißt - obwohl du tatsächlich auf dem besten Wege zu einem unglaublichen Körper bist.

Kleine Verbesserungen jeden einzelnen Tag sind der Schlüssel zu überwältigenden langfristigen Ergebnissen

Wie viel Muskelmasse kann man in einem Jahr aufbauen?

Wie viel Muskelmasse kann ich in einem Jahr aufbauen und wo liegt mein genetisches Potential bzw. Limit? Diese und ähnliche Fragen bekomme ich tatsächlich relativ häufig zu Ohren, vor allem wenn es darum geht, seinen Trainingsplan zu wechseln und neue Reize zu setzen. Nun, den Trainingsplan zu wechseln ,ist nicht immer die richtige Lösung, vielmehr gilt es, im Laufe der Zeit das Volumen und die Arbeitslast im Training zu erhöhen - aber dazu später ausführlich mehr. Sich mit seinem genetischen Potential zu beschäftigen macht, in meinen Augen keinen Sinn.

Das ist quasi so, als ob mich ein absoluter Trainingseinsteiger fragen würde, welche Sporthose er denn zu seinem ersten Fitnessshooting für ein Magazin anziehen soll - die Frage erübrigt sich, einfach weil man vorher Tausend andere Dinge erfolgreich gemeistert haben muss. Nur die wenigsten Athleten erreichen jemals in ihrem Leben ihr genetisches Potential und der eine Faktor, der wirklich davon abhängig ist, wie nahe man diesem Limit kommt, lautet Einsatz bzw. Disziplin. An seinem Limit ist man vielleicht nach 10-15 Jahren vollstem Einsatz und Aufopferung - aber zum Glück müssen wir nicht so lange warten, um beeindruckende Mengen an Muskelmassen aufzubauen und einen athletischen und beeindruckenden Körper zu erreichen, denn all das erzielt man schon wesentlich früher und schneller. Doch wie viel Muskelmasse kann man denn ungefähr in einem Jahr aufbauen?

Auch auf diese Frage gibt es keine letzte und einzig wahre Antwort, einfach weil auch hier tatsächlich viele genetisch bedingte Faktoren mit einwirken: Alter, Trainingserfahrung, persönlicher Einsatz, individuelle Voraussetzungen und und und ... Dennoch haben einige Top-Coaches und Forscher im Bereich Bodybuilding und Krafttraining über Jahre mit hunderten Coachees eine Art Richtlinie aufstellen können. Hiervon möchte ich dir nun 2 vorstellen. Zum einen die von Alon Aragon und zum anderen die von Lyle McDonald.

Alan Aragons Richtlinie

Einordnung	Möglicher Zuwachs an Muskulatur
Anfänger	1 bis 1.5% mehr des gesamten Körpergewichts pro Monat
Fortgeschritten	0.5 bis 1% mehr des gesamten Körpergewichts pro Monat
Profis	0.25 bis 0.5% mehr des gesamten Körpergewichts pro Monat

Das könnte in der Praxis Folgendes bedeuten. Ein 70 Kg schwerer Anfänger wird mit richtigem Training und korrekter Ernährung circa 700 g bis 1050 g Muskelmasse pro Monat aufbauen können bzw. 8,4 Kg bis 12,6 Kg in einem Jahr. Sobald er das zweite Trainingsjahr erreicht, ist ein Athlet laut Aragon ein fortgeschrittener Kraftsportler. Nun wiegt unser Athlet bereits 80 Kg und kann einen monatlichen Zuwachs von circa 400 g bis 800 g an neuer Muskelmasse erwarten bzw. 4,8 Kg bis 9,6 Kg auf das Jahr gesehen.

Ab dem dritten Jahr ist unser Athlet hier bereits "Profi" - auch wenn das noch nicht der korrekte Begriff sein muss - und wiegt jetzt wahrscheinlich um die 86 Kg. Wenn er weiterhin am Ball bleibt, progressiv seine Muskeln überlädt und sich gut ernährt, dann kann er nochmals einen Zuwachs von circa 215 g bis 430 g pro Monat bzw. 2,6 kg bis 5,16 Kg für das dritte Jahr an neuer Muskelmasse erreichen.

In den ersten 3 Jahren kämen wir laut Aragon also auf einen möglichen Neuzuwachs an Muskelmasse von 15,8 Kg bis 27,4 kg - und das ist in meinen Augen verdammt viel. 15 Kg Muskelmasse mehr auf den Rippen nach nur 3 Jahren intensivem Krafttraining ist ein klasse und auch krasses Ergebnis, welches optisch einen Unterschied von Welten ausmacht. Bevor ich dir meine Meinung zu all dem nenne, lass uns doch kurz die Ansicht bzw. die Richtlinien von Lyle McDonald anschauen.

Lyle McDonalds Richtlinie

Jahre des ordentlichen Trainings	Möglicher Zuwachs an Muskulatur
1	9 bis 11,5 Kg
2	4,5 bis 6 Kg
3	2,3 bis 2,7 Kg
4 und mehr	1 bis 1,4 Kg

Auch hier macht McDonald jedoch klar, dass diese Werte und Richtlinien von mehreren Faktoren abhängig sind (Alter, Hormone, Genetik, Lebensstil). Auch nach McDonald können wir einen Zuwachs an neuer Muskelmasse von 16,8 bis 21,6 Kg erzielen.

Nun gibt es jedoch folgenden wichtigen Hinweis für beide Richtlinien. Sowohl Aragon als auch McDonald gehen von einem Training und einer Ernährung aus, die so gut wie perfektioniert sind.

Einfach nur ins Training zu gehen, sämtliche Prinzipien des Muskelaufbaus zu ignorieren, seine Ernährung nicht auf sich anzupassen und in der Regel von Freitag nachmittag bis Sonntag in der Früh betrunken zu sein, bescheren einem sicher nicht diese doch ziemlich signifikant möglichen Fortschritte. Jedoch sagen sowohl Aragon als auch McDonald, dass dieser Prozess auch erst später einsetzen kann, und zwar dann, wenn alles an seinem Platz ist. Es kann also durchaus sein, dass du dich jahrelang im Kreis gedreht hast, schon "Jahre" des Trainings auf der Uhr gesammelt hast, aber nun mithilfe der richtigen Optimierungen wieder drastische Fortschritte erzielst.

Je nach Standpunkt und Sichtweise sind diese Zahlen für dich entweder ermutigend oder ernüchternd - und ich kann beide Standpunkte gut verstehen. Wenn wir einen Top-Natural-Bodybuilder mit 86 Kg Körpergewicht mit einem Profi-Bodybuilder vergleichen, der mit circa 120 Kg reiner Muskelmasse auf die Bühne geht, dann stellt sich bei dem ein oder anderen vielleicht Enttäuschung ein … und ja, es ist, wie ich es immer sage:

Natural-Bodybuilding und "normales" Bodybuilding sind zwei absolut unterschiedliche Sportarten - mit dem Unterschied, dass Natural Athleten auch von innen gesund sind und ihren Körper nicht mit schwerstem und absolut widerwärtigem Anabolika-Missbrauch erreicht haben.

Ich selber wiege 81 Kg auf circa 9% Körperfett. Zu diesem Zeitpunkt befinde ich mich in meinem fünften Trainingsjahr und habe noch reichlich zu verbessern. Ich bin meinem genetischem Limit weder nahe, noch habe ich bereits meine idealen Proportionen erreicht - und trotzdem bin ich bereits seit 3 Jahren Fitnessmodel und habe einen Körper aufgebaut, den sich 98% aller Menschen wünschen würden. Es gibt also Hoffnung - besonders dann, wenn du in die Hände spuckst und dein Training und deine Resultate ernst nimmst.

Damit du das schaffst, würde ich sagen, wir tauchen in die fortgeschrittene Trainingslehre ein und bringen dein Training auf das nächste und übernächste Level. Dazu werden wir uns nun die unterschiedlichen Muskelfasertypen anschauen und ich erkläre dir, wie du mithilfe von Periodisierungen diese optimal trainierst. Dieses Wissen ist die Grundlage für dieses Workbook und wird einer der wichtigsten Bestandteile für dein zukünftiges Training - also spitze deine Ohren und passe jetzt besonders gut auf.

*Du kannst Ausreden haben oder Resultate.
Aber nicht beides.*

- Arnold Schwarzenegger

Die verschiedenen Muskelfasertypen

In der Fitness Fibel 2.0 betone ich immer, wie wichtig es ist, physisch stark im Training zu werden und mit der Zeit immer bessere Leistungen im Fitnessstudio zu vollbringen, und so gut wie jeder Leser macht große Fortschritte - nicht zuletzt dank meines Ganzkörpertrainings und meiner ständigen Betonungen, dies auch tatsächlich so umzusetzen. Den Trainingsstil der Fitness Fibel 2.0 würde man generell hin als Power Building bezeichnen, einfach weil die Trainingselemente sowohl aus dem Bodybuilding, als auch aus dem Powerlifting stammen.

Dies ist in meinen Augen auch nach wie vor die beste Methode, um langfristig stärker zu werden und progressiv neue Muskelmasse aufbauen zu können. Mit dieser Meinung stehe ich nicht alleine, sondern auch die aktuelle Studienlage und Ansichten gängiger Experten stimmen mit mir hier überein. Im vorherigen Kapitel habe ich dir bereits verraten, dass wir ab diesem Buch viel mit Periodisierungen arbeiten werden, und ich möchte dir nun exakt erklären, weshalb wir das tun müssen.

Unsere Muskeln sind ein sehr komplexes Gewebe, bestehend aus den verschiedensten Zellen. Gemeinhin werden diese verschiedenen Zellen und Bestandteile unter dem Begriff Muskelfasern zusammengefasst. Besonders interessant ist für uns nun, dass es verschiedene Muskelfasertypen gibt und diese unterschiedlich trainiert werden müssen. Die drei großen verschiedenen Muskelfasertypen sind:

1. S-Fasern (Typ 1)
2. F-Fasern (Typ 2 a)
3. F-Fasern (Typ 2 x)

S-Fasern sind generell hin auch als Typ-1-Muskelfasern bekannt und sind langsamer zuckende und damit eher langsam kontrahierende Muskelfasern. Von allen Muskelfasertypen haben sie dabei das geringste Potential für Wachstum. Manchmal nennt man sie auch rote bzw. dunkle Fasern und die S-Fasern haben tendenziell das schlechteste Potential zum Wachstum und zur Stärkeentfaltung. [1] Weil sie aber reich an feinen Kapillaren sind, haben die Typ-1-Muskelfasern eine bessere Sauerstoffversorgung und sind somit widerstandsfähiger gegen Ermüdung oder Muskelkater.

Die F-Fasern - auch Typ-2-Muskelfasern genannt - sind schnell zuckende Muskelfasern und sowohl Typ 2 a als auch Typ 2 x haben größeres Potential zur Kraft- und Muskelentfaltung, sind jedoch im Vergleich zu Typ-1-Fasern anfälliger für Ermüdungen und Erschöpfung. [2] Die F-Fasern werden zudem auch als weiße bzw. helle Muskelfasern betitelt und liegen im Hauptfokus jeglichen Kraft- und Muskelaufbauprogrammes.

Wie hoch der Anteil der unterschiedlichen Muskelfasern bei einem selbst ist, hängt stark von der genetischen Disposition und der eigenen Trainingsweise ab. [3] So wird ein Elite-Marathonläufer immer einen höheren Anteil an S-Fasern entwickelt haben, während ein Profi-Sprinter deutlich mehr F-Fasern ausgebildet haben wird (was man auch deutlich sehen kann). Doch spannend ist nicht nur die unterschiedliche Verteilung der Muskelfasern auf den Körper als Ganzes zu betrachten, sondern wir finden auch die verschiedensten Verteilungen selbst innerhalb der einzelnen Muskelgruppen. So lohnt es sich beispielsweise herauszufinden, welche Muskelfasern dominant in welchem Muskel sind, um diesen dann so effektiv wie möglich zu trainieren.

Doch keine Sorge - du brauchst jetzt nicht jeden deiner Muskeln aufzuschneiden und nachzusehen, welche Muskelfasern primär vertreten sind, sondern ich werde später auf jede einzelne Muskelgruppe im Anatomieteil ausführlich eingehen, so dass wir zusammen Rückschlüsse ziehen können, welcher Wiederholungsbereich für welche Muskelgruppe hauptsächlich trainiert werden sollte.

Vorweg nehmen kann ich aber, dass jeder einzelne der verschiedenen Muskelfasertypen in jeder unserer Muskelgruppen vorhanden ist. Dies ist im Übrigen auch der Grund für die Periodisierung. Periodisierung ist im Grunde nicht anderes als ein toll klingender Begriff, welcher bedeutet, dass wir im Training von Zeit zu Zeit das Volumen ändern und mit unterschiedlichen Wiederholungsbereichen trainieren. Dazu aber später mehr.

Um selbst nach Jahren immer weiter neue Muskelmasse aufbauen zu können, müssen wir unsere Muskulatur auf die verschiedensten Arten stärken und alle Typen von Muskelfasern bestmöglich vergrößern. Dies schaffen wir, indem wir uns in verschiedenen Wiederholungsbereichen im Training bewegen. Vereinfacht gesagt, trainieren wir mit dem Wiederholungsbereich von 1 bis 6 Wiederholungen ideal die Typ-2-Fasern, mit einem Bereich von 8 bis 12 Wiederholungen die Typ-2-a-Fasern und mit 13 bis 40+ Wiederholungen die Typ-1-Muskelfasern. [4]

Dies sind Richtwerte, an denen man sich orientieren kann. Nur weil man in einem niedrigeren oder moderaterem Wiederholungsbereich trainiert, beutetet dies aber nicht sofort, dass wir dadurch überhaupt keine Typ-1-Muskelfasern beanspruchen und umgekehrt. Der Körper ist sehr komplex und vielschichtig und nutzt natürlich alle verfügbaren Ressourcen, um ein schweres Gewicht von A nach B zu bewegen. Dennoch kann man sein Training derart einordnen und nach diesen Richtwerten sehr gut ausrichten.

Nachdem wir nun verstanden haben, wieso wir unser Training periodisieren müssen und wie, schauen wir uns jetzt nochmal kurz an, wie wir den Muskelaufbau denn an sich in der Theorie stimulieren können. Hierfür gibt es im Grunde eigentlich nur 3 verschiedene Möglichkeiten:

1. Progressive Überladung
2. Muskelschädigung
3. Zellerschöpfung

Wenn du die Fitness Fibel gelesen hast, dann ist dir Folgendes natürlich bereits bekannt: *"Wer Muskeln aufbauen will, der muss mit der Zeit immer stärker und stärker werden"* - und daran hat sich kein bisschen was geändert.

Ganz im Gegenteil.

Progressive Überladung ist und bleibt der potenteste Faktor von allen dreien, wenn es darum geht, den Muskelaufbau und dessen Hypertrophie zu fördern. [5] Nur wenn von Zeit zu Zeit immer mehr Volumen im Training bewegt wird, wird man Fortschritte beim Muskelaufbau machen.

Darüber hinaus gibt es aber noch zwei weitere Methoden des Wachstums: die Muskelschädigung und die Erschöpfung bzw. Ermüdung der Zellen. Die Muskelschädigung ist nach meinem Empfinden dabei die am meisten verbreitete Annahme, wie Muskelaufbau tatsächlich funktioniert, auch wenn es nicht die beste ist. Hypertrophie durch Muskelschäden funktioniert exakt so, wie man es sich vorstellt. Durch eine sehr hohe Belastung der Muskelfasern entstehen Mikrorisse in unserer Muskulatur, welche mithilfe der Muskelproteinsynthese, der Ernährung und des Schlafes repariert werden. Außerdem verstärkt und vergrößert der Körper die bestehenden Muskelfasern, um sich so für eine weitere schwere Belastung zu wappnen. Diesen Prozess beschreibt man gemeinhin grob als Muskelaufbau.

Auf der anderen Seite kann die Hypertrophie der Muskulatur auch durch eine gewisse Ermüdung bzw. Erschöpfung der Zellen erreicht werden. Indem wir durch eine Vielzahl von Wiederholungen unsere Muskelfasern ans absolute Limit drängen (Stichwort Muskelversagen), erhöhen wir so den metabolischen Stress auf unsere Muskulatur und können auch so eine Hypertrophie bewirken. Gemeinhin gilt diese Methode als *"pumpen"* und wir finden sie häufig in gängigen Profi-Bodybuilder-Plänen wieder. Wenig Gewicht, viel Wiederholungen, viele Isolationsübungen und immer schön darauf achten, dass stets bis zum Muskelversagen trainiert wird ...

Alle drei Wege führen in einem Gewissen Grad zum Muskelaufbau, wobei die progressive Überladung bewiesenermaßen die mit Abstand beste Methode von allen ist. Ein gutes Programm berücksichtigt alle drei Faktoren und beansprucht alle verschiedenen Muskelfasern spezifisch.

Interessant ist auch für uns, dass es zwei verschiedene Arten der Hypertrophie gibt. Hier unterschiedet man in:

1. Myofibrilläre Hypertrophie
2. Sarkoplasmatische Hypertrophie

Mit der myofibrillären Hypertrophie wachsen die Muskelfasern an sich und werden größer, während der Muskel mit der sarkoplasmatischen Hypertrophie mehr Volumen an Flüssigkeiten (Sarkoplasma) halten kann. Das Sarkoplasma besteht zum größten Teil aus Glykogen, Wasser und Mineralen. Optisch gesehen erzeugt kurzfristig die sarkoplasmatische Hypertrophie die meiste Wirkung, jedoch nicht unbedingt auf lange Sicht (und das sollte primär das Ziel sein). Der Grund dafür ist simpel. Das Sarkoplasma ist "nur" eine Flüssigkeit, verhilft dem Muskel aber nicht zu mehr Kontraktionskraft und macht ihn somit auch nicht stärker. Hiermit lässt sich somit ein weiterer Irrglaube begraben, dass man für einen erfolgreichen Muskelaufbau immer nur im Bereich von 10 bis 12 Wiederholungen trainieren muss. Sicherlich funktioniert es bis zu einem gewissen Maße, doch irgendwann reicht ein einfaches Aufpumpen schlichtweg nicht mehr aus.

Anders ist dies mit der myofibrillären Hypertrophie. Hier wachsen tatsächlich die reinen Muskelfasern, sprich die sich kontrahierenden Elemente - und das ist gut so und das ist es, was wir wollen. Wir werden stärker und verbessern die Struktur unserer Muskulatur. Sie ist dichter, härter und sieht nach mehr "Qualität" aus.

Schweres Gewichtstraining in Kombination mit progressiver Überladung im niedrigen Wiederholungsbereich veranlasst den Körper zur myofibrillären Hypertrophie und leichteres Training mit weniger Gewicht führt eher zur sarkoplasmatischen Hypertrophie. Simpel zusammengefasst könnte man die Wiederholungsbereiche wie folgt einordnen:

- 1-3 Wiederholungen: Man trainiert fast ausschließlich seine Kraft und bewirkt eine myofibrilläre Hypertrophie. Man wird stärker, die Muskulatur wird härter und besonders mit einem niedrigen Körperfettanteil sieht der eigene Körper nach richtig harter Arbeit aus.

- 4-6 Wiederholungen: Dieser Wiederholungsbereich ist in meinen Augen der perfekte Mix und seit vielen Jahren Hauptfokus meines eigenen Trainings gewesen. Hier bauen wir immer noch viel Kraft auf, trainieren unsere Typ-2-Muskelfasern sehr gut und haben dennoch schon ein leichtes Volumen im Training, welches die sarkoplasmatische Hypertrophie begünstigt. Hier hat auch das klassische 5x5-Training seinen Ursprung und ist somit sowohl für Stärke- als auch für den Muskelmasseaufbau geeignet.

- 7-11 Wiederholungen: Hier nähern wir uns schon sehr stark der sarkoplasmatischen Hypertrophie und dieser Wiederholungsbereich wird vermutlich von den meisten Sportlern im Fitnessstudio trainiert. Hier haben wir noch leichte Kraftelemente vorhanden, trainieren dennoch sehr stark daraufhin, das Sarkoplasma in unseren Muskelzellen zu vermehren.

- 12-15 Wiederholungen: Hier beanspruchen und trainieren wir hauptsächlich auf die sarkoplasmatische Hypertrophie hin. Dieser Bereich hat seine Daseinsberechtigung, wird in meinen Augen aber häufiger eher inflationär trainiert, weshalb sich viele Leute gefühlt jahrelang im Fitnessstudio nur im Kreis drehen und nur die Wenigsten leider sichtbare Resultate erzielen.

Um dagegen wirklich sichtbare und spürbare Resultate mit seinem Training erzielen zu können, müssen wir sowohl die myofibrilläre als auch die sarkoplasmatische Hypertrophie fördern. Wir müssen primär die Typ-2-Muskelfasern zum wachsen bringen - die Typ-1-Fasern aber auch nicht vernachlässigen.

Du siehst also selbst, es gibt keine wirkliche Abkürzung zum Erfolg, jedoch wirst du nun besser den Sinn und Hintergrund der nun folgenden Periodisierung verstehen können.

Ich betone immer wieder, dass wir ein smartes Training anstreben sollten - nicht ein nur lediglich hartes Training. Wer darüberhinaus wirklich zu den Siegern zählen will, der trainiert smart und hart. Innerhalb und außerhalb des Fitnessstudios.

Es bringt keine Punkte, eine ganze Dekade sinnlos auf den Körper einzuhämmern, ohne jemals zu verstehen, wie er überhaupt funktioniert und warum wir was tun sollten. Dies ist der Grund, warum ich nach meinen knappen 5 Jahren deutlich bessere Erfolge erzielen konnte als so manch anderer in 10 Jahren.

Zeit ist nicht der der einzige Faktor für den Erfolg.

Bedenke das stets ...

Scheitern ist ein Geisteszustand; niemand ist jemals wirklich gescheitert, bevor er die Niederlage als endgültig akzeptiert.

- Bruce Lee

Die Periodisierung des Trainings

Dich sollte es vermutlich nicht all zu stark wundern, dass eine gute Periodisierung alle drei Wege des Muskelaufbaus in sich vereinen sollte. Sprich ein guter Trainingsplan für Fortgeschrittene sollte sowohl die progressive Überladung berücksichtigen als auch eine gewisse Schädigung der Muskelfasern und hin und wieder die Muskeln bis ans Muskelversagen bringen. [1]

Der Sinn und Zweck von Periodisierungen besteht darin, verschiedene Variablen in sein Trainingsplan miteinzubeziehen, um eine stetige Progression zu ermöglichen und Plateaus zu minimieren.

Um dies zu erreichen und alle verschiedenen Typen von Muskelfasern zu aktivieren und zu trainieren, müssen wir verschiedene Wiederholungsbereiche und Intensitäten in unser Training implementieren - nichts anderes verbirgt sich hinter dem Fachbegriff Periodisierung. Stumpf immer nur 3 Sätze mit 12 Wiederholungen zu absolvieren, wird uns hier nur bedingt weiterbringen - ebenso wenig, wie wenn wir uns immer nur im 5x5-Bereich bewegen. Vielmehr müssen wir uns fließend in den verschiedenen Sphären des Bodybuildings und Powerliftings bewegen, sodass unser Training eine perfekte Kombination aus beiden Welten werden kann. Dies nennt man klassicherweise Powerbuilding. Auf diese Weise werden wir sowohl Kraft als auch die nötige Hypertrophie stimulieren können.

Pure Kraft werden wir mit einem Wiederholungsbereich von 1 bis 3 Wiederholungen aufbauen können und darüber hinaus auch die neurologische Anpassungen stärken. Mit einem Wiederhoungsbereich zwischen 4 bis 6 Wiederholungen bringen wir bereits mehr Volumen ins Training und nähern uns langsam dem Bodybuilding. Diesen Bereich nennt man gemeinhin, wie bereits geschrieben, Powerbuilding.

Alles zwischen 6 bis 10 Wiederholungen ähnelt dem vorherigen Belastungsbereich in Bezug auf die myofibriläre Hypertrophie, senkt aber das Potential für den wirklichen reinen Kraftaufbau. Dafür ist hier aber bereits schon eine leichte sarkoplasmatische Hypertrophie vorhanden.

Typisches Bodybuilding beginnt dann mit einem Wiederholungsbereich ab 10 bis 15 Wiederholungen und darüber hinaus. Hier bewirken wir am stärksten die sarkoplasmatische Hypertrophie und erhöhen das Volumen der verfügbaren Flüssigkeiten in unserer Muskulatur.

Nun gibt es verschiedene Arten von Periodisierungssystemen und ich möchte dir kurz die gängigsten vorstellen. Die drei großen Periodisierungsmodelle sind:

1. Lineare Periodisierung
2. Nicht-lineare Periodisierung
3. Parallele Periodisierung

Lineare Periodisierung (auch Block-Periodisierung genannt) war so ziemlich die erste Art von Periodisierung, die entwickelt wurde, und sie ist nicht nur sehr simpel, sondern auch weit verbreitet. Hier startet man sein Training für einen bestimmten Zeitraum mit einem sehr hohen Trainingsvolumen und einer eher geringeren Intensität.

Im Verlaufe der Wochen und Monate erhöht man dann jedoch die Intensität, verringert aber das Volumen. Die Idee dahinter ist, dass man sich nicht nur stumpf immer wieder im selben Wiederholungsbereich bewegt, sondern durch Variationen mit der Zeit alle verschiedenen Muskelfasern beansprucht und beide Arten der Hypertrophie stimuliert.

In der Praxis könnte das wie folgt aussehen:

- Woche 1 - 4:   12 - 15 Wiederholungen
- Woche 5 - 8:   7 - 11 Wiederholungen
- Woche 9 - 12:   4 - 6 Wiederholungen
- Woche 13 - 16:   1 - 3 Wiederholungen

Die Wiederholungszahlen sind dabei natürlich nicht in Stein gemeißelt, aber dennoch repräsentativ für die Aktivierung der verschiedenen Muskelfasern und man kann hier schön auf einen Blick den Sinn und Wirkungsgrad der linearen Periodisierung erkennen.

Eine weitere gängige Form der linearen Periodisierung im Bodybuilding besteht darin, dass man über einen Zeitraum von 8 Wochen sein Training in zwei Zyklen unterteilt: 2 Wochen mittlere Intensität gefolgt von 6 Wochen sehr hoher Intensität im Training.

Die lineare Periodisierung ist einem ungeordneten und undurchdachtem Trainingsplan immer überlegen und wird immer bessere Resultate und Fortschritte erzielen als keine Periodisierung. Jedoch nur ab einem gewissen Trainingsgrad, denn für Anfänger (weniger als 6 Monate Trainingserfahrung) hat eine Periodisierung keinerlei Vorteile. Weder werden die Athleten hier signifikant stärker als mit keinem Periodisierungsmodell, noch bauen sie mehr Muskelmasse auf. Dennoch hat die lineare Periodisierung ein Problem.

Wenn man sich zu lange auf einen bestimmten Wiederholungsbereich konzentriert und man beispielsweise durch eine hohe Wiederholungszahl seine sarkoplasmatische Hypertrophe steigert, leidet dadurch die myofibrilläre Hypertrophie und der Fokus auf die Typ-2-Muskelfasern - und umgekehrt. [2] Wenn man also beispielsweise für 4 bis 6 Wochen am Stück exklusiv im Wiederholungsbereich von 12 bis 15 Wiederholungen trainiert, dann steigert sich zwar die Muskelausdauer und das Sarkoplasma im Muskel, jedoch leiden darunter stark die eigenen Kraftwerte und der eigentliche Aufbau neuer Muskelfasern.

Dasselbe würde umgekehrt passieren, wenn man sich plötzlich nur auf reines Kraftaufbautraining (1 bis 3 Wiederholungen) fokussieren würde: Die Kraft nimmt zu, aber optisch würde man an Muskelmasse verlieren, einfach weil der Muskel weniger Flüssigkeit hält.

Um diesem Problem aus dem Wege zu gehen, wurde darauf das soggenannte nicht-lineare Periodisierungssystem entwickelt. Auch hier gibt es verschiedene Methoden und Herangehensweisen und die wahrscheinlich beste sieht wie folgt aus.
Über einen Zeitraum von 2 bis 3 Wochen fokussiert man sich auf einen bestimmten Wiederholungsbereich, während man andere Wiederholungsbereiche auf *Erhalt* trainiert, quasi so, dass man hier nicht schwächer wird.

Danach lenkt man den Fokus auf einen anderen Wiederholungsbereich und trainiert die übrigen nur noch auf Erhalt. So könnte das Ganze in der Praxis aussehen:

• 2 bis 3 Wochen Fokus auf 1 bis 3 Wiederholungen, während man die übrigen Wiederholungsbereiche auf Erhalt trainiert

• 2 bis 3 Wochen Fokus auf 4 bis 6 Wiederholungen, während man die übrigen Wiederholungsbereiche auf Erhalt trainiert

• 2 bis 3 Wochen Fokus auf 7 bis 11 Wiederholungen, während man die übrigen Wiederholungsbereiche auf Erhalt trainiert

• 2 bis 3 Wochen Fokus auf 12 bis 15 Wiederholungen, während man die übrigen Wiederholungsbereiche auf Erhalt trainiert

• Und wieder von vorne …

Nicht-lineare Periodisierung ist in meinen Augen der linearen Periodisierung klar überlegen, einfach weil die nicht-fokussierten Wiederholungsbereiche nicht einfach komplett gestrichen werden - dennoch ist auch die nicht-lineare Periodisierung nicht meine persönliche Wahl und auch nicht das Periodisierungssystem, welches wir für dieses Buch und die Zukunft nutzen werden.

Ich bin ein großer Fan und Anhänger der parallelen Periodisierung. Das Besondere dieser Art des Periodisierens besteht darin, dass wir jeden Wiederholungsbereich, jede Form der Hypertrophie und alle verschiedenen Muskelfasern in einem Workout trainieren.

Diese Trainingsphilosophie wurde erstmals in Russland entwickelt und stellt meiner Meinung nach die beste Art der Periodisierung dar. Nicht nur, weil wir alle Bereiche eines effektiven Trainingsplanes innerhalb eines Workouts verbinden, sondern auch, weil diese Form des Training unkomplizierter und wesentlich flexibler im Alltag ist. Wir brauchen uns nicht ständig zu fragen, in welchem Teil unser Periodisierung wir gerade angekommen sind, wie es weitergeht und wann man wohl idealerweise den trainierten Wiederholungsbereich wechseln sollte.

Im Klartext bedeutet das Folgendes für jedes unser zukünftigen Workouts:

- Wir starten in jedem Training mit Kraftaufbautraining in einem Wiederholungsbereich von 1 bis 3 Wiederholungen. Somit trainieren wir myofibrilläre Hypertrophie und stärken die Typ-2-Muskelfasern

- Danach erhöhen wir die Wiederholungszahl und gehen in einen Bereich von 4 bis 6 Wiederholungen. Hier trainieren wir ebenfalls stark die myofibrilläre Hypertrophie und die Typ-2-Muskelfasern, bringen jedoch schon ein leicht höheres Volumen hinein und trainieren somit auch die sarkoplasmatische Hypertrophie leicht mit

- Als nächstes werden in einem Bereich zwischen 8 - 12 Wiederholungen trainieren, um noch leicht die Typ-2-Muskelfasern zu beanspruchen, jedoch schon mit vermehrtem Fokus auf die sarkoplasmatische Hypertrophie

- Zum Schluss werden wir Gewichte in einem Wiederholungsbereich von 12 bis 15 (oder darüber hinaus) bewegen und somit sehr stark die sarkoplasmatischen Hypertrophe und die Typ-1-Muskelfasern stärken.

Dies sind einige der Grundvoraussetzung für einen idealen Trainingsplan - doch es sind nicht die einzigen Faktoren. Als Nächstes werden wir uns mit den Themen Volumen, Trainingsintensität und der Trainingsfrequenz beschäftigen.

Zuerst werde ich dir ganz simpel erklären, was das alles eigentlich ist, wie es zusammenpasst und welche die richtigen Mengen von was sind. Dieses Wissen ist im ersten Moment etwas kompliziert, jedoch wirst du dann die Blaupause eines wirklich guten Trainingsplanes vollständig verstanden haben und immer genau wissen, was wann zu tun ist und auch weshalb. Das Ganze können wir uns wie ein gutes Rezept für eine leckere Torte vorstellen - wir müssen die verschiedenen Inhaltsstoffe perfekt kombinieren und aufeinander abstimmen, damit wir grandiose Resultate erzielen können.

Dennoch merke dir: In jedem Training wollen wir ab sofort alle verschiedenen Wiederholungs- und Intensitätsbereiche in der einen oder anderen Form berücksichtigen. Nur so werden wir langfristig Erfolg haben und einen immer stärkeren und muskulöseren Körper aufbauen können.

Exzellenz ist kein Geschenk, es ist eine Fähigkeit, die Übung benötigt. Wir handeln nicht richtig aufgrund unserer Exzellenz, sondern wir erreichen Exzellenz durch richtige Handlungen.

- Plato

Beständigkeit, Volumen, Intensität und Frequenz

Im vorherigen Kapitel haben wir geklärt, wie der eigentliche Muskelaufbau funktioniert und mit welchen Mitteln wir das schaffen können. Leider haben wir noch immer nicht alle nötigen Zutaten für einen wirklich guten Trainingsplan zusammen - genauer gesagt fehlen noch genau vier weitere Teilbereiche: die Beständigkeit des Trainings, das Trainingsvolumen, die nötige Intensität und die richtige Frequenz.

Vielleicht denkst du jetzt: *„Sjard - ich wollte einfach nur einen Trainingsplan haben, meine Schwachstellen ausbessern und mich körperlich weiterentwickeln … Was ist jetzt dein Problem?"* Mein persönliches Problem war und ist nach wie vor der mangelnde Grad an Aufklärung, weshalb ich dich jetzt nochmals bitte, die Ohren zu spitzen und die nächsten Seiten besonders aufmerksam zu studieren. Ein guter Trainingsplan besteht aus mehreren Variablen - die alle wirksam ineinander greifen müssen, damit wir die Ziele aus den vorherigen Kapiteln auch tatsächlich erreichen können.

Sind diese Variablen unklar, wird man das Training leider niemals voll und ganz verstehen und sich immer Fragen stellen wie:

- Wie schwer sollte ich trainieren?
- Wie oft sollte ich in der Woche zum Training gehen?
- Welche Wiederholungsanzahl ist die beste?
- Welcher Trainingsplan ist der beste - und gibt es so etwas überhaupt?
- Ist mehr Volumen besser als weniger Volumen?
- Reicht es aus, drei Mal die Woche ins Fitnessstudio zu gehen für beste Resultate?
- Ist ein Ganzkörpertraining schlechter als ein Oberkörper-/Unterkörper-Split?
- Und viele Unklarheiten mehr … (*Liste ist beim besten Willen nicht im Ansatz vollständig*)

Ich möchte dich mit den folgenden Informationen zu einem kritischen Denken anregen und dazu, dass du beginnen kannst, dir deine eigenen Trainingspläne zu schreiben, bzw. dass du das, was ich dir in diesem Buch hier vorstellen werde, zu 100% nachvollziehen kannst. Das Ganze ist wie mit der Ernährung: Ein guter Ernährungsplan besteht nicht nur einfach auf Kalorien … Er besteht aus Makronährstoffen, Mikronährstoffen und es spielt eine Rolle, wann du was in welcher Menge isst (alles dazu findest du in der Fitness Fibel 2.0 & meinem Fitness Fibel Kochbuch). Fangen wir an …

Die Beständigkeit

Es liegt in der Natur des Menschen, nach dem Besten zu streben. Höher, schneller, weiter - und das in einem gesunden Maße kann ich nur befürworten. Also ist es nur nachvollziehbar, dass man sich ab irgendeinem Punkt in seiner Fitnesslaufbahn kritisch fragt, was denn nun eigentlich der ideale Trainingsplan sei. Wie kann ich meine Zeit bestmöglich nutzen und maximale Resultate erzielen?

Und hier kommt die enttäuschende Antwort: Es gibt keinen universell besten Trainingsplan. Das ist schon doof. Was dagegen hin überhaupt nicht doof ist, ist, dass es einen besten Trainingsplan für dich ganz persönlich geben kann. Lass mich das erläutern.

Angenommen, die Wissenschaft findet heraus, dass es tatsächlich das mit Abstand Beste für Natural Athleten wäre, wenn man an 6 Tagen in der Woche für jeweils 3 bis 4 Stunden seine Muskulatur trainiert und dabei jedes Mal bis ans Muskelversagen geht. Das wäre nicht nur ein immenser Trainingsaufwand, sondern auch ein großer Zeitfresser. Weiterhin nehmen wir an, du bist voll berufstätig, hast vielleicht eine kleine Familie oder einen festen Partner, weitere Hobbys außer das Fitnessstudio und jetzt komme ich um die Ecke und rate dir insgeheim, dass es eine gute Idee wäre, doch lieber ab sofort im Fitnessstudio zu wohnen und deinen Job zu kündigen …

Geht schon - ist dann halt nur doof und alles andere als realistisch ...

Anstatt also zu fragen, was das Beste ist, frage dich lieber, was das Beste für dich ist. Wie viel Zeit kannst und willst du aufbringen - und von dort aus können wir uns dann nach vorne arbeiten und die anderen Parameter zielgerecht bestimmen. Folgendes solltest du stets kritisch im Blick haben: *Dein Trainingsplan muss genießbar sein und dir Freude bringen, er muss realistisch umsetzbar sein und einen gewissen Grad an Flexibilität mit sich bringen.*

Zu Beginn musst du dich fragen, wie viele Tage in der Woche du ins Training gehen kannst und auch willst. Wenn du denkst, dass 5 Tage Gym in der Woche das Optimum für dich sind, du aber maximal nur 4 Tage aufbringen kannst, dann verabschiede dich sofort von dem Gedanken und konzentriere dich auf die Tage, die du tatsächlich zur Verfügung hast und nicht auf die, die du nicht hast. Optimal bedeutet nicht immer realistisch. Das Training muss in dein Leben passen - nicht dein Leben in das Training. Wie weit du bereit bist zu gehen und zu opfern, das liegt ganz an dir. Habe aber immer das lange Ziel im Blick und denke nicht nur in kurzfristigen Resultaten. Die Konsistenz ist wesentlich entscheidender als jeder noch so perfekte Plan in der Theorie, wenn er eh niemals umgesetzt werden kann.

Bei der Planung deines Trainings braucht es also eine große Portion der Selbstwahrnehmung. Wie viel kann und will ich stemmen? Wie viele Tage kann ich in der Woche ins Fitnessstudio gehen und wie viel Einsatz macht mir noch Spaß?

Auf dieser Basis kannst du auf drei, vier oder fünf Trainingstage in der Woche kommen und damit sehr vergleichbare Resultate erzielen - mehr halte ich persönlich für zu viel. Sicherlich braucht jedes Training eine individuelle Anpassung der nun folgenden Faktoren (Volumen, Intensität, Frequenz), aber man kann alle Variablen auf diese drei realistischen Trainingsoptionen gut aufeinander anpassen und wirklich tolle Resultate erzielen.

Behalte diese Anekdote für den Rest des Buches und deines Trainings im Hinterkopf. Wir sind keine Roboter, die stumpf immer wieder trocken das bestmögliche Szenario wieder und wieder und wieder abspielen können. Das Training muss sich an deine Umstände anpassen können und in dein Leben passen.

Okay - bereit für die nun wichtigen Zutaten eines guten Trainingsplanes?

Ich würde sagen, lass uns das anpacken ...

Das Trainingsvolumen

Nachdem wir uns Gedanken über das Fundament gemacht haben, können wir uns nun dem wahrscheinlich wichtigsten Faktor im Training überhaupt widmen:

dem Trainingsvolumen.

Die Frequenz und die Intensität unterliegen dem Trainingsvolumen und jeder der drei Faktoren beeinflusst sich gegenseitig. Das Trainingsvolumen könnte man auch als die Arbeitslast beschreiben und die Zusammensetzung ergibt sich aus folgender Formel: "Gewicht x Satzanzahl x Wiederholungen".

Erklärt am Beispiel Bankdrücken:

75 Kg x 5 x 5 = 1.875 Kg

Das Ziel deines Trainings sollte es stets sein, über die Wochen, Monate und Jahre das Volumen in einer bestimmten Übung immer weiter zu steigern. Stück für Stück. Diesen Prozess des Steigerns nennt man auch progressive Überladung.

Du erinnerst dich sicher, dass die progressive Überladung der Muskulatur der wichtigste und wirkungsvollste Faktor ist, wenn es um den Muskelaufbau geht. [1] Um diesen Wert des Volumens progressiv nach oben steigern zu können, haben wir im Grunde vier Möglichkeiten:

1) Erhöhung des Gewichts:
80 Kg x 5 x 5 = 2.000 Kg

2) Erhöhung der Satzzahl:
75 Kg x 6 x 5 = 2.250 Kg

3) Erhöhung der Wiederholungsanzahl:
75 Kg x 5 x 6 = 2.250 Kg

4) Erhöhung der Trainingsfrequenz innerhalb der Woche:
75 Kg x 5 x 5 = 1.875 Kg + ein weiteres Workout 3 Tage später
75 Kg x 5 x 5 = 1.875 Kg
Wochenvolumen = 3.750 kg

Dies ist auch der Grund, warum ich immer und bei jedem drauf beharre, jeden einzelnen Satz im Training zu dokumentieren und dies immer wieder als Grundlage für die folgenden Trainingseinheiten zu nehmen. Wer schreibt, der bleibt - und wer Muskeln aufbauen will, der muss stärker werden (und das Trainingsvolumen von Zeit zu Zeit steigern). Was ich oberhalb skizziert habe, lässt sich sowohl mit dem Begriff Volumen als auch der Arbeitslast beschreiben. Jedoch muss das eine nicht zwangsweise das andere beuteten, weshalb für den Rest des Buches diese Begriffe wie folgt definiert sind:

Arbeitslast = Gewicht x Satzanzahl x Wiederholungen

Volumen = Satzzahl x Wiederholungen

Intensität = Gewicht x Wiederholungen

Frequenz = Wie oft ich einen Muskel in der Woche trainiere

Jetzt könnte man natürlich denken, dass der ideale Weg in einem extrem hohen Volumen, einer sehr hohen Frequenz und einer hohen Intensität bestünde - aber ganz so einfach ist es leider nicht. Denn mit jedem Training steigern wir nicht nur unsere Fitness und das Potential, mehr Volumen bewegen zu können (durch die myofibrilläre und sarkoplasmatische Hypertrophie), wir steigern auch die Erschöpfung unserer Muskulatur und senken unsere Regenerationsfähigkeit.

Studien zeigen ganz klar, dass wir mit einem Erhöhen des Volumens sowohl unsere Kraft [2] als auch die Hypertrophie [3] steigern und auch, dass mehr besser als weniger ist [4][5] - aber nur bis zu dem Punkt, an wir es noch schaffen, uns von unserem Training komplett zu regenerieren [6]. Darüber hinaus ergibt es also keinen Sinn, unser gesamtes Leben um das Training zu strukturieren und einfach immer nur noch mehr und mehr Volumen zu bewegen - denn wir werden uns schlichtweg nicht mehr davon erholen können.

Als Regel kannst du dir jedoch merken, dass du im Laufe deiner Fitnesskarriere das Volumen immer wieder erhöhen musst, um weiterhin positive Fortschritte hinsichtlich des Stärke- und Muskulaturaufbaus erzielen zu können. [7] Das bedeutet nicht, dass du dich unbedingt von jedem Workout zu Workout um 5 Wiederholungen steigern kannst oder jede einzelne Woche mehr und mehr Gewicht auf die Stange packen kannst. Es bedeutet vielmehr, dass du dich über Wochen, Monate und Jahre mit einer Wiederholung nach der nächsten nach oben kämpfst. Mehr dazu verrate ich dir später, wenn es um die Progression und den Fortschritt innerhalb des Programmes geht. Sei smart, sei geduldig - und die positive Transformation deines Körpers wird stattfinden.

Viel hilft also viel?

Nein, eben leider auch nicht, und der folgende Punkt ist absolut essentiell: Was es braucht, ist die goldene Mitte. Wir sollten im Training so viel machen und uns so sehr bemühen, dass wir besser werden (progressive Überladung) - aber nicht so viel, wie wir maximal könnten, und uns immer wieder ans absolute Limit pushen.

Es ist wichtig, dass wir uns vollständig von unserem Training erholen können und von diesem Standpunkt aus besser und stärker werden. Wenn wir uns jedes Training komplett an die Wand fahren, immer wieder das Maximum an Volumen ausreizen und bis zum Muskelversagen gehen, trainieren wir zwar die Hypertrophie hinsichtlich des metabolischen Stresses unserer Zellen und fördern die Beschädigung der Muskelfasern, steigern jedoch zeitgleich auch unsere Erschöpfung, senken das Regenerationspotential und somit die potentielle progressive Überladung.

Denke bitte immer daran: *Progressive Überladung > Beschädigung der Muskelfasern > metabolischer Stress der Zellen*

Lass dich nicht blenden von Steroid-Bodybuilder XYZ, der dir stumpf und ahnungslos erzählen will, dass du keine Memme sein sollst und dass mehr immer mehr ist, denn das ist es nur bis zu einem gewissen Grad. Diese Aussage möchte ich dir nun noch mit zwei Studien bzw. Auswertungen belegen und danach gebe ich dir eine Empfehlung, wie viel Volumen pro Training und auf die Woche gesehen vermutlich ideal für dich ist.

Im Jahre 2007 wurde eine systematische Auswertung aller Studien hinsichtlich Volumen, Intensität und Trainingsfrequenz mit erfolgreichem Muskelaufbau durchgeführt, um die Auswirkung der einzelnen und verschiedenen Variablen auf die Hypertrophie bestimmen zu können. [8] Die Probanden waren dabei sowohl Trainingsanfänger bis hin zu Leistungssportlern und alle trainierten nach optimierten, aber verschiedenen Trainingsplänen - zum Beispiel mit höherem und niedrigem Trainingsvolumen pro Einheit und pro Woche. Um einen potentiellen Muskelaufbau messen zu können, wurde speziell nach Studien gesucht, die vor und nach einer bestimmten Zeit den Umfang des Quadriceps und des Bizeps gemessen haben.

Nach einer gründlichen Auswertung fand man heraus, dass alle Teilnehmer der Studien neue Muskelmasse aufgebaut haben (Training ist besser als kein Training ... wer hätte das gedacht?), jedoch das ideale Volumen für den Quadriceps bei 40-60 Wiederholungen und beim Bizeps bei 42-66 Wiederholungen pro Trainingseinheit lag.

Diese Menge an Volumen hat den maximalen Muskelaufbau stimuliert und kann deshalb als einer der Grundpfeiler der idealen Volumenempfehlung betrachtet werden.

Die zweite Studie wurde 2005 durchgeführt und ließ junge, gesunde und durchtrainierte Gewichtheber verschiedene Krafttrainingsprogramme für 10 Wochen durchlaufen mit dem Ziel, auch hier die idealen Parameter für bestmöglichen Kraftaufbau herauszufinden. [9] So trainierten die Athleten in drei unterschiedlichen Volumenmengen verschiedenste Verbundübungen wie Kniebeugen oder Snatches.

Über den Zeitraum von 10 Wochen führte so die erste Gruppe insgesamt 1923 Wiederholungen aus, die zweite 2481 Wiederholungen und die dritte schon ganze 3030 Wiederholungen. Auch hier wurden alle Gruppen stärker, jedoch die Athleten in der mittleren Gruppe mit dem moderateren Volumen von 2481 Wiederholungen machten die größten Fortschritte.

Aus diesen Auswertungen und all dem, was wir über das Trainingsvolumen wissen, lassen sich folgende Empfehlungen aussprechen:

Zu viel Volumen ist nicht ideal und kann sowohl die Kraftprogression als auch die potentielle Hypertrophie einschränken. Vielmehr sollten wir uns hauptsächlich darauf fokussieren, besser und stärker zu werden, jedoch nur so lange, dass wir uns davon erholen können. Mehr zu diesen Thema ausführlich später.

Ein guter Indikator dafür ist das Vermeiden des Muskelversagens. Du solltest dich im Training versuchen zu steigern, doch nicht ans absolute Limit gehen. Es ist nicht nötig und förderlich, bei jeder Übung und jedem Satz ans Muskelversagen zu gehen und mehr Trainingsvolumen zu bekommen, lieber solltest du 1 bis 2 Wiederholungen vor dem Versagen aufhören. Folgende generelle Volumenempfehlungen lassen sich daraus treffen.

Trainingsvolumen pro Muskelgruppe pro Trainingseinheit

- ~ 40 Wiederholungen für Trainingsanfänger
- ~ 50 - 55 Wiederholungen für Fortgeschrittene
- ~ 60 - 70 Wiederholungen für Leistungssportler & um Schwachstellen besonders zu trainieren

Trainingsvolumen pro Muskelgruppe pro Trainingswoche

- ~ 100 Wiederholungen für Trainingsanfänger
- ~ 150 Wiederholungen für Fortgeschrittene
- ~ 200 Wiederholungen für Leistungssportler & um Schwachstellen besonders zu trainieren

Behalte diese Empfehlungen im Hinterkopf, denn sie werden später eine der wichtigsten Variablen zur Bestimmung deines idealen Trainingsplanes sein. Vielleicht klingen diese Zahlen und Richtlinien für dich jetzt noch sehr abstrakt, doch ich verspreche dir, du wirst am Ende das große zusammenhängende Bild verstehen und die einzelnen Parameter sinnvoll in dein Training und dein Leben integrieren können. Als Nächstes werden wir uns die Trainingsfrequenz anschauen und wir wollen herausfinden, wie oft wir einen Muskel pro Woche für idealen Muskelaufbau trainieren müssen.

Die Trainingsintensität

Mit dem vorherigen Abschnitt haben wir das Volumen definiert und herausgefunden, wie viele Wiederholungen pro Muskelgruppe in der Woche empfehlenswert sind. Nun gilt es, dieses Konzept aber auch noch mit Leben bzw. Gewichten zu füllen, und hier kommt die sogenannte Trainingsintensität ins Spiel. Die Intensität schreibt vor, wie schwer (oder leicht) eine Übung zum aktuellen Status quo eines Athleten ausgeführt wird. Mit unserer oben genannten Gleichung lässt sich die Intensität wie folgt darstellen:

Intensität = Gewicht x Wiederholungen

Grundsätzlich kann man hier zwischen hoher und niedriger Intensität unterscheiden, wobei eine hohe Intensität bedeutet, dass man weniger Wiederholungen pro Satz ausführen kann und eine niedrige Intensität bedeutet, dass man mehr Wiederholungen in dem jeweiligen Satz ausführen kann. So könnte das Ganze beim Bankdrücken beispielsweise aussehen, bei einem Athleten, dessen Maximalkraft bei 100 Kg liegt:

Hohe Intensität: 80 Kg x 5 Wiederholungen
Moderate Intensität: 70 Kg x 8 Wiederholungen
Niedrige Intensität: 60 Kg x 12 Wiederholungen

Je "schwerer" also das Gewicht und je weniger Wiederholungen ausgeführt werden können, desto höher ist die Trainingsintensität. Eine hohe Intensität im Training bedeutet also viel eher, dass man für sich subjektive schwere Gewichte bewegt hat - und nicht, dass das Training einfach nur anstrengend und fordernd war.

Jetzt fragt man sich natürlich, wie hoch sollte denn die ideale Trainingsintensität für maximale Hypertrophie sein? Wenn du im vorherigen Abschnitten des Buches aufgepasst hast, kennst du die Antwort bereits ... Die Intensität sollte variieren.

Durch die Variation der Wiederholungsanzahl und der Intensität beanspruchen wir nicht nur sämtliche Muskelfaserarten, sondern fördern auch beide Formen der Hypertrophie. Dies ist auch der Grund, warum wir nicht einfach nur 200 Liegestütze pro Woche machen sollten für einen bestmöglichen Muskelaufbau. Zwar würde hier das Volumen in Check und erfüllt sein, aber die Intensität wäre viel zu gering. Dies wurde auch schön in einer Studie von 2002 dargelegt.[10] Hier trainierten die Probanden in drei verschiedenen Wiederholungs- bzw. Intensitätsbereichen und heraus kam, dass die Teilnehmer, die mehr als 20 Wiederholungen pro Satz ausführten, am schlechtesten neue Muskelmasse aufbauen konnten. Die anderen Teilnehmer trainierten entweder zwischen 3-5 Wiederholungen oder zwischen 9-11 Wiederholungen und beide bauten verhältnismäßig gleich neue Muskulatur auf. Eine weitere Studie aus dem Jahre 2015 stammt von Dr. Schoenfeld, der seine Probanden in zwei Intensitätsbereiche untergliederte. [11] Die erste Gruppe trainierte in einem Intensitätsbereich von 20-35 Wiederholungen und die zweite in einem Bereich von 8-12 Wiederholungen und Schoenfeld fand heraus, dass beide Gruppen ungefähr gleich viel neue Muskulatur aufbauen konnten.

Heißt das, dass die Wiederholungszahl jetzt doch nicht so wichtig ist?

Nein - eben nicht. Die erste Gruppe führte nämlich das Dreifache an Volumen aus und hatte eine doppelt so hohe Arbeitslast und sie erzielte trotzdem "nur" eine gleich starke Hypertrophie. Hier kommt die Effektivität der einzelnen Wiederholungen ins Spiel. So wie in der Ernährung eine Kalorie aus Gummibärchen nicht dasselbe ist wie eine Kalorie Gemüse oder Fleisch, so unterscheidet sich auch der Grad der Effektivität der einzelnen Wiederholungen.

Je schwerer das Gewicht, desto mehr Muskelfasern müssen aktiviert werden, und umso schneller erreichen wir eine überlegene progressive Überladung, was sich wiederum in einem effektiveren Muskelaufbau widerspiegelt.

Zusammengefasst kann man sagen, dass moderates und schweres Krafttraining mit weniger Wiederholungen bessere Resultate erzielt als leichteres Krafttraining mit mehr Wiederholungen. [12] Deshalb sind aber alle Wiederholungsbereiche ab 12+ nicht gleich unwirksam und sollten ebenfalls in das regelmäßige Training mit eingebaut werden für bestmöglichen Muskelaufbau. [13]

Das ergibt auch nur Sinn, da wir somit sowohl unsere Typ-1 als auch Typ-2-Muskelfasern zum Wachsen bringen und sowohl die myofibrilläre und sarkoplasmatische Hypertrophie fördern.

Die Frage nach der idealen Trainingsintensität ist stark abhängig vom individuellen Ziel des Athleten. Wer primär nur Kraft und Stärke aufbauen will, der sollte den Großteil des Trainings zwischen 1-6 Wiederholungen trainieren und sich weniger auf höhere Wiederholungszahlen mit geringerer Intensität konzentrieren. Wer jedoch primär den Muskelaufbau und dessen Hypertrophie anstrebt, der sollte in meinen Augen alle Wiederholungs- und Intensitätsbereiche in sein Training mit einbauen.

Wichtig ist auch hier, dass wir potente und hohe Intensitäten zum Kraftaufbau mit einfließen lassen, selbst wenn die Hypertrophie das ausschließliche Ziel ist. Mit mehr Kraft können wir mehr effektiveres Volumen bewegen und so wesentlich effektiver die progressive Überladung für uns nutzen. Vor allem auf die kommenden Jahre gesehen. Aus all dem ergibt sich folgende Empfehlung für unser Muskelaufbautraining.

Empfohlene Intensitätsbereiche pro Workout

> ~1/3 des Volumens im 1-5 Wiederholungsbereich trainieren
> ~1/3 des Volumens im 6-12 Wiederholungsbereich trainieren
> ~1/3 des Volumens im 13-20 Wiederholungsbereich trainieren

Eine der gängigsten Methoden, um die Intensität des Training zu messen, ist die RPE-Skala, welche du auch hier im Programm finden wirst. Die RPE-Skala bestimmt dabei das subjektives Empfinden der Belastung (Rate of Perceived Exertion). Mit dem RPE-Wert soll ein Richtwert vermittelt werden, wie schwer nach eigenem subjektiven Empfinden ein Arbeitssatz sein soll, und er dient auch zur subjektiven Einordnung, wie schwer und wie fordernd ein Arbeitssatz war. Es ist ein Hilfswert, um die richtige Trainingsintensität vorgeben zu können und sicherstellen zu können, dass man immer in der richtigen und vorgesehenen Härte trainiert. Die RPE-Skala bewegt sich auf einer Skala von 1 bis 10, wobei 1 die niedrigste mögliche Belastung darstellt und 10 die absolut höchste Belastung. Generell wird die Skala aber eher nur von 6 bis 10 genutzt, da alles andere eher einem Aufwärmen gleicht. Meine bisherigen Trainingspläne sind entweder prozentbasiert oder haben sich auf simple Progression konzentriert, aber hier in diesem fortgeschrittenen Programm arbeiten wir etwas anders.

Der Grund dafür ist simpel. Die später folgenden Hypertrophie-Programme sind oftmals zusätzliche Belastung zu einem "normalen" Trainingsalltag. Nun kann es aber vorkommen, dass man durch äußere Faktoren (Stress, Schlafmangel etc.) am Ende oder während des Workouts nicht immer die gleiche Power für zusätzliche Arbeit hat und nicht exakt die Gewichte vom vorherigen Workout schafft, auch wenn das stets das Ziel sein sollte.

Dank der RPE-Vorgaben kann man einfach das Gewicht leicht verringern, man ist flexibler und wird trotzdem eine hohe Intensität auf den Körper ausüben (auch wenn es immer das Bestreben sein sollte, das Gewicht unter dem Strich zu halten oder besser zu erhöhen).

Das zweite Szenario, warum wir mit RPE-Werten arbeiten, ist, damit du einen Richtwert hast, wie hart der nun anstehende Arbeitssatz sein soll. Für den Erfolg des Programmes soll bei Weitem nicht jeder Satz bis zum Muskelversagen trainiert werden und anhand des RPE-Wertes kann man dies für jede Übung simpel ablesen und somit erkennen.

RPE Wert	RPE-Skala basierend auf Wiederholungen
10	Keine weitere Wiederholung möglich
9.5	Keine weitere Wiederholung möglich, aber etwas mehr Gewicht
9	1 weitere Wiederholung wahrscheinlich möglich
8.5	1 weitere Wiederholung sicher möglich - eventuell 2
8	2 weitere Wiederholungen wahrscheinlich möglich
7.5	2 weitere Wiederholungen sicher möglich - eventuell 3
7	3 weitere Wiederholungen wahrscheinlich möglich
5-6	4-6 weitere Wiederholungen möglich / Warm up
1-4	Sehr leicht / Gewicht zum Warm-up

Dies gilt für jeden Wiederholungsbereich.

Beispiel:

Wenn du nun Schulterdrücken mit 50 Kg machst und nur eine einzige Wiederholung schaffst, dann war dies für dich ein RPE 10. Wenn du dagegen hin Fortgeschrittener bist und exakt 10 Wiederholungen mit 50 Kg schaffst, aber keine dann einzige Wiederholung mehr - dann war auch dies ein RPE 10. Der RPE-Wert ist also ein fließender Wert, der nicht an eine bestimmte Wiederholungszahl gebunden ist.

Die RPE-Skala ist eine äußerst nützliche Methode, um seinen Einsatz im Training zu messen, und kann nahezu ebenso wichtig sein wie die Satz- und Wiederholungsanzahl. Man stellt sicher, dass man in jedem Workout stets mit der korrekten Intensität trainiert, an jedem Tag, zu jeder Zeit, egal wie viel reine Kraft im Tank zur Verfügung steht. Man berücksichtigt mögliche Vorermüdungen oder dass man nicht vollständig erholt ist, oder aber dass man nicht ins Übertraining gelangt (vorausgesetzt, du hältst dich an die Vorgaben).

Sollte es nicht anders gekennzeichnet sein, empfehle ich dir stets all deine Übungen in einem RPE-Wert von 8-9 zu trainieren, sprich so, dass ungefähr noch 1 bis maximal 2 Wiederholungen pro Satz mehr möglich wären. Das Ideal von Training zu Training würde so aussehen, dass du dich in jeder Übung um 1 bis 2 Wiederholungen steigern kannst, ohne dabei ans absolute Maximum zu gehen (Muskelversagen oder ein RPE 10 - wobei RPE 10 nicht innen dasselbe wie Muskelversagen ist). Auf diese Weise werden wir das Gewicht noch sauber kontrollieren können und uns gut vom Training regenerieren können. [14]

An dieser Stelle noch ein Wort zum Muskelversagen. Muskelversagen ist und bleibt bei vielen Menschen im Kopf der einzig wirklich messbare Wert und Weg des erfolgreichen Muskelaufbaus. Ich bin mir nicht sicher, woran das liegt ... Mir wurde das Konzept zumindest auch so in der Schule beigebracht und Arnold Schwarzenegger hat es vor mehr als 40 Jahren in Pumping Iron so oder so ähnlich ebenfalls wie folgt beschrieben: *Trainiere bis zum Versagen, gehe durch den Schmerz und die Muskeln werden wachsen.*

Um den Sinn und Zweck des Muskelversagens herausfinden zu können, müssen wir zunächst festhalten, dass es zwei unterschiedliche Arten von "Muskelversagen" im Training geben kann. Die erste Form des Versagens findet statt, wenn wir mit einer hohen Intensität keinerlei Wiederholungen mehr schaffen können.

Stell dir vor, du trainierst das Bankdrücken mit 80 Kg, schaffst 5 Wiederholungen und danach ist Schicht im Schacht. Egal wie sehr du auch willst, egal wie miserabel die Form wird, es ist keine einzige Wiederholung mehr möglich. Dies bezeichnet man gemeinhin als *mechanisches Versagen* und ist einem RPE-10-Wert gleichzusetzen, jedoch nicht dem klassischen Muskelversagen, so wie es sich die meisten Menschen vorstellen. Der Muskel wird hierbei nicht übersäuert und der metabolische Stress ist nicht hoch genug, damit das zentrale Nervensystem nicht mehr genug motorische Einheiten kontrahiert bekommt, um das Gewicht noch bewegt zu bekommen. Vom Gefühl her ist die Belastung zwar hoch, aber meist noch erträglich - nur das Gewicht will sich halt einfach nicht mehr bewegen.

Das ist das mechanische Versagen des Muskels.

Auf der anderen Seite unterscheidet man in *Formversagen*. Diese Variante des Versagens trifft bei einer höheren Wiederholungszahl ein und sorgt dafür, dass der metabolische Stress nicht mehr auszuhalten ist, die jeweilige Muskulatur komplett übersäuert und das zentrale Nervensystem so gut wie dicht macht. Wir fangen an zu zittern, Schweiß läuft und manchmal kann einem sogar schwarz vor Augen werden. Na …? Das klingt doch schon eher nach Muskelversagen, nicht wahr? Diese Art des Versagens wird häufig gemeint, wenn jemand vom "Muskelversagen" spricht. Doch die Frage bleibt. Ist dies nötig oder vielleicht sogar sinnvoll? Dies könnte man glauben und auch so argumentieren, dass durch das Versagen einfach mehr Muskelfasern aktiviert werden müssen und deshalb auch mehr Fasern aufgebaut werden. Dies mag in der Theorie wohl stimmen, doch wir müssen unser Training mal wieder im Großen und Ganzen betrachten und hier ergibt das Muskelversagen leider keinerlei Sinn.

Zunächst einmal ja, es gibt einen Wirkungsgrad von Muskelversagen hinsichtlich der Hypertrophie der Muskulatur. Mit dem klassischem Muskelversagen fördern wir die Hypertrophie durch ein gewisses Maß an Beschädigung der Muskelfasern und indem wir dem Muskel einem extrem hohen metabolischen Stress aussetzen.

Wir wissen jedoch auch schon, dass dies nur nur zwei der drei möglichen Hypertrophiemöglichkeiten sind - und nicht gerade die besten. Denn auch beide Formen in Kombination zusammen sind nicht stärker und potenter als die progressive Überladung und das Erhöhen der gesamten Arbeitslast über die Zeit. Darüber hinaus erhöhen wir bei den komplexeren Verbundübungen (Bankdrücken, Kniebeugen, Kreuzheben, Rudern, Schulterdrücken) immens das Verletzungsrisiko, da mit einem Ansteigen des metabolisches Stresses immer auch die Form schlechter und schlechter wird. In diesen Übungen würde ich generell niemals bis zum Formversagen trainieren und Gleiches rate ich dir ebenfalls.

Der nächste negative Punkt, der gegen ein Training bis zum Muskelversagen spricht (sowohl Formversagen als auch mechanisches Versagen), ist, dass wir wahrscheinlich insgesamt weniger Volumen im jeweiligen Training erzielen werden als wir eigentlich könnten. Folgendes Beispiel. Angenommen, du willst schweres Bankdrücken mit 4 x 6 Wiederholungen trainieren. Also gehst du ins Training, merkst schon zu Beginn, dass das Gewicht heute sehr schwer ist, gibst aber alles, kämpfst und erreichst im ersten Satz die angestrebten 6 Wiederholungen - doch danach wäre definitiv Schluss für diesen einen Satz. Also hättest du hier bereits im ersten Satz ein mechanisches Versagen provoziert. Nach der Pausenzeit geht es weiter mit dem zweiten Satz, deine Kraft ist schon spürbar weniger und du schaffst mit derselben Anstrengung gerade noch so die 4 Wiederholungen. Von dort aus wird es weniger und in den folgenden zwei Sätzen schaffst du jeweils nur noch drei Wiederholungen. Somit kommen wir auf ein Volumen von insgesamt 16 von 20 angestrebten Wiederholungen mit einem RPE-Wert zwischen 9.5 und 10.

Nun stellen wir uns ein zweites Szenario vor. Gleiches Gewicht, gleiche Kraft und fast selbe Anstrengung - nur dass du dieses Mal schon bei der 5. Wiederholung aufhörst. Das führt danach aber dazu, dass du noch wesentlich mehr Kraftreserven zur Verfügung hast und die darauffolgenden Sätze jeweils 4 saubere Wiederholungen drücken kannst. Somit würde das Gesamtvolumen immerhin bei 17 Wiederholungen liegen mit einem RPE-Wert von 8.5 bis 9. Im ersten Szenario hättest du somit insgesamt 1.280 Kg bewegt, während es beim zweiten schon 1.360 Kg gewesen wären.

Und du erinnerst dich sicher - mehr Volumen ist besser als weniger Volumen (zumindest bis zu einem gewissen Grad, in diesem Beispiel aber schon!). [4][5] Dieses Spiel über Wochen, Monate und Jahre kann einen immensen Unterschied ausmachen und auch von diesem Standpunkt aus her ergibt ein Muskelversagen keinen Sinn und es wird die progressive Überladung von Training zu Training lediglich behindern.

Auch die weitere Studienlage stützt meine eigene Erfahrung und es ist wesentlich wichtiger, die Trainingslaufbahn als Ganzes zu betrachten, anstatt bei jedem einzelnen Workout immer wieder 110% und mehr zu geben. Eine Studie aus 2006 ließ zwei Gruppen für 11 Wochen nach denselben Parametern ein Krafttrainingsprogramm absolvieren, nur dass die eine Gruppe bis zum Muskelversagen trainierte und die andere nicht. [15] Heraus kam, dass beide Gruppen gleichermaßen Kraft und Muskelmasse aufbauten, jedoch die Teilnehmer der Gruppe, die immer wieder bis ans Versagen trainierten, sich bereits tendenziell im Übertraining befunden haben und dass die Fortschritte in Zukunft vermutlich schlechter gewesen wären als bei der Vergleichsgruppe. Eine weitere aktuelle Studie aus dem Jahr 2017 fand exakt die gleichen Ergebnisse heraus. [16] Eine Gruppe junger Frauen wurde dabei in drei Gruppen unterteilt. Eine Gruppe trainierte dabei mit weniger Volumen und nicht bis zum Muskelversagen, die zweite mit mehr Volumen und ebenfalls nicht bis zum Muskelversagen und die dritte Gruppe trainierte auch mit mehr Volumen, aber mit dem Unterschied, dass sie bis zum Muskelversagen trainierten. Die meisten Kraft- und Hypertrophiefortschritte erzielten die Damen mit dem höheren Volumen (mehr Volumen > weniger Volumen - mal wieder …), wobei es keine Rolle spielte, ob sie dabei bis ans Versagen trainierten oder nicht. Und das ist eine durchaus sehr wichtige Erkenntnis.

Zusammenfassend kann man nämlich sagen, dass ein Training bis ans Muskelversagen, egal ob Formversagen oder aber mechanisches Versagen, keinerlei Vorteile gegenüber dem Vermeiden eines Versagens hat. Wichtiger ist eine gute Regeneration, und mehr Volumen im Training zu bewegen. "*Sollte ich also niemals bis zum Muskelversagen trainieren?*" - Nein, aber ein Training bis zum Versagen muss intelligent eingesetzt werden und sollte nicht ein stumpfes Mittel zum Zweck sein. Ein Training bis zum Versagen kann gelegentlich im letzten Satz bei einer bestimmten Übung eingesetzt werden um das Gesamtvolumen nach oben zu bringen und Plateaus zu durchbrechen.

Dies sollte aber nicht allzu oft sein. Jedoch ist solch ein Training bis zum Muskelversagen hin und wieder ein wirkungsvolles Werkzeug, um das Gesamtvolumen im Training zu erhöhen und solange man sich davon sauber regeneriert, ist alles gut.

Verstehe mich bitte richtig.

Das Vermeiden des Muskelversagens bedeutet nicht, dass unser Training nicht fordernd und anstrengend ist - sogar das Gegenteil ist der Fall. Wer Progression will, der muss hart trainieren - sollte sich aber jedoch stets 1 bis 2 Wiederholungen in der Reserve halten. Das bedeutet nichts anderes, als dass wir jedes Training 85-90% unserer maximal möglichen Leistung abrufen - und das ist anstrengend. Sehr sogar ... Aber wir werden uns davon erholen können und Fortschritte machen, eben genau das, was wir ja auch wollen.

Zusammenfassung der Intensität auf einen Blick

~1/3 des Volumens im 1-5 Wiederholungsbereich trainieren
~1/3 des Volumens im 6-12 Wiederholungsbereich trainieren
~1/3 des Volumens im 13-20 Wiederholungsbereich trainieren

~Regelmäßig mit einem RPE-Wert zwischen 8.0 und 9.5 trainieren

~Muskelversagen als Werkzeug zur progressiven Überladung und des Erhöhens des Volumens nutzen, nicht als Mittel zum Zweck und zum vermeintlichen Muskelaufbau

~So hart trainieren, dass es fordernd und progressiv ist. Aber nur so hart, dass wir uns davon regenerieren können.

Die Trainingsfrequenz

Die letzte Variable in unserer Gleichung und der Suche nach dem individuell bestmöglichen Trainingsplan ist die Trainingsfrequenz. Die Trainingsfrequenz bestimmt dabei, wie oft wir innerhalb einer Woche ins Training gehen, bzw. genauer gesagt, wie oft wir eine Muskelpartie pro Woche trainieren. Auch wenn wir die Trainingsfrequenz nun als Letztes besprechen, beutetet dies nicht, dass sie unwichtig ist - ganz im Gegenteil!

Die Trainingsfrequenz verleiht unserem Trainingsplan überhaupt erst sein Leben und bringt das Volumen und die Intensität in die richtige Form und Verbindung. Mithilfe der richtigen Frequenz teilen wir unser angestrebtes Volumen auf verschiedene Tage auf und können so unsere Trainingsziele um unseren Alltag herum sinnvoll anpassen und diese erreichen.

Doch die Trainingsfrequenz ist weit mehr als einfach nur die Art und Weise, sein Training zu splitten. Auf der einen Seite arbeiten wir mit der richtigen Frequenz mit unserer Muskelproteinsynthese im Einklang und können so eine maximale Hypertrophie erreichen, während es auf der anderen Seite das effektivste Werkzeug zur Organisation unseres Trainings ist. Die Trainingsfrequenz verleiht uns den individuellen nötigen und möglichen Freiraum, damit wir unsere Trainingsziele (Volumen & Intensität) auch wirklich umsetzen können.

Wenn es um die Trainingsfrequenz geht, dann reden wir im Grunde darüber, welchen Trainingssplit wir haben sollten und was für uns am meisten Sinn ergibt. Ein 3er-Split? Ein 4er-Split? Push-Pull-Beine oder doch ein Ganzkörpertraining?

Bevor ich darauf eingehe, möchte ich nochmals betonen, dass es nicht im geringsten Sinn ergibt, sein gesamtes Trainingsvolumen für eine Muskelpartie auf einen einzigen Tag zu legen. Nicht nur ist hier die Trainingsintensität viel zu hoch und wir werden uns nicht rechtzeitig für die nächste ideale Trainingseinheit erholen können (welche bei einem 5er-Split aber so oder so viel zu spät erst kommt), auch nutzen wir so nicht das Potential unserer eigenen Muskelproteinsynthese zum erfolgreichen Muskelaufbau aus, welche wir so dringend brauchen.

Solche Trainingsprogramme und Pläne werden meist von professionellen Bodybuildern trainiert (nicht selten mit einem Steroidkonsum im Wert von 50.000-100.000€ pro Jahr) und man findet sie hauptsächlich in veralteten und überholten Bodybuildermagazinen. Durch diesen immens hohen Konsum (vielmehr Missbrauch) von anabolen Steroiden wird die Proteinsynthese dieser Bodybuilder stark verlängert und es ergibt sogar Sinn, dass diese Athleten eine Muskelpartie nur ein einziges Mal pro Woche in einer immens hohen Intensität trainieren (gesamtes Wochenvolumen für eine Muskelpartie an nur einem einzigen Tag).

Für uns Natural Athleten ergibt das allerdings keinerlei Sinn und wir müssen nicht nur anders vorgehen, sondern auch etwas intelligenter mit unserem Training sein. Sowohl hinsichtlich der Verteilung des Volumens und der Intensität, hinsichtlich unserer Regenerationsfähigkeit als auch im Hinblick unserer eigenen Muskelproteinsynthese. Als Proteinbiosynthese bzw. (Muskel-) Proteinsynthese versteht man die Neubildung und den Aufbau von Proteinen in den Zellen. Dieser Vorgang ist essentiell für jedes Lebewesen und bildet für uns ambitionierte Sportler die Grundlage für einen erfolgreichen Muskelaufbau.

Je höher und aktiver die Proteinsynthese, desto mehr Muskulatur kann der Körper neu bilden. Diese Proteinsynthese wird sowohl durch das Training als auch durch die Ernährung nach dem Training anabol (aufbauend) stimuliert und grundsätzlich kann man allgemein in meinen Augen festhalten, dass die meisten Programme und die meisten Hobby-Athleten an einer zu geringen Trainingsfrequenz leiden. Das gilt sowohl für Anfänger als auch für Fortgeschrittene und die Pause zwischen zwei Trainingseinheiten pro Muskelgruppe ist in der Regel einfach zu lang.

Die Studienlange ist hier auch relativ eindeutig: Wer mehr Lean Body Mass aufbauen, also fettfreie Muskelmasse, und eine bessere Hypertrophie erreichen will, der muss seine Muskulatur mehr als nur ein Mal in der Woche trainieren. [17]

Repräsentativ dafür sind folgende zwei sehr aussagekräftig Studien. Die erste Studie stammt aus dem Jahr 2015 und wurde wieder von Dr. Schoenfeld durchgeführt. [18] Schoenfeld nahm eine Gruppe fortgeschrittener männlicher Athleten und unterzog diesen ein Trainingsprogramm mit drei Trainingstagen in der Woche.

Während das Volumen und die Intensität identisch waren, unterteilte er jedoch die Trainierenden in zwei unterschiedliche Gruppen und splittete das Gesamtenvolumen unterschiedlich auf. Wichtig - alle trainierten dasselbe. Dieselben Übungen, dieselbe Intensität und dasselbe Volumen - keiner trainierte mehr oder schwerer oder ähnliches.

Die erste Gruppe trainierte Brust und Rücken am ersten Tag, die Beine am zweiten Trainingstag und Schultern und Arme am letzten Tag, während die zweite Gruppe im Ganzkörpertrainingsstil trainierte und Teile der Übungen für jede Muskelpartie in jedem Workout trainierte.

TABLE 1. Training protocols.

Protocol	Day 1	Day 2	Day 3
SPLIT	Bench press ×3 Incline press ×3 Hammer chest press ×3 Lat pulldown (wide grip) ×3 Lat pulldown (close grip) ×3 Seated row ×3	Squat ×3 Leg press ×3 Leg extension ×3 Stiff-leg deadlift ×3 Hamstrings curl ×3 Good morning ×3	Shoulder press ×2 Hammer shoulder press ×2 Upright row ×2 Hammer curl ×2 Barbell curl ×2 Preacher curl ×2 Cable pushdown ×2 Skull crusher ×2 Dumbbell overhead extension ×2
TOTAL	Squat ×3 Stiff-leg deadlift ×3 Bench press ×3 Lat pulldown (wide grip) ×3 Shoulder press ×2 Hammer curl ×2 Cable pushdown ×2	Leg press ×3 Hamstrings curl ×3 Incline press ×3 Lat pulldown (close grip) ×3 Hammer shoulder press ×2 Barbell curl ×2 Skull crusher ×2	Leg extension ×3 Good morning ×3 Hammer chest press ×3 Seated row ×3 Upright row ×2 Preacher curl ×2 Dumbbell overhead extension ×2

Das Ergebnis: Die Athleten mit dem Ganzkörpertraining erzielten eine wesentlich bessere Hypertrophie und wir können daraus schließen, dass eine höhere Trainingsfrequenz einer niedrigeren überlegen ist.

Selbiges fand man auch bei der norwegischen Krafthebermannschaft heraus. [19] Hier wurde die Hälfte der Mannschaft in eine 3-Tage-Trainingswoche untergliedert und die andere Hälfte in eine 6-Tage-Trainingswoche, wobei die zweite Gruppe pro Training nur die Hälfte der Wiederholungen ausführte und das Volumen in beiden Gruppen somit wieder identisch war. Auch hier machten die Athleten, die öfter ins Training gingen und regelmäßiger eine Muskelpartie trainierten bzw. eine höhere Frequenz hatten, größere Fortschritte hinsichtlich der Hypertrophie und des Kraftaufbaus.

Eine höhere Frequenz ist eindeutig effektiver für den Kraft- und Muskelaufbau als eine niedrigere Frequenz. Was niedrig und was dabei hoch ist, muss natürlich individuell betrachtet werde. Für die meisten Athleten im Fitnessstudio lässt sich aber folgende Einordnung treffen:

- Hohe Frequenz: > 4
- Moderate Frequenz: 2-3
- Niedrige Frequenz: 1-2

Wie bei den anderen beiden Variablen (Volumen & Intensität) könnte man jetzt voreilige Schlüsse ziehen und behaupten, Frequenz sei das Wichtigste im Training und man müsse einfach nur maximal oft ins Training gehen und schon baut man Muskeln auf wie nie zuvor (Bsp.: eine Frequenz von 7 - jeden Tag Bankdrücken, Kniebeugen, Kreuzheben etc.).

Das ist jedoch auch nicht wahr ...

Wenn wir jeden einzelnen Tag ins Training gehen würden, angenommen das würde überhaupt zeitlich machbar sein, würde uns die Variable der Intensität relativ schnell einen Strich durch die Rechnung machen.

Denn entweder A) ist die Intensität viel zu gering für einen potenten Muskelaufbau bzw. eine anabole Reizanpassung oder B) passt die Intensität zwar - wird aber unsere Regenerationsfähigkeit massiv einschränken und wir sind schneller im Übertraining, als wir bis 3 zählen können.

Bitte bedenke, wir sind nicht im Fitnessstudio, um einen Schal zu stricken - wir wollen schwere Gewicht kurz vor unserer Leistungsgrenze bewegen und darüber hinaus auch noch jede Woche stärker werden und immer mehr Gewichte bewegen. Für bestmögliche Resultate brauchen wie genügend Schlaf, eine gute Ernährung und einfach etwas Zeit für uns zwischen den verschiedenen Workouts. Dadurch werden wir wesentlich mehr Kraft aufbauen können, mehr Muskelmasse aufbauen, bessere neuromuskuläre Anpassungen erzielen und uns hormonell besser regenerieren. [20][21][22][23][24]

Wir können also bis hierher festhalten, dass eine höhere Frequenz sinnvoll ist - sowohl für den Kraft- als auch für Muskelaufbau. Im Folgenden möchte ich nun noch auf die Frequenz als bestes Mittel zur Organisation deines Trainings eingehen. Zu Beginn habe ich davon gesprochen, dass der Spaß und die Beständigkeit des Trainings an erster Stelle stehen müssen - und hier kommt besonders die Frequenz ins Spiel. Manche Menschen können und wollen 6 Tage für jeweils eine Stunde ins Fitnessstudio gehen, während andere nur an 3 Tagen können - dafür an diesen Tagen aber 3 Stunden Zeit für das Training haben. Beide Gruppen können und werden vergleichbare Resultate erzielen - solange sie sich an die Grundregeln halten und ihr Training zielgerecht organisieren. In der Regel kann man sagen, dass alles zwischen 3 und 6 Trainingstagen drastische Resultate produziert und man sehr gut neue Muskulatur aufbauen kann. Diese goldenen Grundregeln lauten dabei:

➡ Du trainierst mit dem korrekten Volumen pro Muskelgruppe pro Woche

➡ Du trainierst mit der richtigen und korrekten Intensität

➡ Du trainierst jede Muskelgruppe mindestens 2x in der Woche

Erklären möchte ich das einem Athleten, der 4 Tage in der Woche ins Fitnessstudio gehen will für jeweils ca. 90 Minuten. Dieser Athlet ordnet sich zwischen Anfänger und Fortgeschrittener ein und will nun jede Muskelgruppe mit einem Volumen von 120 Wiederholungen trainieren und extra Fokus auf die Arme legen - also kommen hier nochmals 60 Wiederholungen Volumen extra für die Arme hinzu. Wir haben auch bisher gelernt, dass es sich lohnt, sein Training zu splitten, und so komme ich bei 4 Trainingstagen auf 3 potentielle verschiedene Trainingspläne, die alle wunderbar funktionieren werden.

1) 4x Ganzkörpertraining mit einem Volumen von ca. 30 Wiederholungen pro Muskelgruppe + 15 Wiederholungen extra für die Arme nach jedem Workout
(Vorteil: kurzes Workout — Nachteil: Volumen könnte eventuell zu gering pro Training sein)

2) 3x Ganzkörpertraining mit einem Volumen von ca. 40 Wiederholungen pro Muskelgruppe + 1 extra Armtag mit einem Volumen von 60 Wiederholungen
(Vorteil: Arme haben eigenen Fokus-Tag, Volumen pro Training ist gut — Nachteil: Workouts könnten etwas länger dauern)

3) 2x Oberkörper-/ Unterkörpersplit mit einem jeweiligen Volumen von 60 Wiederholungen pro Muskelgruppe + 30 Wiederholungen Volumen für die Arme extra an den Oberkörpertagen
(Vorteil: hohes Volumen pro Workout, gute Intensität — Nachteil: Workouts werden länger dauern und fordernder sein)

Alle diese Trainingspläne werden funktionieren. Alle diese Pläne bauen Muskeln auf und unser Athlet wird stärker - jetzt gilt es nur, deine persönlichen Präferenzen herauszufinden, wie oft und wie lange du trainieren willst und alle anderen Variablen genau darauf anzupassen. Denk bitte daran, es gibt keinen perfekten Trainingsplan.

Was es aber gibt, sind gut erforschte einzelne Parameter, dein Ziel und deinen Grad an persönlichem Einsatz. Halte dir stets vor Augen, dass es das Ziel in und mit deinem Training sein sollte, das Volumen in bestimmten Bereichen zu erhöhen, und dass du nur so effektiv über Monate und Jahre stärker und muskulöser werden kannst und auch wirst.

Deinen eigenen idealen Trainingsplan kannst du in nur zwei Schritten herausfinden:

1. Bestimme dein Trainingsvolumen und mit wie viel Übungen du dein Zielvolumen innerhalb einer Woche erreichen willst (Volumen = Wiederholungen x Satzzahl). Als Nächstes überlegst du dir, an wie vielen Tagen du in der Woche ins Gym gehen willst, und was eine sinnvolle Aufteilung des Volumens über diese Tage wäre, damit du mit viel Kraft und Fokus ins Training gehen kannst und gut genug regeneriert bist, damit du deine Leistungen vom vorherigen Workout tatsächlich steigern kannst.

2. Teste deine neue Routine für 1-2 Wochen aus und finde heraus, ob dein neuer Plan für dich auf Dauer funktionieren kann. Es kann zum Beispiel vorkommen, dass du feststellst, dass du an einigen Tagen mit einem zu hohen Volumen trainierst und danach starken Muskelkater hast, während du dich an anderen Tagen eher unterfordert fühlst und noch mehr verkraften könntest. Ist dies der Fall, dann verteile das Volumen neu und sorge somit für mehr Stabilität in deiner Routine.

So arbeitest du sinngemäß mit der Variable der Frequenz. Aus all den genannten Studien, Ausführungen und meiner eigenen Erfahrung der letzten Jahre ergibt sich folgende Trainingsfrequenzempfehlung:

Empfohlene Frequenz pro Muskelgruppe pro Woche

~Trainiere jede Muskelgruppe 2-3x in der Woche

Zusammenfassung

Egal ob die Hypertrophie oder der Stärkeaufbau dein primäres aktuelles Ziel ist - schauen wir uns die aktuelle Literatur und Studienlage an, dann können wir klare Empfehlungen für ein rundum sehr potentes Training treffen. Die folgenden und bisher getroffenen Empfehlungen können als Basis betrachtet werden, von welcher aus sich ein individueller Trainingsplan sehr gut und sehr individuell erstellen lässt.

Volumen

40 bis 70 Wiederholungen pro Muskelgruppe pro Trainingseinheit

Je nach Trainingsfortschritt und Schwachstellenausbesserung kommen wir so auf ca. 100 bis 200 Wiederholungen pro Muskelgruppe pro Woche.

Intensität

Trainiere in allen Wiederholungsbereichen von 1-20 Wiederholungen

~1/3 des Volumens im 1-5 Wiederholungsbereich trainieren

~1/3 des Volumens im 6-12 Wiederholungsbereich trainieren

~1/3 des Volumens im 13-20 Wiederholungsbereich trainieren

Frequenz

Trainiere jede Muskelgruppe bzw. Bewegung 2-3 Mal pro Woche

Nutze die Frequenz als Organisationswerkzeug und um die Muskelproteinsynthese bestmöglich aktiv zu halten.

Sicherlich sind diese Werte nicht in Stein gemeißelt - doch sie sind eine sehr starke Ausgangsposition für ein sehr gutes und potentes Training für die nächsten 5 bis 8 Jahre. Ich hoffe, du hast alles verstanden und hast nun einen tieferen Sinn hinter der Trainingsplanung gewinnen können und kannst nun noch besser und effizienter deine Zeit im Fitnessstudio nutzen. Denk immer daran - das Wichtigste ist es, mehr und mehr Gewicht über die Zeit zu bewegen, dich progressiv zu steigern und über die Monate und Jahre die gesamte Arbeitslast immer wieder zu erhöhen.

Wie genau wir das anstellen und welche Formen der verschiedenen Progressionsarten ich dir empfehle, das gucken wir uns jetzt als Nächstes an.

Ich bin ein Gläubiger. Ich bin überzeugt, dass wir das Leben, das wir wählen, gestalten und erschaffen, und ich glaube, dass das Werkzeug, das wir dafür brauchen, unser Verstand ist.

- Kai Greene

Progression
Der Schlüssel zum Erfolg

Progression ist das A und O, wenn es um den Fortschritt der Hypertrophie und der Kraft geht. Das beutetet im Klartext: Wer seinen Traumkörper erreichen will, der muss stärker werden. Punkt. Das ist zwar etwas vereinfacht ausgedrückt, bringt es aber auf den Punkt. Fachlich würde die korrekte Formulierung lauten, dass wir im Laufe unser Fitnesskarriere die gesamte Arbeitslast stetig erhöhen müssen, um auch in Zukunft weiterhin signifikante Fortschritte zu ermöglichen. Dieser Prozess des stetigen Stärkerwerdens nennt man auch das Prinzip der progressiven Überladung. Diese funktioniert im Grunde ganz einfach. Zu Beginn unserer Laufbahn haben wir keinerlei Plan oder Ahnung und trainieren einfach mal so drauflos.

Wir drücken, ziehen und heben, worauf wir Lust haben, so oft wir Lust haben und versuchen erst einmal, im Fitnessstudio überhaupt zurechtzukommen. Später daheim stehen wir vor dem Spiegel, spüren unseren ersten Pump und Muskelkater und sind guter Dinge, dass wir schon bald selbst der nächste Arnold Schwarzenegger sein werden. Das funktioniert für die ersten Wochen und Monate ganz gut, wir können mehr und mehr Gewichte bewegen, unser Selbstbewusstsein steigt auch langsam an und wir sind euphorisch - bis wir auf das erste Plateau stoßen ... und von dort aus scheint es nur noch schlimmer zu werden. Die Muskelberge bleiben aus und der Waschbrettbauch lässt komischerweise auch auf sich warten.

Doch kein Problem, dieser Prozess ist vollkommen normal und weil du jetzt gerade diese Zeilen liest, bin ich sogar sehr guter Dinge, dass du noch sehr lange Fortschritte machen wirst und schon bald effektiver und effizienter trainierst als jemals zuvor.

Schaut man sich die gängige Fachliteratur an, wird man leider sehr schnell sehr überfordert sein und sich eventuell sogar fragen müssen, wie zum Henker man überhaupt jemals Trainingsfortschritte erzielen konnte und wie das in Zukunft noch gehen solle ...

So trifft man hier auf Fachbegriffe wie MEV (Minimales effektives Volumen), MV (Minimales Volumen für Muskelerhalt), MAV (Bestmögliches Volumen für maximale Anpassung), MRV (Maximales regenerierbares Volumen), Mesozyklus oder Mikrozyklus. Dazu kommen noch komplizierte Periodisierungssysteme wie dem DUP und weitere wellenförmige Periodisierungen, bei denen man mal mehr, mal weniger trainiert, sich aber über Wochen und Monate somit eine Steigerung erreichen lässt.

Das ist alles schön und gut und es hat auch sicher seine Daseinsberechtigung. Vor allem im Powerlifting und wenn es darum geht, sein maximales Kreuzheben von 285 Kg auf 302,5 Kg zu verbessern. Doch ist das auch für uns sinnvoll? Für einen Athleten, der eine bestmögliche Hypertrophie anstrebt, Spaß im Training haben möchte und den Look eines Fitnessmodels oder eines Eugen Sandow für sich manifestieren möchte?

Hier sage ich: nein.

Zu viel Wissenschaft und zu viel Periodisierungen machen in meinen Augen das Training kaputt. Statt aufgeklärter zu sein, entstehen bei den meisten Menschen nur noch mehr Fragezeichen im Kopf und anstelle von Fortschritt erlebe ich sogar einen häufigen Rückschritt - einfach weil das Training tot gedacht wird und der Fokus von den wirklich wichtigen Dingen abnimmt: regelmäßiges progressives und schweres Training. Zu diesem Zeitpunkt besitzt du bereits mehr Wissen als 98% aller trainierenden Athleten im Fitnessstudio und deine Aufgabe für die nächsten 5 Jahre sollte es nur sein, dieses Wissen bestmöglich auf die Straße zu bekommen und umzusetzen. Wenn du dann nach 5 bis 7 Jahren Training tatsächlich nicht mehr weiterkommen solltest, dann können wir gerne über wellenförmige Periodisierungen und professionelle Powerlifter-Pläne sprechen und mit Begriffen wie MV, MEV, MRV oder DUP auf täglicher Basis arbeiten.

Deshalb habe ich sowohl für mein Leben als auch für dieses Buch und somit dein zukünftiges Training die parallele Periodisierung gewählt. Sie ist simpel, hocheffizient, leicht verständlich und produziert brutale Ergebnisse. Sind jede Woche Volumen, Intensität und die Frequenz am Platz, wirst du extreme Fortschritte machen - solange du in diesen Bereichen besser wirst und das Prinzip der progressiven Überladung anwendest.

Merksatz: Das Hauptziel deiner Fitnesslaufbahn ist es, die gesamte Arbeitslast stetig zu erhöhen.

Schreib dir diesen Satz gerne auf die Stirn. Es ist und bleibt der wichtigste Faktor im Training. Punkt. Aus. Ende.

Wie setzen wir also nun dieses Ziel bestmöglich um? Die Antwort besteht nicht darin, dass wir nur noch leichte Übungen in unser Training einbauen oder endlose Pausen machen, unseren Job kündigen und ins Fitnessstudio einziehen und für jede Muskelgruppe 1.000+ Wiederholungen pro Woche raushauen und somit ein unfassbar hohes Volumen erreichen. Der Weg besteht vielmehr darin, dass wir die Arbeitslast in unserem Training und in unserem idealen Bereich (Volumen + Intensität + Frequenz) mit qualitativ hochwertigen Wiederholungen immer wieder stetig erhöhen. Eine Wiederholung nach der nächsten. Schritt für Schritt.

Das beste Werkzeug dafür ist die sogenannte doppelte Progression.

Die doppelte Progression bezieht sich dabei auf die beiden Variablen des Arbeitsgewichtes und der Wiederholungsanzahl pro einzelnem Satz. Das bedeutet im Klartext, dass wir im ersten Schritt versuchen die angestrebte Wiederholungsanzahl zu erreichen, und wenn wir dies sicher geschafft haben, dann erhöhen wir im zweiten Schritt das Arbeitsgewicht. Das Erhöhen des Gewichtes wird zur Folge haben, dass wir zunächst weniger Wiederholungen schaffen können und uns zeitweilig mit weniger Wiederholungen zufrieden geben müssen.

Das ist aber überhaupt kein Problem. Also ist unser nächstes Ziel wieder die angestrebte Wiederholungszahl zu erreichen - und sobald wir das geschafft haben, jap, dann erhöhen wir wieder das Arbeitsgewicht und das Spiel beginnt von vorn. Wer so vorgeht, der wird in meinen Augen 90 - 95% der besten und maximal möglichen Hypertrophie erreichen und sich niemals fragen müssen, ob es denn bessere oder schnellere Wege der Progression gibt. Hierbei sei angemerkt, dass keine Wiederholungsanzahl in Stein gemeißelt ist. Bei einem 5x5-Programm ist es durchaus ist Ordnung, wenn man bei seinem letzten Satz nur 3 oder 4 Wiederholungen erreicht. Dafür sollte es dann in den folgenden Workouts das Ziel sein, eben sich genau in diesen letzten Wiederholungen zu steigern und die 5x5 quasi voll zu machen. Das kann ein weiteres Training dauern oder drei - das ist egal.

Beispielhaft kannst du dir den Verlauf einer doppelte Progression innerhalb einer Übung wie folgt vorstellen bei einem angestrebten Volumen von hier von 5x5 Wiederholungen:

Training	Gewicht	Volumen	Gesamte Arbeitslast	Entscheidung für das nächste Training
1	60 Kg	5x5x5x5x5 (25)	1.500 Kg	Gewicht erhöhen
2	65 Kg	5x5x5x5x5 (25)	1.625 Kg	Gewicht erhöhen
3	70 Kg	5x5x5x5x3 (23)	1.610 Kg	Selbes Gewicht
4	70 Kg	5x5x5x5x5 (25)	1.750 Kg	Gewicht erhöhen
18	90 Kg	5x5x5x4x3 (22)	1.980 Kg	Selbes Gewicht
19	90 Kg	5x5x5x5x4 (24)	2.208 Kg	Selbes Gewicht
20	90 Kg	5x5x5x5x5 (25)	2.250 Kg	Gewicht erhöhen
21	95 Kg	5x5x4x3x2 (19)	1.805 Kg	Gewicht verringern
22	92.5 Kg	5x5x5x4x3 (22)	2.035 Kg	Selbes Gewicht
23	92.5 Kg	5x5x5x5x4 (24)	2.220 Kg	Selbes Gewicht
24	92.5 Kg	5x5x5x5x5 (25)	2.312 Kg	Gewicht erhöhen

Das ist eine Beispiel-Progression zur Verdeutlichung - Die Progression kann in deinem Training anders verlaufen

Zwar ist der Verlauf und die Steigerung nur ein Beispiel, doch so oder so ähnlich wird es in der Praxis ablaufen. Die ersten Workouts und die ersten Wochen werden wir uns vermutlich kontinuierlich steigern können und jedes einzelne Mal mehr Gewicht auf die Stange packen und trotzdem unsere angestrebte Wiederholungszahl erreichen. Die ist im Übrigen nicht dem reinen Muskelaufbau zuzuschreiben, sondern viel eher dem Erlernen der neuen Bewegungsabläufe. [1] Diesen Prozess der Progression nennt man einfache Progression und auch hiermit steigern wir natürlich die gesamte Arbeitslast. Ab einem unbestimmbaren Zeitpunkt ist diese Form der Progression aber schlichtweg nicht mehr möglich und mit dem dann nun neuen Arbeitsgewicht schaffen wir es nicht mehr, die angestrebte Wiederholungszahl zu erreichen. Das ist aber kein Problem, sondern vollkommen normal. Hier setzt nun die doppelte Progression an. Anstatt nur das Gewicht zu erhöhen und daran zu scheitern, versuchen wir die Wiederholungszahlen zu erhöhen und uns in den angestrebten Wiederholungsbereich vorzuarbeiten. Ist dieser Bereich erreicht, idealerweise an zwei aufeinanderfolgenden Workouts (um sicherzustellen, dass man diese Gewichtsstufe auch wirklich gemeistert hat), dann ist es wieder an der Zeit, das Arbeitsgewicht zu erhöhen. Diese Vorgehensweise nennt man dann die doppelte Progression und es ist in meinen Augen der beste Weg für stetigen Muskelaufbau.

Hier gibt es jedoch einen klitzekleinen Haken - und dieser winzige Haken ist nicht nur absolut kriegsentscheidend, sondern unterscheidet auch den Profi vom Amateur (und wird trotzdem so gut wie nie in der Praxis umgesetzt). Unserem Körper ist die Progression egal, wenn es nach ihm ginge, dann muss der ganze Quatsch mit der stetigen Steigerung nicht sein und er muss auch keine neuen Muskelzellen aufbauen.

In der Praxis bedeutet das für uns, dass sich jedes Workout mehr oder weniger immer gleich anfühlt und wir zwar vielleicht denken, dass wir hart und progressiv trainiert haben - doch wirklich *wissen* tun es nur die wenigsten. Hier kommt der kleine, aber feine Unterschied: Wir müssen schwarz auf weiß wissen, ob wir stärker werden oder nicht. Nur wer seine Zahlen über Monate und Jahre kennt, wird sicherstellen können, dass er auf dem richtigen Wege ist. Wer seine Zahlen dagegen hin nicht kennt, der tappt für immer im Dunkeln und kann nur mutmaßen, ob wohl alles in die richtige Richtung geht und ob er sich progressiv steigert.

Die Lösung ist zum Glück denkbar simpel: Führe Tagebuch über jedes einzelne Workout, jeden einzelnen Satz und jede einzelne Wiederholung. Nur so kannst du *WISSEN*, wie dein Status-quo ausschaut, und ob sich dein Training in die richtige Richtung bewegt. Dieser Tipp ist unbezahlbar und macht wirklich, wirklich den Unterschied aus (!).

Viele Leser meiner Fitness Fibel 2.0 denken irrtümlicherweise, dass dieses Aufschreiben irgendwann nicht mehr nötig ist. Sie denken, dass auch ich es nicht mehr tun würde, einfach weil ich ja schon so viel weiß und schon so viel Erfahrung habe. Und ja, die Erfahrung und das Wissen habe ich wohl - und das ist exakt der Grund, warum ich auch nach 5 Jahren Kraftsport jede verdammte einzelne Wiederholung immer wieder aufschreibe und auch aufschreiben werde. Nur so kann ich wirklich *WISSEN*, ob ich Fortschritte mache und mich progressiv steigere - oder eben nicht. Anhand dieser Zahlen kann ich auswerten, ob meine Ernährung gut funktioniert, ob ich vielleicht mehr essen oder mehr schlafen muss, ob ich vielleicht mehr trinken muss oder ob ich versuchen sollte, den Stress in meinem Alltag zu reduzieren - all das kann man anhand der Progression ablesen. Geht es voran, dann ist der Rest auch an seinem Platz. Geht es nicht voran, dann muss ich meine Hausaufgaben machen und mich fragen, was ich außerhalb des Trainings optimieren kann und muss, um weiterhin progressive Fortschritte erzielen zu können (Ernährung und Erholung haben hier den größten Einfluss).

Wichtig ist aber auch, den wahren Unterschied zwischen dem Fortschritt und einem Plateau zu erkennen. Oftmals machen viele Sportler nämlich Fortschritte - nur nicht die Fortschritte in einem Ausmaße, wie sie es selber gerne hätten, oder in der Geschwindigkeit, in der sie denken, dass es vorangehen müsste. Ein Plateau bedeutet nicht, dass man sich die letzten Monate in jedem Workout im Bankdrücken konsequent um 5 Kilo steigern konnte, und jetzt nur noch um 2,5 Kg - das ist kein Trainingsplateau. Oder aber du machst schweres Kreuzheben mit 150 Kg und im vergangenen Workout hast du zum Beispiel einen Satz mit 3 Wiederholungen geschafft. Also ist nun dein Ziel, einen Satz mit 5 Wiederholungen hinzuzufügen - schaffst jedoch nur 4. Auch das ist kein Plateau in deinem Krafttraining. Es mag vielleicht ernüchternd klingen, aber sich jede Woche in einer bestimmten Übung um 1 bis 2 Wiederholungen zu steigern, ist fantastisch und Fortschritt im wahrsten Sinne des Wortes und für mich der Inbegriff eines erfolgreichen Trainings.

Denn schauen wir mal genauer hin.

Wir trainieren also Kreuzheben mit 150 Kg über 5 Sätze mit jeweils 3 Wiederholungen. Somit liegt die gesamte Arbeitslast bei 2.250 Kg mit allen Sätzen. Wenn wir jetzt nur eine einzige Wiederholung mehr machen, haben wir bereits eine neue Arbeitslast von 2.400 Kg. Das ist purer Fortschritt und resultiert in einem garantierten Aufbau neuer Muskelmasse.

Erfolgreicher Muskelaufbau bedeutet nicht, dass wir uns jedes Workout extrem stark steigern und massiv über das Muskelversagen hinaus trainieren - es bedeutet lediglich, jede Woche ein bis zwei Wiederholungen mehr zu machen. Es ist wirklich so grundlegend simpel. Das ist übrigens auch das größte "Geheimnis" meines schnellen Erfolgs. Seit meinem ersten Tag an im Fitnessstudio verfolge ich dieses eine Konzept und habe seitdem stets und ständig neue Muskulatur aufgebaut. Diesem simplen Prinzip verdanke ich jedes Jahr aufs Neue meine tolle Strandfigur und meine Karriere als Fitnessmodel.

Ab einem bestimmten Punkt reicht es nicht mehr aus, lediglich zu glauben, dass man besser wird in den einzelnen Übungen - man muss es *wissen*. Schwarz auf Weiß und jedes einzelne Workout mit Stift und Papier festhalten. Dieses eine Prinzip habe ich seit Tag 1 in meiner eigenen Fitnesslaufbahn umgesetzt und ich könnte zum Beispiel dir ganz genau sagen, welche Gewichte ich tatsächlich im Februar 2014 bewegt habe.

<u>Lange Rede - kurzer Sinn</u>:

Halte Tagebuch über deine Workouts. Schreibe jeden einzelnen Satz auf, jede Wiederholung und wie viel Gewicht du tatsächlich bewegst hast - und dann steigere dich von Woche zu Woche mithilfe der doppelten Progression ... und sei es nur um eine Wiederholung. Auf diese Weise lässt sich jedes Trainingsplateau durchbrechen.

Falls es wider Erwarten doch ab einem bestimmten Punkt nicht mehr vorangeht, dann solltest du dir deine Ernährung genauer anschauen, deinen Schlaf optimieren, das Cardiotraining (falls vorhanden) zurückschrauben oder ein oder zwei Deload-Workouts absolvieren. Auf die letzten Punkte möchte ich im Folgenden nun noch genauer eingehen.

Schlaf für Muskelaufbau

Richtig gelesen - Schlaf für Muskelaufbau. Ich nenne ihn liebevoll so und sehe das Ganze etwas als ironische Abwandlung zu den vielen vorherrschenden Begriffen in der Fitness-Industrie (*man denke an: Ernährung für Muskelaufbau, Training für Muskelaufbau, Supplemente für Muskelaufbau etc. ...*). Mangelnder Schlaf kann ebenso die Ursache für ein Trainingsplateau sein und sollte nicht unterschätzt werden. Denn der Ort, an dem wir wirklich Muskeln aufbauen und das meiste Fett verbrennen, ist nicht das Gym - es ist das Bett, wenn wir schlafen. Wenn wir nicht ausreichend schlafen, kann und wird unser Körper keinen spürbaren Kraftzuwachs haben und wir werden nicht imstande sein, mögliche Spitzenleistungen zu vollbringen.

Nicht nur im Fitnessstudio wohl gesagt. Wir alle haben den Schlaf bitter nötig - sowohl für maximale Leistung als auch für unsere Regeneration. Im Grunde ist dies uns allen ja auch bekannt - und doch gehen ausgerechnet beim Schlaf viele Menschen große Kompromisse ein. Das ist schlecht. So fand eine Studie beispielsweise heraus, dass bei einer Schlafrestriktion auf nur drei Stunden pro Nacht auf drei aufeinanderfolgenden Tagen die Leistungen im Bankdrücken, Kreuzheben und der Beinpresse erheblich sanken und die Probanden wesentlich mehr Muskelkater hatten als üblich. [2] Nun, das mag nicht wirklich verwunderlich sein - veranschaulicht das Problem aber wunderbar. Denn auch kleinere Restriktionen bzw. ein kleinerer Schlafmangel führt ebenso zu Leistungseinbrüchen und kann somit eine der Hauptursachen für stetige Plateaus sein. [3]

Aber auch das genaue Gegenteil wurde per Studien bewiesen. Wenn man so nämlich den Schlaf auf mindestens 10 Stunden ausdehnte, stieg die körperliche Leistungsfähigkeit an und die Teilnehmer konnten schneller rennen, fühlten sich mental fitter und konnten länger trainieren. [4] Um nun ein Krafttraining-Plateau überwinden zu können, muss man jedoch nicht gleich 10 Stunden lang schlafen. Das ist unrealistisch und für die wenigsten umsetzbar. Ich mache es auch nicht - und habe es auch nicht vor. Frei nach Arnold Schwarzenegger jedoch einfach nur schneller zu schlafen ist auch nicht die Lösung - 5 bis 6 Stunden Schlaf jede Nacht sind auf Dauer zu wenig und können wirklich ein tragender Grund für Plateaus im Krafttraining sein. 7 bis 8 Stunden sind in meinen Augen dabei ideal.

Zu viel Cardiotraining und Übertraining

Übertraining kann ebenso ein Faktor für ein Trainingsplateau sein und besonders für uns Natural-Athleten ist mehr nicht immer gleich besser. Das Übertraining lässt sich dabei auch nicht einfach tot reden oder mit genügend Willenskraft überwinden (so wie es uns viele Bodybuilding-Superstars weismachen wollen!). Die Symptome kommen schleichend und erste Anzeichen für eine zu hohe Belastung ist häufig, dass sich die eigenen Kraftwerte im Workout verschlechtern oder die Muskelausdauer sinkt. Dies sind Anzeichen eines geschwächten ZNS (Zentrales Nervensystem), doch das Problem lässt sich verhältnismäßig einfach lösen. Eine Deload-Woche bzw. eine Erholungswoche oder einfach einen Trainingstag ausfallen zu lassen, werden dich vermutlich wieder auf Vordermann bringen (mehr dazu gleich). Sicherlich ist es auch eine Frage des richtigen Trainingsplan, aber wenn du dich einfach nicht mehr vom Training erholen kannst, dann ist es auch hilfreich, das Volumen ein bisschen nach unten zu regulieren - ist dies nicht der Fall, dann einfach so weitermachen bzw. progressiv die Arbeitslast im jeweiligen Volumen erhöhen.

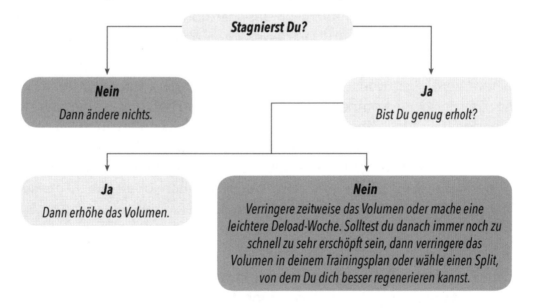

Sollte wider Erwarten ein Deload nicht bei der Überwindung des Plateaus helfen, dann ist ein reines Übertraining durch das Krafttraining eher unwahrscheinlich. Ein anderer Punkt könnte nämlich auch zu viel Cardiotraining sein. Cardiotraining ist ein zweischneidiges Schwert. Denn zum einen begünstigt es den Muskelaufbau, und zum anderen kann es den Aufbau neuer Muskelmasse verhindern. Zum einen fördert es den Muskelaufbau, indem es die Insulinsensitivität des Körpers erhöht und somit die Nährstoffaufnahme verbessert. [5] [6] Auch hilft es bei der Regeneration der Muskulatur durch einen erhöhten Blutfluss im Körper.

Aber auf der anderen Seite steht es auch durch einige Faktoren der Hypertrophie im Wege und kann durchaus der Grund sein, dass man keinen Muskelaufbau trotz Training hat. Vordergründig erhöht es natürlich stark den täglichen Kalorienverbrauch und wir nehmen dem Körper die Energie zum Aufbau "weg". Bei intensivem Cardiotraining wie Fußball, Kampfsport oder MMA kann das schnell zur Stagnation führen. Um diese hohe Belastung auszugleichen, muss man wirklich sehr viel essen. Das ist durchaus möglich und muss lediglich berücksichtigt werden. Aber zu viel Cardio erhöht auch stark den ausgeübten Stress auf den Körper und dies kann wiederum zum Übertraining führen. So zeigte auch eine Studie, dass je mehr und je intensiver das Cardiotraining ist, um so stärker wirkt es sich negativ auf die Kraft und den Aufbau der eigenen Muskeln aus. [7]

Cardiotraining sollte also mit Bedacht eingesetzt werden - und wenn man nun doch Sportler in einem Verein ist, dann empfiehlt es sich, einfach wesentlich mehr zu essen und das mögliche Defizit so zu kompensieren. Generell empfehle ich eine Cardioeinheit pro Woche. So haben wir das Beste aus beiden Welten vereint und geraten nicht ins Übertraining. Solltest du jedoch Cardiotraining betreiben, um einen Sixpack bzw. deine Strandfigur zu erreichen, oder generell abnehmen wollen, dann muss ich dir leider sagen, dass du auf dem Holzweg bist - das wird hauptsächlich über die Ernährung und das Kaloriendefizit geregelt.

Geht es nach all diesen Optimierungsmaßnahmen immer noch nicht bergauf, dann ist es vermutlich Zeit für Deload. Wie das genau funktioniert und wie es sinngemäß eingesetzt werden sollte, das schauen wir uns jetzt als nächstes an.

Deload-Training

Du erinnerst dich sicher, dass es die Hauptaufgabe deines Trainings sein sollte, dass du mit der Zeit das Volumen und die Intensität erhöhen musst, um weiterhin Fortschritte beim Muskelaufbau machen zu können. Nun kann es aber mit den Kraftwerten und den Leistungen im Fitnessstudio leider nicht immer nur linear nach oben gehen und irgendwann kann unser Körper einfach zu erschöpft sein, um weiterhin progressive Fortschritte zu machen. Denn du erinnerst dich ebenfalls, mit jedem Training steigern wir nicht nur unsere Fitness - sondern auch den Grad an Ermüdung bzw. Erschöpfung unseres Körpers und unserer Muskulatur. Auch wenn sich das so simpel und selbsterklärend anhört, so muss die Ermüdung ebenfalls als eine der vorhandenen und wichtigen Trainingsvariablen betrachtet werden, welche sich mit jedem unserer Workouts ebenfalls steigert. Der negative Effekt ist hier jedoch, dass diese Variable im direkten Gegensatz zu unserem Ziel steht und sie uns ein Erhöhen des Volumens immer schwerer macht.

Damit unser zentrales Nervensystem wieder voll auf Spur kommen kann, unsere Muskulatur vollständig regeneriert ist und wir wieder progressive Spitzenleistungen vollbringen können, kann und wird es hin und wieder Sinn ergeben, eine Deload-Phase durchzuführen. Eine Deload-Phase ist dabei lediglich eine Zeit, in der wir das Volumen und die Intensität verringern und so dem Körper eine Chance auf eine Erholung geben. Wenn wir uns zu lange in einem nicht vollständig erholten Zustand befinden, kann und wird dies nicht nur die Progression massiv hemmen, es kann sogar darin enden, dass wir immer schwächer und schwächer werden und sogar Muskelmasse verlieren - und das will ja nun wirklich keiner von uns.

Deloads helfen also bei der kurzfristigen Regeneration und können somit für bessere langfristige Erfolge sorgen. Ebenso reduzieren Deloads das Verletzungsrisiko. Beim Training wird der gesamte Körper inklusive der Knochen und des Bindegewebes stark belastet, nicht nur unsere Muskulatur. Fehlt die nötige Regeneration, so laufen wir größere Gefahr, uns genau hier Verletzungen zuzuziehen und ebenfalls unsere langfristigen Erfolge zu gefährden. Durch einen gewissen kurzfristigen Rücktritt beugen wir somit Verletzungen vor und erlauben unserem Bindegewebe, sich zu erholen.

Eine Deload-Phase muss sich dabei keineswegs sonderlich stark vom normalen Training unterscheiden. Manche verfolgen den Ansatz, dass sie eine komplette Deload-Woche einlegen und das gesamte Training in dieser Zeit aussetzen - doch das ist nur eine der Möglichkeiten und in meinen Augen nicht unbedingt die beste. Auch hier gibt es kein Richtig oder Falsch - nur ein "funktioniert das für mich"-Ansatz. Der Ansatz, den ich dabei als wesentlich sinnvoller betrachte, besteht nämlich darin, trotzdem ins Training zu gehen und einfach nur die Arbeitslast, das Volumen und die Intensität leicht zu senken. Anstatt also ein Bankdrücken mit 80 Kg x 4 Sätze x 8 Wiederholungen mit einem RPE von 8.5 zu absolvieren, mache ich zum Beispiel nur noch 70 Kg x 3 Sätze x 6 Wiederholungen mit einem RPE von 7. Somit senke ich die Arbeitslast von 2.560 Kg auf nur noch 1.260 Kg, war trotzdem im Training und gebe meinem Körper dennoch genügend Raum zur Regeneration.

Wie lange und wie oft solch eine Deload-Phase sein muss, das hängt ganz individuell von dir und deinem Erholungsgrad ab. Ein Deload kann ein ganze Woche dauern oder sich nur auf ein einziges Workout beschränken. Wenn du dich körperlich und mental vollständig erholt fühlst, dann kannst du in der Regel auch wieder Vollgas im Gym geben. Auch gibt es keine feste Regel oder Zeit, wann man Deloads einlegen muss.

Manche Programme sehen Deloads nach 5 oder 6 Trainingswochen vor und es ist sicher vorteilhaft, in diesen Abständen gewisse Deloads zu haben, doch ich persönlich plane sie nie fest ein und habe das auch nie wirklich bisher getan.

Der Grund dafür ist, dass ich nie weiß, wie mein Leben spielt und ob ich wirklich kontinuierlich 6 Wochen am Stück alles geben kann im Gym - oder ob nicht doch andere wichtige Termine dazwischenfallen in dieser Zeit und ich somit ungewollt zu einem Deload gezwungen werde. Das ist aber nur meine persönliche Meinung und früher oder später wird es Sinn ergeben, für eine kurze Zeit einen Schritt zurückzutreten, um dann zwei voraus gehen zu können.

Anhand der folgenden Grafik kannst du für dich erkennen und einordnen, ob es an der Zeit für einen Deload ist oder nicht.

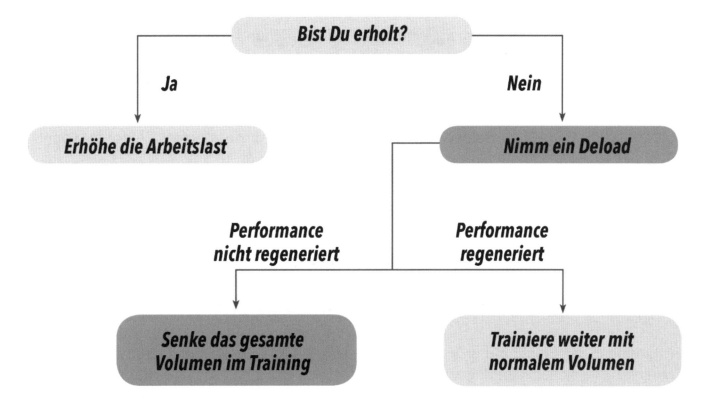

Um den vollen Sinn hinsichtlicher gewisser Pausen und Deloads zu verstehen, werden wir uns im nun Folgenden noch der Fitness-Fatigue-Theorie widmen und genauer verstehen, welche Auswirkungen ein Training auf unseren Köper hat und wie wir korrekt damit umzugehen haben.

Fitness-Fatigue-Theorie

Um die Verbindung aus Volumen, Intensität, Frequenz und Deloads noch besser zu verstehen, alles sinnvoll miteinander zu verknüpfen und zu verstehen, warum mehr nicht immer gleich besser bedeutet, müssen wir uns nun als Letztes noch das Fitness-Fatigue-Modell bzw. -Theorie etwas genauer anschauen. Die Fitness-Fatigue-Theorie beschreibt dabei, dass wir mit unserem Training sowohl unsere Fitness als auch unseren Grad der Erschöpfung mit jeder einzelnen Einheit steigern und diese beiden Faktoren somit maßgeblich unsere gesamte Leistungsfähigkeit beeinflussen. [8]

Die Fitness-Fatigue-Theorie besteht aus den drei Bestandteilen: Fitness, Fatigue und Performance - und diese schauen wir uns eben mal etwas genauer an:

- Fitness beschreibt unsere bestmögliche aktuelle Leistungskapazität. Dieses individuelle Niveau haben wir uns in der Vergangenheit durch hartes Training erarbeitet und die eigene Fitness wird mit effektivem und kontinuierlichem Training immer weiter ansteigen.

- Ermüdung bzw. Erschöpfung (Fatigue) des Körpers ist ein weiteres Produkt unseres Trainings. Je höher die Belastung, je höher das Volumen und die Intensität eines Workouts sind, desto höher ist auch der Grad der Erschöpfung. Auf der anderen Seite ist es aber auch eine Frage, wie erschöpfungsresistent ein Athlet in der Praxis tatsächlich ist. Dies hängt von mehreren individuellen Faktoren ab, doch auch die Resistenz steigert sich ebenfalls im Laufe der Monate und Jahre des Trainings.

- Die Leistungsfähigkeit (Performance) ist das Ergebnis aus der Subtraktion von Fitness minus Ermüdung. Zwar wird die tatsächliche Performance noch durch weitere äußere Faktoren beeinflusst (Stress, Schlafmangel, neues Fitnessstudio etc.), dennoch hat die Verbindung aus Fitness und Ermüdung hier den größten Einfluss auf die tatsächliche Leistungsfähigkeit im Fitnessstudio.

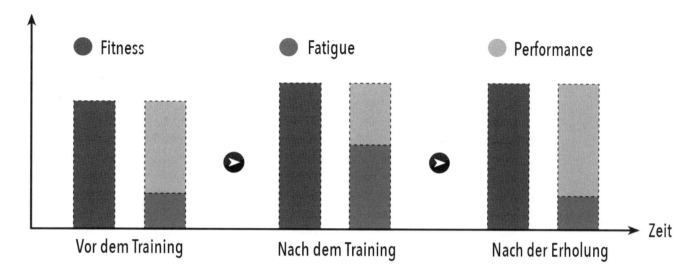

Mithilfe der sich überhalb befindenen Grafik können wir den Effekt des Fitness-Fatigue-Modells auf einen Blick greifbar machen. Vor unserem Training haben einen gewissen Grad an persönlicher Fitness, eine kleine Vorermüdung durch beispielsweise unseren Alltag oder eine vorherige Trainingseinheit und somit ebenfalls ein gewisses Potential an möglicher Leistungsfähigkeit, welche das Ergebnis aus Fitness minus Vorermüdung ist.

Also gehen wir so nun ins Training, Kniebeugen was das Zeug das hält und drücken gefühlt das halbe Universum beim Bankdrücken weg - und steigern somit unsere Fitness und den Grad der Erschöpfung. Zwar steigert sich somit auch bereits unsere potentielle Leistungsfähigkeit, sie ist jedoch jetzt in diesem Moment durch die hohe Erschöpfung stark eingeschränkt.

Logisch - nach dem Training kann man weniger Leistung vollbringen als vor dem Training.

Nach einer gewissen Zeit fällt die Erschöpfung wieder auf ein niedrigeres Niveau ab, die Leistungsfähigkeit ist somit deutlich höher und wir können mehr und mehr Gewichte im Fitnessstudio bewegen.

Dieser Prozess lässt sich in der Praxis wie folgt darstellen:

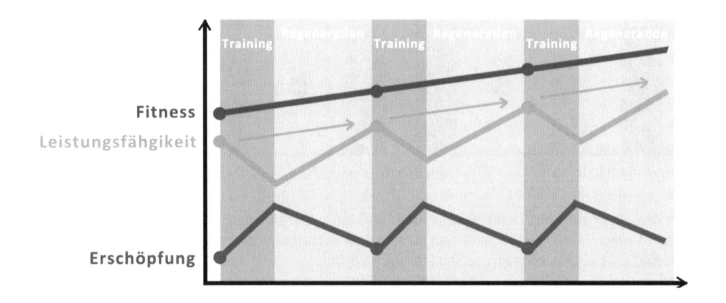

Mit jeder Trainingseinheit steigen sowohl die Fitness als auch der Grad der Erschöpfung, welche eine kurzfristige Leistungsminderung mit sich bringt, doch nach einer gewissen Ruhephase ebenfalls zur Leistungssteigerung führt. Über einen längeren Zeitraum hinweg wird die Leistungsfähigkeit bei kontinuierlicher progressiver Überladung linear mit der Fitnesslinie steigen. Das ist der Idealfall und würde einer linearen Progression gleichen.

Dass die Praxis leider etwas anders ausschaut, ist dir sicherlich auch schon bewusst, dennoch bekommt man mit dieser Übersicht ein Gespür dafür, dass mehr Training nicht immer gleich zu mehr Leistung und somit zu mehr Muskelmasse führen wird, sondern dass die Superkompensation bzw. Leistungssteigerung eher ein Dreiklang aus Fitness, Erschöpfung und Leistungsfähigkeit ist.

Du erinnerst dich sicher, dass es stets das Ziel unseres Trainings sein sollte, das Trainingsvolumen und die Arbeitslast zu erhöhen (hab ich das bisher eigentlich schon mal erwähnt? Ist die Message bei dir angekommen ??). Mit dem Erhöhen des Volumens wird jedoch auch das Problem steigen, dass der Grad an Erschöpfung sehr stark zunimmt.

Das Ganz schaut wie folgt aus:

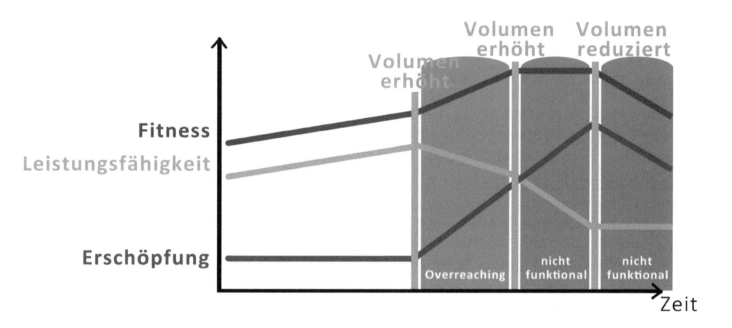

Erhöhen wir das Volumen zu schnell und gehen dabei zu hart an unser eigenes Trainingslimit, so wird ab einem bestimmten Punkt die Erschöpfung die Leistungsfähigkeit übersteigen und wir sind zu stark ermüdet von der neuen Arbeitslast. Die ersten Symptome für dieses Szenario sind fehlende Motivation hinsichtlich des Trainings, Müdigkeit, Schlafprobleme, Appetitlosigkeit, Kopfschmerzen, Gelenkbeschwerden oder eine gewisse Gereiztheit.

Das deutlichste Symptom ist aber das Absinken der eigenen erbrachten Leistungen.

Dies spiegelt sich zunächst in einem Abfall der Leistungsfähigkeit wider und später in einem Sinken der gesamten Fitness. Tritt dieses Szenario ein, dann wäre es das Beste, das Volumen wieder zu senken, dem Körper die Chance auf Regeneration zu geben und somit den Grad an Ermüdung zu senken und die Leistungsfähigkeit gleichzeitig wieder zu erhöhen.

Dies schaffen wir durch ein Deload-Training / Deload-Woche oder, indem wir die Arbeitslast auf unser gesamtes Training gesehen reduzieren, zum Beispiel, indem wir 5 Kg weniger auf die Hantel bei bestimmten Übungen packen.

Soviel zur Theorie … In der Praxis sollte dieses Wissen jedoch eher nur im Hinterkopf abgespeichert werden, anstelle jedes Training tot zu denken und sich zu fragen, ob die Belastung wohl zu viel oder zu wenig war, ob das Training überhaupt effektiv war und wie zum Henker man überhaupt alles richtig machen kann. Vielmehr solltest du diese Theorie als Grundlage für meinen nun folgenden Ratschlag mitnehmen:

Du solltest dein Volumen und dein Training so gestalten, dass du dich progressiv steigerst, du dir jedoch immer ein oder zwei mögliche Wiederholungen offenlässt. Das entspricht einem Training mit einem RPE zwischen 8.5 bis 9 und dies gilt insbesondere für die schweren Verbundübungen. Je nach Fortschritt und Ambitionen solltest du also versuchen, dich immer an der Kante des für dich Machbaren zu bewegen und dich von dort aus hochzuarbeiten. Stagniert oder bricht deine Leistung eventuell sogar ein, dann könnte ein zu hohes Volumen und eine aktuelle schlechte Leistungsfähigkeit der Grund dafür sein.

Auch hier gibt es keine Universallösung - sondern nur kritisches und reflektiertes Denken deinerseits. Mit steigender Fitness kannst, musst und solltest du das Volumen über Wochen, Monate und Jahre erhöhen, um weiterhin einen stetigen Fortschritt zu gewährleisten. [9] Mithilfe der doppelten Progression wird dies aber auch schon automatisch passieren - eine Wiederholung nach der nächsten.

Step by Step.

Ein guter Weg besteht darin, genügend Volumen im Training für eine Progression zu haben und nicht so viel, dass man sich davon nicht mehr erholen kann. Fitness ist eine Reise und du solltest lieber sicherstellen, dass du in 6 Monaten immer noch im Training bist und dich nicht verletzt, nur weil du im Heute den Obermacker im Fitnessstudio machen willst und viel mehr Gewichte auf die Stange legst, als es dir eigentlich guttun würde.

Damit wären wir auch beim Stichwort Muskelkater. Mit Muskelkater erneut ins Training zu gehen, ist an sich kein Problem, solange man dadurch nicht die Gefahr für ein fahrlässiges Training und eine somit mögliche Verletzung riskiert. Sollte es dir schwerfallen, die Gewichte sauber zu bewegen und einen vollen und kontrollierten Bewegungsablauf der jeweiligen Übungen zu gewährleisten, dann beende das Training lieber oder senke das Volumen.

Ansonsten investiere mehr Zeit für das Warm-up und bereite dich somit für das anstehende Workout besser vor. Solltest du regelmäßig und auf wöchentlicher Basis immer wieder vom Muskelkater betroffen sein, dann erhöhe deine tägliche Kalorienzufuhr, arbeite an deinem Schlaf oder senke das Volumen, einfach weil du vermutlich sonst den langfristigen Fortschritt deiner Fitness gefährdest.

Der ideale Zustand ist stets die Abwesenheit von Muskelkater und Muskelkater ist kein Indiz für einen potenten Muskelaufbau - das ist nur die stetige progressive Überladung und das Erhöhen des Volumens.

Ich hasste jede Minute des Trainings, aber ich sagte:'Gib nicht auf. Leide jetzt und lebe den Rest deines Lebens als Champion."

- Muhammad Ali

Die etwas kleineren Erfolgsfaktoren im Training

Langsam aber sicher arbeiten wir uns vom Makro zum Mikro der Trainingslehre und die folgenden drei Punkte sind zwar ebenfalls wichtig für ein gutes Training, wenn auch nicht mehr so kriegsentscheidend wie die vorherigen Variablen. Im Folgenden werden wir uns nun mit der idealen Pausenzeit zwischen den einzelnen Sätzen beschäftigen, der Kadenz bzw. der Geschwindigkeit der Übungsausführung und zu guter Letzt dieses Kapitel mit der Wahl der richtigen Übungen abschließen. Bringen wir zusätzlich zu den vorherigen Punkten auch diese drei weiteren Variablen sinnvoll in unserem Training unter, so werden wir schon sehr bald sehr gute Fortschritte machen und Eugen Sandow wäre sicher stolz auf dich.

Satzpausen

Die Pausenzeit bzw. Satzpausen sind jene Pausen, die zwischen den einzelnen Sätzen innerhalb einer Übung stattfinden. Hier findet man alle möglichen Ideen und Vorstellungen und während so manch einer auf kurze Pausenzeiten schwört, nehmen sich manche sogar bis zu 8 Minuten zwischen zwei verschiedenen Sätzen Zeit.

Wer hat recht? Welche Zeit ist wirklich ideal?

Um dies herauszufinden, müssen wir uns wieder unser großes übergeordnetes Ziel im Krafttraining vor Augen halten: eine möglichst hohe Arbeitslast zu haben. Nun gab es in den 80ern, 90ern und zu Beginn der 2000er den Ansatz, dass möglichst kurze Pausenzeiten zur bestmöglichen Hypertrophie führen würden. Die These lautete, dass eine kurze Pausenzeit besonders viele Wachstumshormone ausschütten würde, welche wiederum die Hypertrophie besonders gut fördern sollte.

Wie heute bekannt ist, ist es nicht die kurze Pausenzeit, welche vermehrt die Wachstumshormone ausschüttet und die Hypertrophie begünstigt, sondern es ist viel eher das Krafttraining mit einem hohen Volumen an sich, welches eine hohe Ausschüttung an anabolen Hormonen zur Folge hat und zur Hypertrophie führt. [1]

Aus diesen veralteten Annahmen entstanden auch Glaubenssätze, wie dass man während des Trainings schwitzen muss und bis zum Versagen trainieren sollte (Anzeichen für einen hohen metabolischen Stress). Hier würde einem eine längere Pausenzeit absolut im Wege stehen, da sie für mehr Regeneration im Training und somit zu einem geringeren metabolischen Stress führen würden.

Wir wissen aus den vorherigen Kapiteln, dass sowohl ein gewisser Grad an metabolischem Stress als auch gewisse Muskelschäden durch das Training zur Hypertrophie führen. [2] Wir wissen aber auch, dass die progressive Überladung der Haupttreiber der Hypertrophie und das mit Abstand mächtigste Werkzeug hinsichtlich des Muskelaufbaus ist. [3] Progressive Überladung muss im Hauptfokus unseres Trainings stehen, wenn wir so schnell wie möglich große Mengen an Muskeln aufbauen wollen.

Aus dem vorherigen Kapitel solltest du dir eine Antwort zur idealen Pausenzeit bereits zusammenreimen können: Die Pausenzeit ist dann gut, wenn wir möglichst viel Gewicht und Volumen in unserem Training umsetzen können.

Ein Rückschluss, den man daraus ziehen kann, wäre, dass alle Pausenzeiten schlecht sind, die unsere gesamte Arbeitslast im Training negativ beeinflussen würden. So bewies zum Beispiel eine Studie aus dem Jahr 2014, dass ein Training, welches den Hauptfokus auf den metabolischen Stress legt, eine schlechtere Hypertrophie bewirkt, sobald es die progressive Überladung und die gesamte Arbeitslast an sich negativ beeinflusst. [4]

Es ist ja auch nur logisch (fast).

Sehr kurze Pausenzeiten (20-60 Sekunden) erhöhen den metabolischen Stress in unserem Körper und dies wird zwangsläufig dazu führen, dass wir weniger Wiederholungen (Volumen) innerhalb einer bestimmten Übung umsetzen können. [5]

Sobald wir durch sehr kurze Pausenzeiten der progressiven Überladung und einem insgesamt höheren Volumen uns selbst im Wege stehen, werden wir auch nicht bestmögliche Resultate erzielen und wir verschenken viel mögliches Potential innerhalb einer gegebenen Trainingseinheit.

Kurze Pausen = mehr Volumen?

Nun könnte man aber auch denken, dass eine geringere Pausenzeit zu mehr Arbeitslast führen kann, einfach weil man in derselben Trainingszeit mehr Wiederholungen und Sätze absolvieren kann. Dies würde das Volumen erhöhen und somit zu einem überlegenerem Muskelaufbau führen, nicht wahr?

Nun ... nicht wirklich.

Wir wissen, dass wir verhältnismäßig gleichermaßen gut Muskelmasse aufbauen können, egal mit welcher Intensität wir trainieren, solange das Volumen identisch ist. [6][7] Sprich, es spielt vordergründig keine primäre Rolle, ob wir viel Gewicht oder eher weniger Gewicht auf die Stange aufladen. Würden wir so weniger Gewicht aufladen, nicht pro Satz bis ans Muskelversagen trainieren und trotzdem kürzere Pausenzeiten einhalten, so könnte man sein Training doch abkürzen und tatsächlich dasselbe Volumen erzielen und zeitgleich ähnliche Resultate erwarten können. Oder?

Ist das also der Weisheit letzter Schluss? Nein.

Fitness ist eine Reise und wir müssen immer den langfristigen Fortschritt im Fokus haben. Ja - leichtere Gewichte scheinen dieselbe Hypertrophie zu ermöglichen wie schwere Gewichte es tun, solange eine Mindestmenge an Volumen erreicht ist und die Arbeitslast identisch ist und progressiv trainiert wird. Dennoch werden wir mit dieser Methode nicht dieselben Kraftzuwächse erzielen können und Kraft ist ein weiterer wichtiger Faktor für eine andauernde und stetige progressive Steigerung über die Jahre.

Wir brauchen viel Kraft, um immer wieder die nächste Gewichtsstufe bei einer Übung erreichen zu können, um mit mehr Gewicht mehr Sätze und Wiederholungen stemmen zu können und so die gesamte Arbeitslast qualitativ hochwertig erhöhen zu können.

Jede einzelne Wiederholung sollte ein gewisses Maß an Qualität mit sich bringen - und somit einen gewissen Grad an Intensität. Wir können zwar die gesamte Arbeitslast mit leichteren Gewichten schneller erhöhen, werden über den Verlauf von Monaten und Jahren jedoch eine bessere progressive Überladung erzielen, wenn wir unser Volumen mit schwereren Gewichten stemmen - und hierfür brauchen wir eine gewisse Pausenzeit zwischen den einzelnen Sätzen, um eine Vielzahl an hochwertigen Wiederholungen absolvieren zu können.

Selbiges gilt auch für die Anzahl an Schädigung der einzelnen Muskelfasern, welche ebenfalls wie der metabolische Stress durch eine kürzere Pausenzeit erhöht wird. Aus dem Beginn des Buches wissen wir, dass sowohl der metabolische Stress als auch die Schädigung der Muskelfasern und die progressive Überladung zur Hypertrophie und zum Muskelaufbau führen. [8] Wir wissen nun aber auch bereits, dass der metabolische Stress nur insofern nützlich ist, solange er der progressiven Überladung nicht im Wege steht - und selbiges gilt exakt auch so für die Schädigung der Muskelfasern durch eine zu hohe Belastung unserer Fasern. Tatsächlich kann ein Schädigen der Muskelfasern (denke ans Training bis zum Muskelversagen) die Kraftproduktionskapazität reduzieren, was zu einer Verringerung des Volumens und der Intensität der nachfolgenden Wiederholungen und Sätze führen kann, und eine zu hohe Schädigung wird zwangsläufig der eigenen Hypertrophie im Wege stehen. [9][10][11]

Aus diesem Aspekt her macht es also herzlich wenig Sinn, sein Programm und seine Pausenzeiten so zu gestalten, dass man eine Höchstzahl an Mikrorissen und Schädigungen in seiner Muskulatur erzielt. [12]

Kurze Pausenzeiten sind längeren Pausenzeiten somit alles andere als überlegen. Ja - durch kürzere Pausenzeiten werden wir ordentlich ins Schwitzen kommen und sowohl den metabolischen Stress als auch die Schäden und Anzahl an Mikrorissen innerhalb unserer Muskulatur vermutlich vermehren.

Jedoch wird dies in der Praxis nicht zu einer besseren Hypertrophie führen, einfach weil diese beiden Faktoren die progressive Überladung negativ beeinflussen und wir den Potentesten aller Faktoren somit einschränken. Falls dich dies immer noch nicht überzeugen sollte, sind hier noch einige sehr aussagekräftige Studien:

- 2014 ließ Dr. Schoenfeld zwei Teilnehmergruppen zum einen im Bodybuilding-Stil (90s Pausenzeit) und zum anderen im Powerlifting-Stil (3 Minuten Pausenzeit) trainieren. Beide Gruppen trainierten mit demselben Volumen und bauten gleichermaßen neue Muskelmasse auf. Keine signifikanten Unterschiede waren zu erkennen. [13]

- Über 6 Monate trainierten zwei unterschiedliche Gruppen mit 2 bzw. 5 Minuten Pausenzeit innerhalb der einzelnen Sätze mit selbem Volumen und angepassten Intensitäten - kein signifikanter Unterschied oder Vorteil beim Muskelaufbau wurde in einer der Gruppen festgestellt. [14]

- 2010 wurde ebenfalls in einer repräsentativen Studie kein nennenswerter Unterschied in der Hypertrophie zwischen 2 Minuten Pausenzeit und 30 Sekunden Pausenzeit festgestellt. [15]

Zusammenfassend kann man also mit großer Sicherheit behaupten, dass kürzere Pausenzeiten keinerlei Vorteil gegenüber längeren Pausenzeiten haben und der Großteil der Studien belegt genau das. Tendenziell scheinen eher längere Pausenzeiten besser zu sein, da sie uns die Möglichkeit geben, das Gesamtvolumen besser erhöhen zu können. [16]

Daraus ergibt sich folgende, relativ simple Empfehlung:

Erhol dich so lange, dass du dich komplett bereit für den nächsten Satz fühlst und das Maximum an Leistung abrufen kannst. [17] Die Pausenzeit kann dabei von 1 bis 10 Minuten dauern, wobei meine universale Empfehlung bei um die 2 bis 3 Minuten liegt.

Sicherlich ist auch dieser Wert abhängig von der jeweiligen Übung, er kann jedoch als Richtlinie angesehen werden. Wichtig ist nur zu verstehen, dass eine kürzere Pausenzeit einer längeren keinesfalls überlegen ist.

Die Pausenzeit ist vielmehr ein weiteres Werkzeug zur bestmöglichen Erhöhung von qualitativ hochwertigen Wiederholungen und einer insgesamt höheren Arbeitslast. Nach 120 bis 180 Sekunden hat sich in der Regel unser zentrales Nervensystem bereits um 60-80% erholt und unsere metabolische Erholung liegt bei ungefähr 90%.

Nach 3 bis 6 Minuten liegen diese beiden Werte sogar um die 100%.

Meine generelle Empfehlung lautet 2 bis 3 Minuten Pausenzeit bei Verbundübungen und 1 bis 2 Minuten bei Isolationsübungen. Kürzere Pausenzeiten können hin und wieder strategisch genutzt werden, um den metabolischen Stress zu erhöhen oder weil man wenig Zeit für sein Workout hat, sollten aber nicht die Norm sein bzw. auch hier nicht Mittel zum Zweck sein.

Kadenz

Die Kadenz ist die Geschwindigkeit, mit der eine jeweilige Übung ausgeführt werden soll. Ein Beispiel für die Kadenz wäre 5:2:1:3. Dies würde in der Praxis bedeuten, dass die exzentrische Bewegung 5 Sekunden andauern soll, das Gewicht 2 Sekunden am Ende der Bewegung gehalten wird, die konzentrische Bewegung 1 Sekunde dauert und Gewicht am Ende der Bewegung 3 Sekunden gehalten werden soll.

Typischerweise empfehle ich die 5-Sekunden Regel, welche einer Kadenz von 2:1:1:1 entspricht.

Bei der Geschwindigkeit der Ausführung scheiden sich die Geister und auch hier gibt es viele verschiedene und insbesondere verwirrende Ansätze. Da das Thema vom Wirkungsgrad jedoch nur so gering ist, möchte ich es hiermit nur kurz anschneiden. In der Praxis ist eine moderate langsame bzw. kontrollierte Ausführung die beste Wahl. Auf der einen Seite sollten wir nicht zu schnell trainieren, so dass wir nicht unsauber arbeiten und somit riskieren, nicht die volle und maximale Kontraktionsspanne während einer Übung mitzunehmen, auf der anderen Seite dürfen wir auch nicht zu langsam eine bestimmte Übung ausführen, da dies zur Verringerung unser Gesamtleistung im Training führen wird - und das wiederum verringert die Arbeitslast und das Volumen in unserem Training. [18]

Wenn wir über die Kadenz reden, dann muss ich auch auf das Konzept "Time under Tension" (TUT) eingehen. Time under tension ist in meinen Augen ein weiteres der vielen unseriöseren Konzepte, die einem häufig schmackhaft gemacht und als eine *der Wunderpillen* schlechthin verkauft werden. *TUT* ist keine Abkürzung zum Erfolg und es ist nicht extra notwendig, darauf zu achten - ganz im Gegenteil. Wie oben beschrieben, wird ein zu langsames Ausführen der Übung dazu führen, dass wir weniger Wiederholungen in einer bestimmen Übung in dem jeweiligen Satz ausführen können. Mit weniger Wiederholungen verringern wir ebenfalls die gesamte Arbeitslast, die ein Muskel durchzuführen hat und mit geringerer Last verringern wir auch wieder das Hypertrophiepotential und die Chance, stärker zu werden. [19][20]

Das ist also mal wieder doof.

Die Frage muss auch hier lauten, ob dieses Konzept zu mehr Volumen führen kann oder nicht - um dann danach über dessen Sinn und Unsinn zu entscheiden. Ist ein *TUT* es also wert, weniger Volumen im Training zu haben? Die Studienlage sagt Nein. Siehe wie folgt:

- Eine Studie, die von Forschern der University of Oklahoma durchgeführt wurde, ergab, dass 4 Wochen traditionelles Widerstandstraining effektiver ist, um die Kraft zu steigern, als extra langsameres Training. [21]

- Diese Studie, die von Wissenschaftlern der University of Wisconsin durchgeführt wurde, ergab, dass selbst bei untrainierten Personen ein traditionelles Trainingstempo zu größerer Kraftentwicklung beim Kniebeugen und größerer Spitzenleistung bei der Sprungkraft führte. [22]

- Diese weitere Studie, die von Wissenschaftlern der Universität von Sydney durchgeführt wurde, ergab, dass die Teilnehmer, die dem traditionellen „schnelleren" Training beim Bankdrücken folgten, mehr Kraft als beim langsameren Training aufbauten. [23]

- Und eine letzte Studie ergab, die von Forschern der Universität von Connecticut durchgeführt wurde, dass ein sehr langsames Training im Vergleich zu einem normalen Tempo zu einer geringeren Spitzenkraft und Gesamtleistung führte. [24]

Diese Untersuchungen sind in meinen Augen alles andere als überraschend, untermalen jedoch im Grunde die Kernaussage der vorherigen Kapitel perfekt. Am Ende läuft es immer auf dasselbe hinaus: *Progressive Überladung über alles und alles, was der progressiven Überladung im Wege steht, ist nicht förderlich.*

An manchen Stellen und bei einigen wenigen Übungen können wir mit einer erhöhten *TUT* und verschiedenen Intensitätstechniken arbeiten (diese Übungen werden später genauer gekennzeichnet), für den Großteil der Übungen und den normalen Trainingsalltag können wir diese Konzepte jedoch getrost ignorieren.

In eine ähnliche Kategorie fällt auch das Konzept der "Mind-Muscle-Connection" bzw. das des Muskelgefühls während der Ausführung einer Übung. Die Mind-Muscle-Connection ist dabei der besondere Fokus seiner Aufmerksamkeit auf einen ganz bestimmten Muskel während einer gegebenen Übung, sodass wir dadurch möglichst viele Muskelfasern aktivieren und diese somit zum Wachsen bringen. Dieses Konzept ist ebenfalls sehr weit verbreitet und auch sehr beliebt, jedoch leider auch nicht in dem Ausmaße wirklich sinnvoll, wie es uns so manch Bodybuilder glauben lassen will, und es ist ganz sicher kein Geheimrezept für einen deutlich besseren Muskelaufbau. Zunächst aber ja, die "Mind-Muscle-Connection" gibt es wirklich und unter manchen Bedingungen kann diese zu einer erhöhten Aktivierung der Muskelfasern führen. [25][26]

Diese Bedingungen sind beispielsweise Wiederholungen im höheren Wiederholungsbereich oder sinnvoll für neue Übungen oder Übungen, bei denen man nicht das Gefühl hat, wirklich die Muskelgruppe zu treffen, die eigentlich trainiert werden sollte. In diesen drei Fällen kann es durchaus Sinn ergeben, sich besonders zu fokussieren und sich in den Muskel "hinein zu fühlen". Aber auch hier sei gesagt: Solange keine progressive Überladung stattfindet, wird dies dem Muskelaufbau kaum förderlich sein.

Der Effekt der "Mind-Muscle-Connection" scheint jedoch völlig irrelevant zu werden, sobald wir uns einer höheren Intensität nähern und schwerer trainieren (ab 80% der Maximalkraft oder mehr). [26]

Hier performen Athleten tatsächlich schlechter, wenn sie sich exklusiv auf das Spüren der Muskulatur konzentrieren, anstatt darauf, das Gewicht ordentlich gestemmt zu bekommen. Gleichzeitig werden aber dennoch extrem viele Muskelfasern aktiviert, sodass die "Mind-Muscle-Connection" überflüssig wird. Das ist ja auch nur logisch. Alles über 80% der eigenen Maximalkraft ist für jeden Athleten subjektiv gesehen sehr viel Gewicht und Last. Um dies überhaupt stemmen zu können, bleibt dem Körper doch nichts anderes mehr übrig, als möglichst viele Muskelfasern zu aktiveren und zur Hilfe zu rekrutieren.

Solltest du jedoch generell Probleme mit dem Spüren eines jeweiligen Muskels bei einer Übung haben, dann ergibt es durchaus Sinn, den korrekten Bewegungsablauf mit einem leichteren Gewicht und mithilfe des Muskelgefühls zu erlernen, um dann später die Last zu erhöhen und mehr Gewichte draufzupacken.

Hier wieder meine Empfehlung: Trainiere stets qualitativ hochwertige Wiederholungen, ohne aber ein zu extremes Maß an exzentrischen Wiederholungen oder des Muskelgefühls zu haben. Mit der 5-Sekunden-Regel kann man nichts falsch machen und muss sich auch nicht fragen, ob eine erhöhte Intensität besser wäre. Du solltest volle Kontrolle über das Gewicht haben und nicht dich vom Gewicht kontrollieren lassen.

Auf diese Weise trainierst du sauber, aber nicht zu extrem. Zusätzlich das Ablassen der Gewichte absichtlich stark zu verlangsamen, ergibt keinen Sinn und muss deshalb nicht noch ergänzend verfolgt werden.

Die Wahl der Übungen

Mit der Wahl der Übungen füllen wir langsam die vorherige Theorie mit Leben und bewegen uns mental gefühlt aus der Umkleidekabine heraus hinein ins Gym. Bei der Suche nach den richtigen Übungen für unseren Trainingsplan müssen wir uns im Grunde drei verschiedene Bereiche anschauen: die Effektivität einer Übung, unseren Grad an Spaß an ihr und ob wir in unserem Training Verbund- oder eher Isolationsübungen den Vorrang lassen bzw. in welchem Maße was.

Einsteigen möchte ich auch hier zum einen mit dem Faktor Spaß, und welches Ziel man mit seinem Training verfolgt. Solltest du all meine Ratschläge bis hierhin gründlich gelesen haben, so ist dir bewusst, dass wir unser Training langfristig betrachten müssen. Selbiges gilt auch bei der Wahl der Übungen. Es wird im Training Übungen geben, die dir einfach mehr liegen, und mit denen du natürlich deine Zeit im Fitnessstudio lieber verbringst als mit Übungen, die dir überhaupt nicht liegen.

Das Fitnessstudio ist kein Ort, an dem du dich quälen sollst und an dem du leidest. Es ist der Platz, an dem du dich verbesserst und an dem du wachsen kannst. Wähle also deine Übungen weise.

Zwei Beispiele aus meiner eigenen gelebten Praxis. Ich liebe Kreuzheben und es ist nach dem Schulterdrücken meine absolute Lieblingsübung - jedoch nur in der Form des Sumo Kreuzhebens. Normales bzw. konventionelles Kreuzheben liegt mir überhaupt nicht und würde ich verrückt werden, wenn ich auf Dauer nur noch konventionelles Kreuzheben machen müsste. Ist aber kein Problem, denn mit der Sumo-Ausführung habe ich eine herrliche Alternative gefunden, welche für einen gewissen Spaßfaktor innerhalb meines Trainings sorgt.

Das zweite Beispiel wären die lieben Kniebeugen. Ich beuge gerne und Kniebeugen sind wahrscheinlich die effektivste Beinübung von allen, jedoch mag ich nicht gerne mein hohes Volumen im Training nur mithilfe der Kniebeugen füllen. Alles über 6 Wiederholungen beim Kniebeugen bringt mir auf Dauer nicht die Freude, welche ich beispielsweise bei der Beinpresse oder bei Hackenschmidt-Kniebeugen empfinde. Ich habe das über Jahre ausgetestet (es ist also alles andere als eine lahme Entschuldigung dafür, dass mir Kniebeugen zu anstrengend sind) und ich fahre in den höheren Wiederholungsbereichen einfach deutlich besser mit anderen Übungen. Zeitgleich weiß ich aber auch die Effektivität der Kniebeugen zu schätzen, weshalb ich sie auf keinen Fall aus meinem Trainingsplan streichen würde.

Deshalb sind die Kniebeugen meine Wahl der Übungen für einen Wiederholungsbereich alles um die 5 Wiederholungen, sprich für einen hohen Intensitätsbereich. Auf diese Weise trainiere ich nach wie vor schweres Kniebeugen, muss sie aber nicht in einem höheren Wiederholungsbereich wieder und wieder machen. Sicherlich muss man machmal auch die Dinge anpacken, die unangenehm sind - im Fitnessstudio ebenso wie im Leben - aber du solltest nicht das Verständnis entwickeln, dass du dich immerzu quälen musst. Das ist auch nicht zielführend.

Zielführend ist auch das nächste Stichwort bei der Überlegung, welche und wie viele verschiedenen Übungen man in sein Trainingsplan implementiert, denn das hängt hauptsächlich vom jeweiligen Ziel des Athleten ab.

Grundsätzlich können wir hier zwischen Stärke und Hypertrophie unterscheiden. Sicherlich bringt das eine das andere mit sich, doch auch hier müssen wir kleine Anpassungen im Training machen, um das persönliche Ziel auch wirklich zu erreichen. Sollte es beispielsweise dein Ziel sein, möglichst stark in den drei großen Grundübungen zu werden (Kreuzheben, Kniebeugen, Bankdrücken), dann ergibt es nur Sinn, möglichst viel Zeit mit diesen drei Übung in seinem Training zu verbringen.

Ist ja auch logisch - je mehr wir einen bestimmten Bewegungsablauf trainieren, desto besser werden wir darin sein. [27][28] Wer also die ganze Zeit Kniebeugen macht, der wird auch extrem gut im Kniebeugen werden und sogar bessere Leistungen vollbringen können als ein Athlet, der zwar auch viel beugt, jedoch seltener und dafür mehr andere Beinübungen in sein Training implementiert hat. Beide können dieselbe Muskelmasse in den Oberschenkeln aufgebaut haben, aber der *Kniebeugen-Athlet* wird immer bessere Leistungen erbringen als der "*Nicht-so-oft-Kniebeugen-Athlet*". Der Grund liegt in der vielen Erfahrung und der besseren Meisterung der Bewegungsabläufe.

Das trifft im Übrigen sogar für einzelne Wiederholungsbereiche innerhalb einer bestimmten Übung zu. Jemand, der viel im 10-12 Wiederholungsbereich trainiert, wird dort bessere Leistungen vollbringen können als jemand, der diese eine bestimmte Übung schwerer und immer nur in einem Bereich von 3-5 Wiederholungen trainiert. [29] Umgekehrt gilt natürlich dasselbe.

Im reinen Kraftsport und auf Wettkämpfen zählt nur die Maximalkraft, weshalb es nur sinnvoll ist, diese möglichst oft zu trainieren und den Großteil des Trainings mit genau den Übungen zu verbringen, welche am Ende des Tages wirklich zählen. Oder wie Strength Coach John Broz sagt: "*If your family was kidnapped and you had a month to put 100 pounds on your squat, would you squat just once a week?*"

Vermutlich nicht. Ich vermute jedoch auch, dass eher die Hypertrophie und der Aufbau eines schönen und ästhetischen Körpers dein primäres Ziel im Training sind. Hier sieht es etwas anders aus und mehr Variation im Training und bei der Übungsauswahl tut uns hier tatsächlich gut. Zumindest bis zu einem gewissen Grad, wie wir gleich erfahren werden.

Das Ziel von Fitness und Bodybuilding ist es, einen einheitlichen, symmetrischen und einen insgesamt muskulösen und definierten Körper aufzubauen. Dies bedeutet, dass alle Teile des Körpers gut ausbildet werden wollen und unsere Muskulatur so zu formen, dass der alte Eugen Sandow stolz auf uns wäre. Hier ist es weniger, wichtig extrem gut in einem bestimmten Bewegungsablauf zu werden, sondern vielmehr alle verschiedenen Muskelfasern bestmöglich einzeln auszuprägen. Jede große Muskelgruppe untergliedert sich dabei in kleinere Unterteile und jede dieser verschiedenen Untergliederungen lässt sich mit verschiedenen Übungen besser oder schlechter trainieren, abhängig vom Winkel und der Ausgangsposition der Belastung. [30][31]

Welche Übung welche Teile der Muskulatur am besten trifft, das schauen wir uns später noch genauer im Zusammenhang mit der jeweiligen Anatomie an, erklären möchte ich dies aber an der Oberschenkelmuskulatur bzw. dem Quadriceps. Wie der Name es schon vermuten lässt, besteht der Quadriceps aus vier verschiedenen Köpfen: dem Vastus Lateralis (äußerer Quadriceps-Muskel), dem Vastus Medialis (innerer Quadriceps-Muskel), dem Vastus Intermedius (mittlerer Quadriceps-Muskel) und dem Rectus Femoris (überliegender Quadriceps-Muskel).

Jetzt stellt sich also folgende spannende Frage: Welche Übung trainiere ich für eine bestmögliche Aktivierung und Entwicklung des Quadriceps? Wenn es um die höchstmögliche Aktivierung der Muskelfasern im Quadriceps geht, dann steht hier ganz klar der Beinstrecker an erster Stelle. [32]

Zwar ist die reine Aktivierung extrem hoch in dieser Übung, jedoch sind die Beinstrecker nur semi-optimal zur progressiven und vor allem schweren Überladung geeignet, weshalb sie niemals eine Hauptübung in einem meiner Programme sein werden. Ganz im Gegenteil zu den bereits besprochenen und weiterverbreiteten Kniebeugen. Kniebeugen sind bestens für die progressive und somit kontrollierte Überladung geeignet, weshalb so viele Menschen auch so gute Fortschritte mit ihnen erzielen. Denn schauen wir mal genauer hin. Angenommen, wir würden beiden Übungen mit derselben Intensität und demselben Volumen trainieren, welche Last würden unsere Oberschenkel wirklich bewegen? Mit einem Volumen von 4x8 Wiederholungen werden wir immer mehr Gewicht insgesamt bewegen mit den Kniebeugen als mit dem Beinstrecker.

Denn beim Kniebeugen kannst du dir vielleicht 75 Kg auf die Schultern laden (Arbeitslast von 2.400 Kg), während du beim Beinstrecker die Maschine nur auf 55 Kg stellen kannst (Arbeitslast von 1.760 Kg).

Keine der beiden Übungen ist schlecht und in meinen Augen können / sollten sich beide Übungen in einem Trainingsplan befinden. Studien zeigen zudem auch ganz klar, dass ein gewisser Grad an Abwechslung dem Training guttut und zu einer besseren Hypertrophie führt. [33][34]

Diese gewisse Abwechslung ist jedoch nicht zu verwechseln mit der gemeinhin bekannten *Muskelverwirrung*, bei der man kreuz und quer immer in den unterschiedlichsten Intensitätsbereichen trainiert und seine Übungen öfter austauscht als die eigene Unterwäsche. Das führt zu gar nichts und ich werde gleich nochmals genauer darauf zu sprechen kommen, wie viel Abwechslung tatsächlich noch förderlich ist. Davor müssen wir aber klären, auf welche Übungen wir uns grundsätzlich im Training fokussieren sollten. Damit sind sind wir beim Thema Verbund- und Isolationsübungen angekommen.

Verbundübungen vs. Isolationsübungen

Wer die Fitness Fibel 2.0 gelesen hat und sich auch nur ein bisschen mit meiner Trainingsphilosophie bis hierher beschäftigt hat, der weiß, dass ich einer der größten Vertreter von Verbundübungen überhaupt bin, und daran wird sich in diesem Buch auch nichts ändern. Vielmehr will ich in dir das Verständnis entwickeln, wann wir was für maximale Resultate einsetzen sollten und wie. Dafür müssen wir uns die Übungen im Fitness / Bodybuilding einfach nur aus der Vogelperspektive anschauen und erkennen relativ zügig, dass wir hier zwischen sogenannten Verbundübungen und Isolationsübungen unterscheiden können.

Eine Verbundübungen ist eine Übung, die mehrere Gelenke und Muskelgruppen beansprucht. Ein Beispiel wäre hier die Kniebeuge, welche sowohl das Knie, die Knöchel und auch das Hüftgelenk bewegt und den Einsatz und Koordination vom gesamten Körper erfordert.

Zeitgleich wird unsere gesamte Beinmuskulatur aktiviert und wir trainieren mehrere Muskelgruppen mit einer Übung. Eine Isolationsübung für die Beine wären hier die Beinstrecker, bei der wir nur das Kniegelenk bewegen.

Jetzt lautet die logische Frage: Was ist effektiver? Mit welchen Übungen erreiche ich meine Ziele besser und schneller und worauf sollte ich mich im Training fokussieren?

Hier möchte ich mit dem Wirkungsgrad von Verbundübungen einsteigen. In vielen meiner Beiträge und Videos kritisiere ich stark herkömmliche "Bodybuilder-Weisheiten" und deren Trainingsmethoden innerhalb des Fitnessstudios. Katastrophal wird es dann leider, wenn man als Trainingseinsteiger und als Natural Athlet versucht, dieselben Pläne wie seine Anabolika-Helden nachzutrainieren, nur um Monate später gefrustet festzustellen, dass man sich die ganze Zeit im Kreis gedreht hat und sich irgendwie gar nichts getan hat. Ich rede hier von Übungen wie Flys mit den Kurzhanteln oder am Kabelzug für die Brust oder dem hundertsten Kurzhantelrudern für den Rücken.

Hier musst du mich bitte richtig verstehen.

Diese Übungen sind tendenziell nicht schlecht, doch wer seinen Hauptfokus im Training auf diese und ähnliche Übungen legt, der braucht sich hinterher auch nicht zu wundern. Was es braucht, ist die richtige Verteilung und eine durchdachte Koordination der einzelnen Übungen - dann klappt das auch mit dem Muskelaufbau.

Diesbezüglich möchte ich nun eine große und sehr repräsentative Studie aus dem Jahre 2017 in dieses Buch mit einfließen lassen, um meine These auch fundiert zu stützen. [35]

In dieser Studie nahm man 36 junge männliche Sportler mit jedoch geringer Erfahrung im Krafttraining und man ließ sie ein 12-wöchiges Trainingsprogramm mit jeweils drei Trainingstagen pro Woche absolvieren.

Während das Volumen unter allen Teilnehmern identisch war, teilte man die Sportler jedoch in zwei Gruppen auf und so trainierte die erste Hälfte nur mit Isolationsübungen, während die zweite Hälfte nur Verbundübungen absolvierte. Der Trainingsplan und Split sahen dabei wie folgt aus:

Monday		Wednesday		Friday	
MJ	**SJ**	**MJ**	**SJ**	**MJ**	**SJ**
Bench Press	Pec Deck Machine	Leg Press	Knee Extension	Lat Pulldown	Pullover
Incline Bench Press	Incline Dumbbell Fly	Squat	Dumbbell Lateral Raise	Seated Row	Rear Delt Fly
Deadlift	Biceps Curl	Military Press		Calf Raises	Pulley Elbow Extension
Abdominal Crunches	Leg Curls	Abdominal Crunches	Abdominal Crunches	Abdominal Crunches	Calf Raises
	Abdominal Crunches				Abdominal Crunches

In der Abbildung kann man sehr schön erkennen, dass es im Grunde ein Langhanteltraining gegen ein Kurzhantel- bzw. Maschinentraining war. Die gute Nachricht ist, dass beide Gruppen Muskelmasse aufgebaut und Fett abgebaut haben.

Jedoch nicht im gleichen Maße.

Die Testgruppe, die mit Verbundübungen trainierte, baute wesentlich besser neue Muskelmasse auf, verlor mehr Fett und hatte einen deutlich besseren Anstieg der VO2max-Werte bzw. eine höhere maximale Sauerstoffaufnahme. Sie baute mehr Stärke im Bankdrücken, Kniebeugen und sogar beim Beinstrecker auf, und das obwohl sie diese Übung gar nicht trainierte.

Diese Studie ist natürlich ein großer Gewinn für das Verbundtraining und die Ergebnisse sollten eigentlich niemanden wirklich schockieren. Auf der nächsten Seite sind die genauen Veränderungen innerhalb der Testgruppen:

Table 2 Pre and post-training values for different variables for single and multi joint groups (mean ± standard deviation)

	Single Joint Group				Multi Joint Group				p-values for comparison of changes between groups	between-group effect size
	Pre	Post	Delta (%)	p	Pre	Post	Delta (%)	p		
Body mass (kg)	80.0 ± 2.8	80.7 ± 3.0	0.8	0.77	81.3 ± 4.0	82.1 ± 3.9	1.1	0.24	0.6	0.03
Fat mass (kg)	15.8 ± 1.2	14.8 ± 0.7	-6.5*	> 0.001	16.6 ± 1.3	14.7 ± 0.8	-11.3*	> 0.001	0.09	-0.72
Fat mass (%)	19.7 ± 1.5	18.3 ± 0.8	-7.2*	0.01	20.4 ± 1.6	17.9 ± 1.3	-12.2*	> 0.001	0.31	-0.77
Fat free mass (kg)	60.3 ± 3.5	62.4 ± 3.3	3.5*	0.01	60.9 ± 4.7	64.2 ± 4.9	5.5*	> 0.001	0.08	0.29
VO2max (ml/kg·min)	48.7 ± 4.3	51.2 ± 4.8	5.1*	0.01	46.5 ± 5.1	52.3 ± 4.8	12.5*#	> 0.001	0.05	0.70
Bench Press 1RM (kg)	78.3 ± 9.0	84.7 ± 8.6	8.1*	> 0.001	80.4 ± 6.8	89.2 ± 7.0	10.9*#	> 0.001	> 0.01	0.29
Knee Extension 1RM (kg)	80.6 ± 5.7	90.6 ± 4.8	12.4*	> 0.001	82.2 ± 5.2	97.8 ± 6.0	18.9*#	> 0.001	> 0.001	1.03
Squat 1RM (kg)	164.4 ± 7.5	145.6 ± 8.5	8.3*	> 0.001	139.8 ± 10.4	159.1 ± 14.5	13.8*#	> 0.001	> 0.01	0.89

* = Significant change within groups; # = Significant difference between groups

Exakt hier liegen die Stärken eines Verbundtrainings. Wir trainieren mehr verschiedene Muskeln mit weniger Übungen in einer kürzeren Zeit. Anstatt also mehrere diverse Isolationsübungen für Brust, Schulten, Trizeps und Co. zu machen, kann man seine Ziele auch schneller beispielsweise mit dem Langhantel-Schrägbankdrücken erreichen - dazu später mehr. Grundsätzlich kann man die potentesten Vorteile eines Verbundtrainings auf drei Hauptvorteile untergliedern:

1. Wir können mehr und schwereres Gewicht bewegen

Mithilfe von Verbundübungen werden wir in manchen Übungen Tonnen über Tonnen an Kilos an Volumen haben und eine unfassbar hohe Arbeitslast an sich verwirklichen. Wir können viel besser viel mehr Gewicht als bei Isolationsübungen bewegen und werden deshalb eine deutlich bessere progressive Überladung erreichen können. Doch nicht nur das. Wir werden uns zudem auch sicherer und kontrollierter steigern können.

2. Wir trainieren mehr Muskeln gleichzeitig

Je mehr Muskeln wir effektiv in einer bestimmten Übung trainieren, desto mehr Muskelmasse als Gesamtes werden wir aufbauen. Zeitgleich sparen wir viel Zeit und können mit weniger Zeitaufwand schnellere und bessere Resultate erzielen - und das ist in meinen Augen ein sehr großer Vorteil.

3. Wir steigern dadurch deutlich unser Testosteronlevel und die Anzahl an Wachstumshormonen

Die Anzahl der anabolen Hormone, die sich nach dem Training erhöht, steht in direkter Beziehung zu der Anzahl an Muskeln, die während eines Workouts beteiligt waren. Dies ist der Grund, warum die Forschung zeigt, dass Verbundübungen größere Zunahmen an sowohl Testosteron als auch Wachstumshormonen erzeugen, als Isolationsübungen es tun. [36][37] Der Effekt reicht zwar nicht aus, damit wir einen unfassbar großen Vorteil beim Muskelaufbau bekommen, jedoch helfen diese vermehrten Mengen an anabolen Hormonen bei der Knochendichte, der Spermienproduktion, dem Sexualtrieb, der Produktion von roten Blutkörperchen und einer erhöhten Stimmung und besserem Energieniveau.

4. Wir bauen eine ästhetische Grundlage für den Körper auf

Zu Beginn des Buches habe ich dir das Geheimnis für eine ideale Ästhetik an die Hand gegeben und der beste Weg, sich ein solides Fundament zu schaffen, besteht in meinen Augen im Verbundtraining. Ich trainiere den Großteil meiner ernsthaften Fitnesskarriere mit Verbundübungen und habe dadurch relativ gute Proportionen und Symmetrien aufbauen können - ohne dabei meinem Limit auch nur nahe zu sein.

Du hast es selber gelesen ... meine Arme sind alles andere als riesig, meine Beine hinken hinterher und meine Brust könnte auch noch mehr Fleisch vertragen - und doch seh im Grunde ganz ansehnlich aus.

Der Grund hierfür sind meine Proportionen und das richtige Verhältnis. Durch das viele Rudern und Drücken mit der Langhantel habe ich mir einen großen Schultergürtel antrainiert und einen starken oberen Rücken aufgebaut. Diese Kombination lässt meine Taille schmaler wirken und fördert optisch die Täuschung, dass ich breiter aussehe, als ich es tatsächlich bin.

Diesen Look verdanke ich dem Langhanteltraining. Meine Arme passen zu meinen Schultern. Meine Schultern zu meiner Brust und meinem Rücken und so scheint vieles im Einklang zu sein. Anders beobachte ich dies leider bei so manch anderen Athleten, welche sich extrem viel auf Isolationsübungen fokussieren. Hier scheinen manchmal die Arme größer zu sein als die Schultern und die Brust tendenziell überproportional zum Rücken - und ich sehe die Ursache hier im Übermaß an Isolationsübungen. Dies ist natürlich meine absolute subjektive Meinung bzw. Erfahrung, aber ich bin der Überzeugung, dass man sich mit der Langhantel ein wesentlich besseres Fundament aufbaut als mit jeder Isolationsübung.

Das alles bedeutet jedoch nicht, dass Isolationsübungen schlecht sind und wir sie grundsätzlich aus jedem unserer Trainingspläne streichen sollten. Das habe ich weder gesagt, noch will ich dir das vermitteln. Mit diesem Buch und meinen ausführlichen Abschweifungen will ich dir dieses Schwarz-Weiß-Denken abgewöhnen und dafür sorgen, dass du das Training als gesamtes und zusammenhängendes Bild betrachten kannst. Mit dem Bankdrücken, Kreuzheben und Kniebeugen wird man weit kommen, aber zu seiner absoluten Traumfigur alleine wird es vermutlich nicht ganz reichen.

Wichtig zu verstehen ist zunächst, dass Verbundübungen effektiver sind, als jede Isolationsübung es sein kann. Das bedeutet in der Praxis nichts anderes, als dass du dein schweres und ein Teil des Gesamtvolumens mit Verbundübungen füllen solltest. Danach können wir gerne über zusätzliche Isolationsübungen reden - und genau das werden wir jetzt tun.

Zusätzliche Arbeit durch verschiedene Isolationsübungen ist sowohl bei der Hypertrophie und dem Streben nach höchstmöglicher Ästhetik sinnvoll, aber auch, wenn es um den reinen Kraftaufbau geht.

Nehmen wir zum Beispiel Wettkampfathleten und einen Sportler, der möglichst viel Kraft beim Kreuzheben aufbauen will. Wie bereits geschrieben, werden wir in der Sache richtig gut, die wir am meisten machen. Also würde sein Training für das Kreuzheben in der Praxis so aussehen, dass er 50-75% seines Volumens für das Kreuzheben in einem Wiederholungsbereich zwischen 1 bis 5 Wiederholungen verbringt und hier seine Leistung maximiert. Nun können wir uns den Körper wie eine Kette vorstellen, die am schwächsten Punkt zerreißt. Exakt so, wie es das alte Sprichwort sagt. Eine Kette ist nur so stark wie ihr schwächstes Glied, weshalb es sehr sinnvoll ist, seine Schwachstellen auszumerzen. Beim Kreuzheben im Powerlifting bedeutet dies, dass die Athleten noch zusätzliche Variationen oder Isolationsübungen um das Kreuzheben herum trainieren, um die Werte für das eigentliche Kreuzheben zu verbessern. Zum Beispiel durch defizitäres oder erhöhtes Kreuzheben oder auch durch das rumänische Kreuzheben, welches die hinteren Oberschenkelmuskeln isoliert trainiert und stärkt. Auf diese Weise verbessert ein Powerlifter seine spezifischen Kraftwerte, indem er 25 bis 50% des Volumens mit unterstützenden Übungen verbringt.

Selbiges gilt auch für uns Hypertrophierenden, welche nicht nur einen bestmöglichen Muskelaufbau anstreben, sondern auch einen hohen Grad an Ästhetik. Erklären möchte ich dies am Beispiel der Schulter. Die Schulter wird sowohl beim Bankdrücken als auch beim Schulterdrücken stark beansprucht und bekommt dementsprechende Reize. Wenn jetzt aber jemand exklusiv und ausschließlich diese Übungen trainiert, dann wird die Schulterentwicklung vermutlich nicht ganz ideal verlaufen. Eine optisch schöne Schulter gleicht einer Bowlingkugel: rund, groß und und sie hat diesen gewissen 3D-Effekt, welcher die Schultern so richtig rauspoppen lässt (mir wollte einfach kein besseres Wort einfallen...).

Um zu verstehen, wie wir diesen Effekt durch das Training verstärken können, müssen wir zunächst wissen, dass die Schulter aus drei verschiedenen und einzelnen Köpfen besteht:

- Den vorderen Deltas
- Den seitlichen Deltas
- Den hinteren Deltas

Beim Schulterdrücken ist zum Beispiel der vordere Deltamuskel der Protagonist der Übung, während die seitlichen unterstützende Arbeit leisten. Die hinteren Deltas werden hier überhaupt nicht belastet und die Schulter würde so nie ganz den vollständigen und runden Look bekommen, den wir letztendlich haben wollen. Genau an dieser Stelle finden Isolationsübungen ihren Einsatz, welche uns erlauben, die kleineren und schwer zu aktivierenden Muskeln gezielt zu treffen und somit ebenfalls zu entwickeln. [38]

Während Verbundübungen also das stabile Fundament aufbauen, geben Isolationsübungen uns den letzten Feinschliff. Ganz ähnlich wie die Glasur auf einem Kuchen. Die Glasur ist nicht das Fundament, nicht das, was den Kuchen als Ganzes ausmacht und ihm seine Form verleiht, aber die Glasur verfeinert alles und lässt das Fundament im bestmöglichen Licht dastehen. Niemals würden wir einen Kuchen nur aus Glasur backen - aber ohne ist halt auch doof. Exakt so solltest du die Beziehung zwischen Verbund- und Isolationsübungen verstehen.

Ein weiterer großer Vorteil liegt darin, dass wir mit Isolationsübungen klasse Volumenarbeit leisten können, sprich viele Wiederholungen in unser Training bekommen. Wir wissen bereits, dass wir mit allen unterschiedlichen Wiederholungsbereichen gut Muskulatur aufbauen können. Darüber hinaus wissen wir auch, dass schwereres Training mit einer höheren Intensität zu einem besseren Kraftaufbau führt. [39] Um langfristig die besten Resultate erzielen zu können, müssen wir immer wieder schwer trainieren, um uns so von Stufe zu Stufe nach oben arbeiten zu können und um immer wieder die Arbeitslast erhöhen zu können. Das ist auch der Grund, weshalb ich dir weiter oben empfohlen habe, circa 60-70% deines Volumens mit einer hohen Intensität zu trainieren (in dem Fall mit >10 Wiederholungen).

Auf der einen Seite steht also der Kraftaufbau und auf der anderen Seite ein gewisses Zielvolumen, welches wir für die Hypertrophie unbedingt erreichen müssen. Hier kommen wir in Teufelsküche und müssen Kompromisse eingehen, denn niemand wird sein gesamtes Zielvolumen mit einem Intensitätsbereich unter 5 Wiederholungen stemmen wollen und können. Je schwerer wir trainieren, desto weniger Wiederholungen sollten wir davon pro Woche machen. [40] Auch die Typ-2-Muskelfasern brauchen ihre Pausen. Mal ganz abgesehen davon, dass solch ein Training ewig dauern würde.

Es ist einfach nicht realistisch und alltagstauglich, weshalb die Empfehlung für das wirklich sehr schwere Volumen bei ca. 1/3 des Gesamtvolumens liegt.

Hier kommen jetzt die Isolationsübungen ins Spiel. Sie sind nicht nur klasse, um Schwachstellen und schwerer zu treffende Muskeln zu trainieren, sondern auch, um das Gesamtvolumen nach oben zu bringen, ohne andere Muskelpartien dabei zu überbeanspruchen. Wir können so das Volumen für unsere hintere Schulter durch Facepulls erhöhen, ohne dabei Last auf die vordere Schulter auszuüben. Wir können am Seilzug den Trizeps isolieren, ohne weiterhin die Schulter oder die Brust zu trainieren. Wir können auf diese Weise gezielt einigen kleineren Muskelpartien mehr Fokus geben, zeitgleich leichter mehr Volumen in unser Training bringen und anderen Muskeln eine Pause geben. Klingt logisch und genau so solltest du mit Isolationsübungen arbeiten.

Verbundübungen sollten immer das Fundament und Herzstück eines jegliches Trainingsplans sein. Hier können wir am besten und sichersten die progressive Überladung erzielen und haben den größten ROI für unsere Anstrengungen. Hiermit werden wir am besten einen muskulösen Körper aufbauen und stetige Fortschritte ermöglichen. Isolationsübungen sollten wir jedoch auch mit in unseren Trainingsplan einfließen lassen, einfach weil sie uns helfen, das Gesamtvolumen in kürzerer Zeit zu erhöhen und wir zeitgleich kleinere Muskelpartien gezielter austrainieren können.

Daher folgende Empfehlung für die Wahl deiner Übungen:

> ~ 1 bis 2 schwere Verbundübungen für jede Muskelgruppe
> ~ 1 bis 3 leichtere Isolationsübungen für jede Muskelgruppe

In der Praxis könnte dies also bedeuten, dass du beispielsweise dein gesamtes Volumen für die Brust auf 3 bis 5 verschiedene Übungen aufteilst. Hier würde ich dir zu zwei schwereren Verbundübungen raten, welche quasi als Hauptübung für die Brust in deinem Trainingsplan fungieren und zu zwei bis drei weiteren Isolationsübungen für die höheren Wiederholungsbereiche. Als Hauptübung könnte man hier beispielsweise das Flachbank-Bankdrücken und das Schrägbank-Bankdrücken wählen und für die Isolationsübungen Übungen wie das Kurzhantel-Schrägbankdrücken, Arbeit an der Brustpresse oder Flys.

Variation in den Übungen

Du merkst, wir hauchen den Studien und Erkenntnissen immer mehr Leben ein und nähern uns langsam, aber sicher einem richtig guten Trainingsplan. Als letzten Punkt möchte ich nun noch über die Variation der Übungen sprechen und in welcher Reihenfolge wir eine Muskelgruppe optimal trainieren sollten. Im Bodybuilding spricht man häufig davon, dass man die Muskeln "verwirren" muss, da sonst keine neuen Reize gesetzt werden könnten. Das scheint gemeinhin als Wahrheit akzeptiert worden zu sein und ist in meinen Augen auch einer der vielen Gründe, warum so viele Sportler keine vorzeigbaren Resultate mit ihrem Training erzielen können.

Unter der *Muskelverwirrung* versteht man in der Regel, dass man möglichst oft alle einzelnen Variablen des Trainings wild austauscht, so dass der Körper keine Chance hat, sich an die Reize anzupassen bzw. zu gewöhnen - außer immer mehr Muskeln aufzubauen (was ja auch Anpassung des Körpers wäre - aber egal ...).

Diese von Arnold Schwarzenegger hauptsächlich geprägte Weisheit ist leider nicht wahr - zumindest nicht in dem Ausmaß, wie es viele verstanden haben und heute täglich praktizieren. Zunächst einmal möchte ich klären, warum eine Variation an sich schlecht ist und wieso es besser für dein Training im Allgemeinen ist, grundsätzlich immer dieselben Übungen zu absolvieren.

Der Grund liegt in der Meisterung der Bewegungsabläufe einer bestimmten Übung und diese gilt es, nicht zu unterschätzen.

Wir wissen bereits, dass weder Verwirrung noch reines Versagen der Schlüssel zur Hypertrophie sind - sondern es immer nur die progressive Überladung ist. Und was setzt eine gute progressive Überladung voraus?

Richtig - dass wir eine Übung gezielt, sauber und sicher ausführen können.

Selbiges fand nämlich auch eine Studie von 1998 heraus. [41] Hier trainierten Probanden über 20 Wochen das Bankdrücken, Beinpresse und Bizepscurls. Nach der Hälfte der Zeit konnte man erstaunlicherweise feststellen, dass die Muskelmasse und Kraftwerte in den Armen deutlich zugenommen haben, während die Brust und Beine keine signifikanten Veränderungen zeigten. Nach den gesamten 20 Wochen allerdings schon und alle Muskelpartien wurden stärker und haben an Muskelmasse dazugewonnen. Woran hat das gelegen? Warum sind zuerst die Arme gewachsen, Brust und Beine aber nicht bzw. erst später?

Die Antwort finden wir in der Komplexität der gewissen Übungen. Das effektive Bizepscurlen ist schneller erlernt als ein gutes Bankdrücken oder korrektes Beinpressen. Verbundübungen zu meistern braucht seine gewisse Zeit und diese Zeit braucht man dringend als trainierender Athlet. Erst wenn wir eine Übung vollständig gemeistert haben und gut ausführen können, werden wir eine effektive Überladung erreichen können und wirklich Muskelmasse aufbauen. Wahrscheinlich kennst du sogar selbiges aus deiner eigenen Praxis. Du machst eine neue Übung und schaffst die nächsten 3 bis 4 Workouts große Sprünge und kannst sehr gut das Gewicht und die Wiederholungszahl steigern.

Der Grund hierfür liegt weniger im rasanten Muskelaufbau, sondern vielmehr in der neuromuskulären Anpassung und daran, dass man die Übung besser und effizienter ausführen kann. [42] Sobald wir also eine Übung erst richtig beherrschen, beginnt die wahre progressive Überladung und wir bewirken eine tatsächliche Hypertrophie. [43]

Aus diesem Grund ist eine ständige Variation der Übungen also absolut kontraproduktiv. Wer wirklich ernsthaft Muskeln aufbauen will, der muss ein Experte in der Ausführung der Übungen werden und alles daran setzen, gut in der Ausführung zu werden. Wer dagegen hin seinen Trainingsplan und darin vorhandene Übungen alle 14 Tage austauscht, der wird die Übungen wahrscheinlich niemals ausreichend trainiert haben, um jemals die mögliche Progression zu erfahren, zu der er eigentlich in der Lage wäre. [44]

Oder um es mit den Worten des erfolgreichen und legendären Golden Era Bodybuilders Danny Padilla zu sagen: "*I did all the basic exercises for 25 years and everbody has said I got to change the routine. Why? Just get better at it!*"

Sind deshalb jegliche Formen der Variationen überflüssig. Nein, auch wieder nicht.

Sie sind nur nicht annähernd so wichtig, wie es uns manch ahnungsloser Bodybuilder glauben lassen will. Wir brauchen eine gewisse Menge an Variationen im Training. Sowohl für eine bessere Hypertrophie als auch, um den Spaßfaktor hochzuhalten. Doch denke immer daran, dass du die jeweiligen Übungen auch meistern musst, bevor du mit einem potenten Muskelaufbau rechnen kannst.

Dies ist der Grund, warum ich meine schweren Verbundübungen so gut wie nie tausche, eventuell alle 6 Monate mal. Selbiges empfehle ich dir auch. Bei den Isolationsübungen sieht es schon etwas anders aus. Hier kannst du flexibler sein und diese öfter tauschen (alle 8-12 Wochen zum Beispiel), aber nur, wenn du willst und Lust darauf hast.

Auch würde ich dir hier empfehlen, nicht alle Isolationsübungen auf einmal auszuwechseln, sondern eher immer nur eine einzige Übung mit der Zeit durch eine andere zu ersetzen. Sei also smart - und fokussiere dich auf die progressive Überladung ... der Rest ist und bleibt zweitrangig.

Reihenfolge der Übungen

Zum Schluss müssen wir uns nur noch Gedanken machen, mit welchen Übungen wir unser Training starten und in welcher Reihenfolge wir unsere verschiedenen Übungen anbringen sollten. Meine simple Empfehlung lautet hier: die schwersten Übungen zuerst und den Trainingsplan im antagonistischen Stil aufbauen.

Es ist ja nur logisch.

Zu Beginn des Trainings und bei den ersten Übungen werden wir mehr Kraft und mehr Leistungen erbringen können als später im Training. [45][46] Deshalb solltest du die schweren Verbund- und Langhantelübungen als erstes absolvieren und erst später im Training zu Isolationsübungen wechseln. Sprich erst die großen Muskelpartien beanspruchen, dann die kleinen. Bitte ermüde nicht deinen Bizeps durch unnötiges Curlen, wenn du später noch schweres Rudern vorhast. Auf diese Weise schwächst du dich nur selbst und wirst niemals den Rücken so hart und anabol trainieren können, wie du es eigentlich könntest.

Außerdem unterliegt jeder einzelne meiner Trainingspläne der Blaupause eines antagonistischen Trainings. Ein antagonistisches Training bedeutet dabei ganz simpel ausgedrückt, dass man mit der darauffolgenden Übung das Gegenstück der vorher trainierten Muskelgruppe trainiert.

Bei der Brust, wäre das der Rücken. Beim Bizeps der Trizeps usw. Die Idee besteht darin, dass man gewissen Muskelpartien innerhalb des Trainings Zeit zur Regeneration gibt, bevor man mit der nächsten Übung weitermacht.

Anstatt also zum Beispiel nach dem Bankdrücken sofort mit dem Schrägbankdrücken fortzufahren, lege ich gerne eine Übung für den Rücken dazwischen. Auf diese Weise können sich Brust und Trizeps leicht erholen, ich beanspruche währenddessen Rücken und Bizeps und kann dann wieder geladen Brust und Trizeps weitertrainieren. Auf diese Weise bekommt man ein sehr qualitativ hochwertiges Volumen in sein Training und kann seine Workouts klasse strukturieren. Das funktioniert im Übrigen für jeden Trainingssplit so.

Für ein Ganzkörpertraining könnte das wie folgt aussehen:

- Beine (Quadriceps)
- Beine (Hamstrings)
- Drücken
- Ziehen
- Drücken
- Ziehen
- Schulter
- Bizeps
- Trizeps

Dieses Prinzip lässt sich für jeden Trainingsplan anwenden und wird potente Resultate produzieren. Denk daran: Es geht nicht hauptsächlich darum, die Muskulatur zu schädigen, sondern darum, dass wir stärker werden.

Arbeite dich von den großen zu den kleineren Muskelgruppen vor, egal welchen Split du trainierst.

Wenn Du nicht kannst, dann musst Du. Und wenn Du musst, dann kannst Du auch.

- Tony Robbins

Dein perfekter Trainingsplan

Der finale Schritt besteht nun darin, alle bisher genannten Variablen und Empfehlungen sinnvoll in einem Trainingsprogramm unterzubringen. Das erfordert gleich ein wenig Denk- und Rechenarbeit von dir, aber ich bin mir sicher, dass wir das zusammen sauber hinbekommen.

Der nun gleich entstehende Trainingsplan soll als Fundament für dein gesamtes nächstes Jahr dienen. Zu diesem Fundament kommen dann noch die Elite Workouts oben drauf, um vereinzelt über ein gesamtes Jahr jede große Muskelgruppe gezielt zum Wachsen zu bringen. Auf diese Weise wirst du dich über verschiedene Zeiträume für jede Muskelgruppe am oberen Volumenlimit bewegen, weshalb es für den "Fundament-Trainingsplan" in meinen Augen zunächst keinen Sinn ergibt, mehr Volumen als 160 Wiederholungen pro Woche zu haben.

Aber dazu gleich mehr.

Folgende Parameter solltest du jetzt sinnvoll in deinen Trainingsplan mit einfließen lassen

Volumen:
~ 100 bis 200 Wiederholungen pro Muskelgruppe pro Woche
~ 40 bis 70 Wiederholungen pro Muskelgruppe pro Trainingseinheit

Intensität:
~ 1/3 des Volumens im 1 bis 5 Wiederholungsbereich
~ 1/3 des Volumens im 6 bis 12 Wiederholungsbereich
~ 1/3 des Volumens im 13 bis 20 Wiederholungsbereich

Oder:
50% von 1 bis 6 Wiederholungen und 50% über 6 Wiederholungen

Frequenz:
~ Jeden Muskel 2 bis 3 Mal pro Woche trainieren

Übungsauswahl:
~ 1 bis 2 schwere Verbundübungen pro Muskelgruppe
~ 2 bis 3 leichtere Isolationsübungen pro Muskelgruppe

Für den Beginn ist es nun wichtig, das Volumen für den Start zu definieren. Leider gibt es hier keine exakte Formel oder Herangehensweise, wie man dieses exakt ermitteln kann, ob man nun noch *Anfänger* oder doch schon *Profi* ist.

Man könnte dies theoretisch über die Kraftwerte definieren und dafür gibt es auch klare Vorgaben, doch ich möchte mich eher an der bisherigen Trainingsdauer in Jahren orientieren. Hierbei sei gesagt, dass es keine Rolle spielt, wie viele Jahre du bereits im Fitnessstudio trainierst, *sondern wie viele Jahre du korrekt und zielführend im Fitnessstudio trainiers*t.

Sprich, wie lange du bereits schwere Verbundübungen trainierst, ob du dein Training bereits trackst und stärker wirst, ob du deine Ernährung voll im Griff hast oder nicht ... Es kann also durchaus sein, dass du dich schon seit 5 Jahren leider aus Unwissenheit im Kreis drehst und das würde nicht bedeuten, dass du dich im Folgenden als sehr erfahrenen Athleten einstufen solltest.

Wie gesagt, hier gibt es keine klare Aussage oder Formel, die ich dir hier vordefinieren kann, ohne dich und dein Training dabei gesehen zu haben. Doch schauen wir uns meine generelle Empfehlung für das Volumen an.

Volumenempfehlung nach Trainingsfortschritt

Erstes Trainingsjahr:
80 bis 100 Wiederholungen pro Muskelgruppe / Woche

Zweites Trainingsjahr:
100 bis 120 Wiederholungen pro Muskelgruppe / Woche

Drittes Trainingsjahr:
120 bis 140 Wiederholungen pro Muskelgruppe / Woche

Viertes Trainingsjahr und darüber hinaus:
140 bis 160+ Wiederholungen pro Muskelgruppe / Woche

Fokus auf Schwachstellen:
160 bis 210 Wiederholungen pro Muskelgruppe / Woche

All dies sind hilfreiche und sehr fundierte Richtlinien, aber keine festen und unumstößlichen Gesetze. Nur weil du schon 3 Jahre im Fitnessstudio trainierst, muss das nicht heißen, dass du mit 40 Wiederholungen pro Woche pro Muskelgruppe keine Fortschritte mehr machen kannst. Selbiges gilt für den Anfänger, der sich bei bestimmen Muskelpartien sehr gut regenerieren kann und durchaus früher in bestimmten Bereichen ein höheres Volumen fahren kann. Wie gesagt - es sind Richtlinien.

Dennoch sind diese Richtlinien ein sehr guter Start und ich würde dir raten, dass du dich daran hältst. Ich weiß, wir alle wollen nach den Sternen greifen, super schnell Muskeln aufbauen und am liebsten ein ultrahohes Volumen fahren ... doch bitte denke langfristig.

Wenn du aktuell dich super mit 120 Wiederholungen im Training steigern kannst und du immer stärker und stärker wirst, dann brauchst du nicht gleich ein Volumen am oberen Limit zu haben. Das kommt mit der Zeit von selbst und vor allem mit den Elite Workouts später.

Sei insbesondere geduldig. Ja, wir müssen das Volumen und die Arbeitslast im Training erhöhen. Aber nicht von Training zu Training, nicht Woche zu Woche und nicht einmal von Monat zu Monat. Orientiere dich an einem Volumenbereich und erhöhe innerhalb dieses Rahmens deine Kraftwerte mithilfe der doppelten Progression. Das wird die gesamte Arbeitslast erhöhen und eine progressive Überladung garantieren. Denke langfristig und in Jahren und erhöhe das Volumen deines Trainings im Laufe deiner gesamten Karriere im Fitnessstudio, nicht schon nächste Woche. Habe im Training so viel Volumen, dass du dich stetig steigern und auch davon erholen kannst und erhöhe das Volumen erst dann, wenn du musst und sich wirklich überhaupt nichts mehr tut, nicht nur, um einfach nur mehr zu machen.

Dein idealer individueller Trainingsplan in 6 Schritten

Nun müssen wir alle Variablen in deinem Leben unterbringen und niemand kennt deinen Alltag und dein Leben dabei besser als du selbst. Was auch der Grund ist, weshalb ich dich jetzt noch nicht mit vorgefertigten Plänen konfrontieren möchte, sondern weshalb ich will, dass du deinen Grips zunächst selbst benutzt. :)

Der nun folgende Trainingsplan soll das Fundamt sein, weshalb du hier für bestimmte Schwachstellen oder Vorlieben noch kein zusätzliches Volumen einplanen solltest. Dies kommt später mit den Elite Workouts, weshalb wir jetzt zunächst eine gute Basis schaffen wollen.

1) Zielvolumen festlegen

Zunächst musst du dich in einen bestimmten Wiederholungsbereich einordnen. Orientiere dich dabei an den oben genannten Richtwerten und lege dein Zielvolumen für folgende 5 große Muskelpartien fest:

✓ Brust

✓ Rücken

✓ Schulter (ca. 50% des Volumens aller anderen Muskelgruppen)

✓ Quadriceps

✓ Hamstrings (hinterer Oberschenkel)

Für den Basisplan plane ich zusätzliches Volumen für die Arme noch nicht ein und beim Volumen für die Schulter strebe ich circa die Hälfte des Durchschnittsvolumens an, einfach weil die Schulter bei vielen Übungen schon mittrainiert wird und wir hier leichter in eine Überbeanspruchung geraten könnten (die Schulter wird mittrainiert bei z.B. Bankdrücken, Schrägbankdrücken, Langhantelrudern im Obergriff ...).

Jetzt solltest du dich festlegen.

Mit wie viel Volumen willst du im Schnitt an den Start gehen und in der Woche trainieren?

100? 120? 140 oder doch circa 150 bis 160?

Diese Entscheidung liegt bei dir ... Ich persönlich trainiere im Schnitt mit einem Volumen von 150 Wiederholungen pro Muskelgruppe pro Woche und habe mehr als 4 Jahre Trainingserfahrung, wovon man 3 Jahre als ungefähr ordentliches Training einstufen könnte.

2) Trainingstage pro Woche bestimmen

Der Schritt ist einfach: Wie viele Tage pro Woche kannst und bist du gewillt, ins Fitnessstudio zu gehen? Sind es 3 Tage oder doch eher 6? Auch hier gibt es kein richtig oder Falsch und bedenke, wir wollen nicht das bestmögliche und erdenklich effizienteste Szenario auf dem Papier definieren, sondern vielmehr dein am besten umsetzbares Szenario herausfinden und dieses Szenario dann bestmöglich optimieren. Ich persönlich gehe im Schnitt 4 Tage pro Woche ins Fitnessstudio und kann diese Frequenz auch jedem Leser nur ans Herz legen. Das ist für mich die beste Anzahl und hat sich für mich als ideale Kombination aus Spaß, Motivation, Regeneration und meiner potentiellen progressiven Überladung herausgestellt.

Wie viele Tage willst / kannst du gehen? Denke langfristig und nicht, was wäre wenn.

3) Den idealen Split wählen

Gut, du kennst deine Tage und dein Volumen? Dann ist es jetzt an der Zeit, den idealen Trainingssplit zu wählen bzw. herauszufinden. Der Trainingssplit sollte sich nach dem Volumen und deiner möglichen Anzahl an Trainingstagen pro Woche und der nötigen Frequenz richten, nicht nach irgendwelchen anderen Faktoren.

Berücksichtigen wir all diese Faktoren, dann bleiben uns im Grunde nur wenige Splitmöglichkeiten zur Verfügung, jedoch ist deiner Fantasie keinesfalls Grenzen gesetzt und du kannst dich innerhalb der Vorgaben so stark austoben, wie es dir nur recht ist.

Folgende verschiedene Splitvarianten halte ich nach alldem für sinnvoll:

3-Tage-Woche:

- 3x Ganzkörpertraining*
- 2x Ganzkörpertraining + 1x Schwachstellen / Elite Workout

4-Tage-Woche:

- 4x Ganzkörpertraining (*geht nur, wenn mind. 1 Tag Pause zwischen den Einheiten ist*)
- 3x Ganzkörpertraining + 1x Schwachstellen / Elite Workout*
- 2x Oberkörpertraining + 2x Unterkörpertraining
- 2x Ganzkörpertraining + 1x Oberkörpertraining + 1x Unterkörpertraining

5-Tage-Woche:

- 2x Oberkörpertraining + 2x Unterkörpertraining + 1x Schwachstellen / Elite Workout*
- 3x Oberkörpertraining + 2x Unterkörpertraining (*die darauffolgende Woche dann 2x Oberkörpertraining + 3x Unterkörpertraining - so stets im Wechsel*)

6-Tage-Woche:

- 2x Oberkörpertraining + 2x Unterkörpertraining + 2x Schwachstellen / Elite Workout
- 3x Oberkörpertraining + 3x Unterkörpertraining
- 1x Cardiotraining + 3x Oberkörpertraining + 2x Unterkörpertraining (*Die darauffolgende Woche dann 2x Oberkörpertraining + 3x Unterkörpertraining - so stets im Wechsel*)*

Meine jeweilige Empfehlung

An dieser Stelle sei auch nochmals erwähnt, dass es sich hierbei um Empfehlungen meinerseits handelt - nicht um ein von Gott gegebenes Gebot. Ich persönlich gehe 4 Tage pro ins Fitnessstudio und trainiere dabei dreimal ein Ganzkörpertraining mit einem zusätzlichen Fokustag für meine Schwachstellen.

Auch möchte ich nochmals betonen, dass mehr nicht unbedingt immer besser ist. Ich persönlich habe ein relativ hohes Volumen, welches ich auf drei bis vier Tage aufteile - und die Pausenzeit dazwischen brauche ich dann auch.

Alles über 4 Tage Gym pro Woche halte ich für die ersten Jahr für fast zu viel und nicht notwendig - wenn du jedoch Bock darauf hast, dann go for it ... es sind Richtlinien, keine Gesetze.

Okay - welcher Split kommt nun für dich in Frage? Wie viele Tage kannst und willst du aufbringen? Wähle jetzt deinen idealen Split anhand meiner Empfehlungen und lass uns zusammen als Nächstes das Volumen auf die einzelnen Tage herunterbrechen.

4) Das Volumen zielgerecht unterteilen

Im vierten Schritt füllen für unseren nun gewählten Split mit Leben und hauchen ihm unser Zielvolumen ein. Dein erstes Zielvolumen kennst du ja bereits und dieses gilt es jetzt sinnvoll aufzuteilen auf die einzelnen Trainingstage. Das Beste wird es wohl sein, wenn ich es anhand meines eigenen Planes erkläre und vormache.

Wie du eingangs über mich lesen konntest, zählen die Brust und die Oberschenkel zu meinen größten Schwachstellen, während Rücken und Schultern schon gut und zunächst genügend ausgeprägt sind. Also ist die logische Schlussfolgerung für mich, dass ich meiner Brust und meinen Beinen in meinem Basis-Trainingsplan etwas mehr Volumen zuschreibe, während ich etwas weniger Volumen beispielsweise für Rücken und Schulter einplane. So komme ich auf folgendes Volumen pro Woche:

Brust: 160 Wiederholungen

Rücken: 140 Wiederholungen

Schultern: 80 Wiederholungen

Quadriceps: 160 Wiederholungen

Hamstrings: 130 Wiederholungen

Der Fokus liegt also klar auf der Brust und den vorderen Oberschenkeln. Als Nächstes muss ich mir nun überlegen, an welchen Tagen ich mein Volumen abarbeiten möchte. Mir stehen dafür 3 Tage zur Verfügung und da ich mich an die Vorgabe von einem Volumen zwischen 40 bis 70 Wiederholungen pro Muskelgruppe pro Workout halten will, teile ich mein Volumen ebenfalls auf diese 3 Tage auf. Jetzt könnte ich also einfach mein gesamtes Volumen durch 3 teilen und hätte mein entsprechendes Volumen pro Workout. Das ist super und ich empfehle dir, das exakt so zu tun. Ich gehe jedoch noch einen Schritt weiter. Ich möchte an bestimmten Tagen mehr Brust und Beine trainieren, um darauf folgend ein Workout zu haben, bei dem ich diese Muskelpartien eher weniger trainiere. Also sieht meine eigene persönliche Untergliederung des Volumens wie folgt aus:

Brust: 60 / 40 / 60 = 160 Wiederholungen

Rücken: 40 / 60 / 40 = 140 Wiederholungen

Schulter: 20 / 40 / 20 = 80 Wiederholungen

Quadriceps: 60 / 40 / 60 = 160 Wiederholungen

Hamstrings: 40 / 60 / 40 = 140 Wiederholungen

Somit bewege ich mich in jedem meiner Workouts mal im höheren Empfehlungsbereich des Volumens, mal im unteren. Das Ganze kann man so machen - ist aber ebenfalls nicht der Weisheit letzter Schluss. Wichtig ist nur, dass es (in diesem Falle für mich) funktioniert. Ich habe mein Volumen sinnvoll auf drei Tage aufgegliedert und kann mir nun als Nächstes die Übungen und den Intensitätsbereich überlegen.

In der Praxis werde ich zwei verschiedene Trainingspläne haben. GK A und GK B, wobei ich GK A zwei Mal in der Woche trainieren werde. Optional wäre es natürlich auch möglich, einen dritten individuellen Tag einzulegen (GK C), aber ich fahre so ganz gut. Sollte jedoch meine Regeneration leiden und ich in der Praxis die Übungen aus GK A zu oft trainieren, dann wäre dies ein weiterer Grund für eine mögliche Anpassung, aber wie gesagt - das funktioniert für mich in der Praxis sehr gut und ich bewege mich mit diesem Split und meinem Volumen stets an der Grenze zwischen Erholung und progressiver Überladung und kann mich jede Woche um einige wenige Wiederholungen seigern. Also bin ich glücklich damit. Darüber hinaus habe ich noch meinen Fokustag und der ist reserviert für die später folgenden Elite Workouts, bei denen viele einen eigenen Fokustag haben.

Teile jetzt also auch du dein Volumen auf deine Trainingstage und deinen Split auf, um am Ende eine gute Richtlinie für dein Training definieren zu können. Du kannst jedes Workout immer ungefähr dasselbe Volumen anstreben und das macht es zu Beginn sicher einfacher oder du setzt bestimmte Fokusse - ganz wie du magst. Hier gibt es kein Richtig oder Falsch.

5) Übungen und Intensität wählen

Volumen und Frequenz sind jetzt im Check. Als Nächstes müssen nur noch die einzelnen Intensitätsbereiche herausfinden. Jetzt kann es durchaus zu Verwirrungen kommen, aber solange du dich an gewisse Grundprinzipien hältst, wird alles gut. Es muss nicht alles ultra genau sein und wir sollten uns daran nicht aufhängen. Für jede Muskelgruppe plane ich circa 4 verschiedene Übungen ein bzw. 4 Intensitätsbereiche. Dazu wähle ich in der Regel 2 schwere Hauptübungen und 2 leichtere Isolationsübungen.

Beispiel Brust:

Schwere Hauptübungen:

- Schrägbankdrücken mit der Langhantel
- Bankdrücken mit der Langhantel

Leichtere Isolationsübungen:

- Schrägbankdrücken mit den Kurzhanteln
- Brustpresse

Jetzt, wo ich meine Übungen habe, muss ich nochmals das Volumen unterteilen für die jeweiligen Intensitätsbereiche. Die Empfehlungen für die Aufteilungen waren:

> ~1/3 des Volumens im 1-5 Wiederholungsbereich trainieren
> ~1/3 des Volumens im 6-12 Wiederholungsbereich trainieren
> ~1/3 des Volumens im 13-20 Wiederholungsbereich trainieren

Beispiel I: Brust im Ganzkörpertraining mit 3 Tagen pro Woche

GK mit 3 Trainingseinheiten:
160 Wiederholungen / 3 = 53 Wiederholungen je Intensitätsbereich (Richtwert!)

Die folgende Berechnung dient abermals lediglich als Beispiel und zur Orientierung. Ich nehme das von mir angestrebte Volumen und teile dies nun auf meine verfügbaren Trainingstage sinnvoll auf.

Im Schnitt 53 Wiederholungen pro Woche pro Intensitätsbereich für die Brust sind also zielführend für mich. Hiermit stelle ich sicher, dass ich sowohl die Typ-1 & Typ-2-Muskelfasern trainiere, wobei die Typ-1-Fasern leicht mehr Volumen bekommen.

Auf diese Weise fördern wir ebenfalls sowohl die myofibrilläre als auch die sarkoplasmatische Hypertrophie. Bei Drück- und Beinübungen untergliedere ich die Intensitätsbereiche sogar noch weiter und ich trainiere im Bereich von 3; 5 bis 6; 10 bis 12 und um die 15 Wiederholungen.

Aufgesplittet auf drei Tage sieht meine Übungs- und Wiederholungswahl wie folgt aus:

Tag A:

Schrägbankdrücken: 4x3 Wdh.   = 12 Wdh. (sehr hohe Intensität)

Flachbankdrücken: 3x6 Wdh.   = 18 Wdh. (hohe Intensität)

Brustpresse: 2x15 Wdh.   = 30 Wdh. (niedrige Intensität)

Volumen insgesamt: 60 Wiederholungen

Tag B:

Kurzhantel-Schrägbankdrücken: 4x10 Wdh.   = 40 Wdh. (moderate Intensität)

Volumen insgesamt: 40 Wiederholungen

Da ich in meiner Trainingswoche Tag A doppelt und Tag B einfach trainiere, komme ich somit auf ein Gesamtvolumen von 160 Wiederholungen. Passt also super. Schauen wir uns als Nächstes die prozentuale Verteilung der Intensitätsbereiche an.

Beim sehr schweren Schrägbankdrücken komme ich auf 24 Wiederholungen pro Woche, was 15% des Gesamtvolumens ausmacht. Beim immer noch schweren Bankdrücken komme ich auf 36 Wiederholungen pro Woche, was 22.5% des Gesamtvolumens ausmacht. Somit trainiere ich 37.5% meines Volumens in einem sehr hohen Intensitätsbereich. Mit diesem Wert bin ich zufrieden.

Bei der leichteren Brustpresse komme ich auf 60 Wiederholungen pro Woche, was ebenfalls 37.5% des Gesamtvolumens ausmacht.

Und zuletzt komme ich beim Schrägbankdrücken mit den Kurzhanteln auf einen moderaten Intensitätsbereich von insgesamt 40 Wiederholungen pro Woche, was 25% des Gesamtvolumens entspricht.

Verteilung meines Volumens in den Intensitätsbereichen

Schwere Intensität:		60 Wiederholungen (37,5% des Volumens)

Moderate Intensität:		40 Wiederholungen (25% des Volumens)

Leichte Intensität:		60 Wiederholungen (37,5% des Volumens)

Damit bin ich zufrieden und es wird funktionieren. Du siehst, die Richtwerte sind nicht zu 100% getroffen, dennoch halte ich diese Verteilung für sehr sinnvoll. In der Theorie könnte man sicherlich 5 bis 6 Wiederholungen in andere Intensitätsbereiche verschieben, um eine zu 100% exakte Verteilung des Volumens zu erzielen, aber ich kann damit gut leben und habe vor allem **LUST** darauf.

**Anmerkung

Du merkst sicherlich bis hierhin, dass die Komplexität ganz schön Fahrt aufgenommen hat und dass die Geschichte mit der Trainingsplanung doch nicht ganz so simpel ist. Ich als Autor möchte dich dennoch ermutigen, am Ball zu bleiben. Lies die Zeilen ein zweites und drittes Mal und vergleiche das hier Geschriebene mit den Plänen später.

Eines der Hauptprobleme vieler Menschen (im Leben generell) sehe ich in der negativen Angewohnheit der Denkfaulheit. Ja - du irrst dich nicht: Es ist gerade etwas komplex.

Doch bitte bleib am Ball. Wenn du dieses Prinzip hier einmal verstanden hast, dann fällt der Rest auch an seinen Platz und am Ende ist das Erstellen eines individuellen Trainingsplanes ein Kinderspiel für dich. So viel dazu …

:)

Beispiel II: OK-/ UK-Split mit 2 Oberkörpertagen pro Woche

Ein weiterer beliebter und ebenfalls von mir empfohlener Split ist der sogenannte Oberkörper- / Unterkörper-Split. Hier geht man in der Regel 4 Tage in der Woche ins Gym und trainiert dabei zweimal den Oberkörper und zweimal den Unterkörper.

Ich möchte dir nun verdeutlichen, wie dasselbe Volumen auf zwei Oberkörpertage aufgeteilt werden kann, und dir somit die vielen verschiedenen Möglichkeiten des guten Verteilens des Volumens verdeutlichen.

OK-/UK mit 2 Oberkörpereinheiten:

160 Wiederholungen / 2 = 80 Wiederholungen je Intensitätsbereich (Richtwert)

Das Volumen bleibt zwar gleich, wir müssen jetzt aber an den Wiederholungen und der Frequenz mancher Übungen schrauben, schließlich haben wir nun nur noch 2 Tage für 160 Wiederholungen zur Verfügung, nicht mehr 3.

Eine möglich Option könnte wie folgt aussehen.

<u>Oberkörper Tag A:</u>

Schrägbankdrücken: 6x3 Wdh.	= 18 Wdh. (sehr schwere Intensität)
Kurzhantel-Schrägbankdrücken: 3x10 Wdh.	= 30 Wdh. (moderate Intensität)
Brustpresse: 2x15 Wdh.	= 30 Wdh. (leichte Intensität)

<u>Volumen insgesamt: 78 Wiederholungen</u>

Oberkörpertag Tag B:

Flachbankdrücken: 6x6 Wdh.   = 36 Wdh. (schwere Intensität)

Kurzhantel-Schrägbankdrücken: 2x10 Wdh. = 20 Wdh. (moderate Intensität)

Brustpresse: 2x15 Wdh.   = 30 Wdh. (leichte Intensität)

Volumen insgesamt: 86 Wiederholungen

Addiert kommen wir wieder auf ein Trainingsvolumen von insgesamt 164 Wiederholungen. Die einzelnen Intensitätsbereiche sehen dann dabei so aus:

Schwere Intensität: 54 Wiederholungen (33% des Volumens)

Moderate Intensität: 50 Wiederholungen (30,5% des Volumens)

Leichte Intensität: 60 Wiederholungen (36,5% des Volumens)

Die prozentuale Verteilung ist leicht anders, sie wird aber dennoch ebenfalls sehr gut funktionieren. Wie du sicherlich festgestellt hast, sind die Übungen dieselben geblieben, nur mit den Satz- und Wiederholungszahlen habe ich etwas gespielt und diese neu geordnet.

Ich hoffe, du erkennst jetzt auch, dass die Satzzahl nichts Magisches oder in Stein gemeißeltes ist. Es ist lediglich eine der Variablen, um das Volumen insgesamt zu heben bzw. zu ordnen und da wir hier nur noch 2 anstatt 3 Trainingseinheiten haben, ist es nur logisch, dass ich an der einen oder anderen Stelle mehr bzw. weniger hinzufügen musste.

Welcher Plan ist jetzt besser?

Keiner von beiden ist wirklich "besser". Ich persönlich würde zwar zur dreifachen GK-Variante greifen, jedoch ist das Volumen ausgeglichen, beide Pläne werden wunderbare Resultate erzielen und der GK-Plan wäre schlichtweg meine persönliche Präferenz.

Als Nachteilig würde ich bei der OK-/UK-Variante anmerken wollen, dass sich das Volumen für eine spezifische Trainingseinheit sehr stark am oberen Limit bewegt und diese Workouts wesentlich intensiver sind. Der Vorteil wiederum lautet, dass wir mehr Zeit zur Regeneration haben.

Auf der anderen Seite haben wir bei der GK-Variante eine höhere Frequenz mit jedoch geringerer Intensität pro einzelnem Training. Hier müssen wir öfter ins Training gehen, werden aber nicht so erschöpft sein wie bei der anderen Variante.

Für alle, die oft und gerne ins Gym gehen wollen, ist das ideal.

Am Ende kommt es auf dich und deine Vorlieben an. Was ist dir lieber? Wie viele Tage willst du ins Gym gehen und wie intensiv soll dein Training sein? Überlege dir das gründlich - und dann passe alle Parameter darauf an. Solange du dich dann auch an deinen Plan hältst und regelmäßig ins Studio gehst und dich innerhalb dieses Rahmens immer wieder steigerst, dann werden sich auch schon bald die ersten sichtbaren Resultate einstellen.

Meine Faustregel

Ich weiß, ich weiß - das alles kann ziemlich verwirrend sein. Doch sei beharrlich und denke dich in die Thematik ein, so schwer ist es wirklich nicht. Grundsätzlich kannst du dir aber merken, dass du am besten immer eine Übung im Bereich von 3 Wiederholungen trainierst, eine im Bereich von ungefähr 6 Wiederholungen, eine im Bereich von 8 bis 12 Wiederholungen und eine, bei der der Wiederholungsbereich darüber liegt. Hast du diese Übungen erstmal definiert, dann kannst du ganz entspannt mit der Satzzahl spielen und alles perfekt auf dich und deinen Plan anpassen. Du schaffst das.

Die besten Übungen für jede Muskelgruppe

Detaillierte Bilder und Anleitungen zu jeder einzelnen der nun folgenden Übungen findest du am Ende des Buches. Die folgende Ansammlung an Übungen soll erstmal als Übersicht und als eine Art Übungspool dienen, aus dem du später deine Übungen auswählen kannst.

Ich unterteile hierbei in schwere Hauptübungen und leichtere Isolationsübungen (*auch hier kannst du andere Übungen nehmen - es ist lediglich eine Empfehlung meinerseits*), sodass du direkt weißt, welche Übung besser für welchen Intensitätsbereich geeignet ist. Diese Liste wird nicht alle möglichen und erdenklichen Übungen beinhalten, die man im Bodybuilding finden wird. Dennoch habe ich alle möglichen Übungen aufgelistet, die *ICH* für sehr sinnvoll im Training erachte.

Übungen für die Brust

Schwere Hauptübung	Leichtere Isolationsübungen
Bankdrücken mit der Langhantel	Bankdrücken mit den Kurzhanteln
Schrägbankdrücken mit der Langhantel	Schrägbankdrücken mit den Kurzhanteln
Negatives Bankdrücken mit der Langhantel	Enge Brustpresse
-	Dips (mit Zusatzgewicht)
-	Butterflys (auch mit Band)

*LH = Langhantel ; KH = Kurzhantel

Übungen für die Schultern

Schwere Hauptübung	Leichtere Isolationsübungen
Schulterdrücken mit der Langhantel	Schulterdrücken mit der Kurzhantel
Schrägbankdrücken mit der Langhantel	Facepulls am Seilzug
-	Rudern am Turm mit breitem Griff
-	Aufrechtes Rudern am Kabelzug
-	Seitheben mit der Kurzhantel
-	Seitheben mit dem Band
-	Aufrechtes Rudern mit der Kurzhantel
-	Seitheben am Kabelzug
-	Umgekehrte Butterflys
-	Vorgebeugtes Seitheben
-	Umgekehrtes Cross Over am Kabelzug

Übungen für den Rücken

Schwere Hauptübung	Leichtere Isolationsübungen
Kreuzheben	Breites Latziehen
Rackpulls	Enges Latziehen
Rudern mit der LH im Untergriff	T-Bar-Rudern
Rudern mit der LH im Obergriff	Enges Rudern am Turm
Klimmzüge	Rudern mit den KH
-	Facepulls am Seilzug
-	Überzüge am Seilzug
-	Rudern am Turm mit breitem Griff

Übungen für die Beine

Schwere Hauptübung	Leichtere Isolationsübungen
Kniebeugen	Enge Kniebeuge an der Smith-Maschine
Kreuzheben	Hackenschmidt-Kniebeuge
Front-Kniebeugen	Beinstrecker
Beinpresse	Rumänisches Kreuzheben mit KH
Rumänisches Kreuzheben mit LH	Leg Curls
-	Good Mornings
-	Norwegian Curls
-	Hip Thrusts
-	Ausfallschritte

Übungen für die Arme

Schwere Hauptübung	Leichtere Isolationsübungen
Enges Bankdrücken	Diamond Push-Ups
Curls mit der SZ-Stange	Trizepsdrücken am Seilzug
Curls mit der Langhantel	Überkopfdrücken am Seilzug
-	Dips (mit Zusatzgewicht)
-	Obergriff-Curls mit SZ-Stange
-	Preacher Curls
-	Scott Curls
-	Konzentrations-Curls
-	Negative Konzentrations-Curls
-	Stab-Curls am Kabelzug
-	Schrägbank-Hammer-Curls

6) Schreibe deinen eigenen Trainingsplan

Jetzt gilt es, alle bisherigen Komponenten sinnvoll einzureihen und deinen ganz eigenen Trainingsplan zu schreiben. Hier musst du tatsächlich und jetzt gleich selber die Hände anlegen und das Ding zwischen deinen beiden Ohren sinnvoll nutzen.

Ich glaube sehr an Hilfe zur Selbsthilfe, und dir wieder nur einen fertigen Plan vor die Nase zu setzen, würde deine langfristige Progression nicht fördern. Deshalb probiere dein Bestes - du hast jetzt mehr als genug Hintergrundwissen und ich bin mir sicher, dass du einen runden und soliden Plan schreiben kannst.

Achte auf eine ungefähr gleiche Verteilung des Volumens für die großen Muskelpartien und darauf, dass du immer mindestens 1 bis 2 schwere Haupt- und Verbundübungen pro Muskelgruppe in deinem Plan hast. Auch muss und wird die erste Version nicht perfekt sein.

Du kannst den Trainingsplan dabei wie ein Baukastensystem betrachten: An der einen Stelle passt das Volumen vielleicht wunderbar, an der anderen noch nicht. Du tauschst Übungen aus, reduzierst hier und da die Wiederholungsanzahl und fügst an anderer Stelle vielleicht einen Satz hinzu. Das wird seine Zeit dauern und auch erst die Praxis wird zeigen, ob dein Plan für dich funktioniert und in dieser Form umsetzbar ist.

Vielleicht bist du überfordert und kannst dich nicht von der Volumenmenge regenerieren. Vielleicht bist du aber auch unterfordert und merkst am Ende jedes Workouts, dass du eigentlich noch mehr machen könntest. So nimmst du dir deinen Plan immer wieder vor und passt die einzelnen Variablen an - so lange, bis du deinen "Sweet Spot" gefunden hast. Hast du diesen gefunden, dann arbeitest du dich mithilfe der doppelten Progression nach oben und beginnst die später folgenden Elite Workouts mit in dein Training einfließen zu lassen.

Im nun Folgenden werde ich dir Beispieltrainingspläne vorstellen mit verschiedenen Splits und für verschiedene Volumenbereiche. Denke aber bitte daran, dass dies nur Beispiele sind. Du hast nun gelernt, dass ein wirklich guter Plan von so vielen Faktoren abhängig ist, die ich niemals von außen für dich bestimmen kann.

Ich werde dir nun beispielshafte Pläne vorstellen und am Ende solltest du ein gewisses Gefühl dafür entwickelt haben, wie die Blaupause für einen guten Plan aussieht und wie du in Zukunft deine ganz eigenen Pläne gestalten kannst. Dennoch würde ich dir raten, deinen Basis-Trainingsplan jetzt schon einmal vorzuschreiben und dem Ganzen einen ersten Versuch zu geben. So kannst du deinen Plan mit den folgenden Plänen vergleichen und wertvolle Rückschlüsse ziehen.

Jede Errungenschaft beginnt mit der Entscheidung, es ernsthaft zu versuchen.

Beispiele für gute Basis-Trainingspläne

Im nun Folgenden werde ich dir 7 verschiedene Trainingspläne vorstellen, die allesamt für ein bestimmtes Volumen gut funktionieren werden - und dennoch solltest du diese nicht einfach nur nachtrainieren, sondern sie modifizieren und auf deine individuellen Vorlieben anpassen. Diese Pläne sollen als Hilfestellung dienen, nicht als der Weiseheit letzter Schluss.

Denk bitte daran, dein Alltag und dein Leben sind individuell - und der wirkliche Schlüssel zum Erfolg besteht in der Kontinuität einer bestimmten Sache. Damit du langfristig und kontinuierlich am Ball bleibst, brauchst du einfach deinen eigenen gewissen individuellen Plan.

Die folgenden Trainingspläne können als *Basis-Trainingspläne* angesehen werden, wozu später dann noch die Elite Workouts hinzukommen. So kann dein Basis-Volumen beispielsweise 120 Wiederholungen pro Muskelgruppe pro Woche betragen und phasenweise pushen wir dieses Volumen mithilfe der Elite Workouts dann an die 200er-Grenze. Diese Basis brauchen wir nun - und von dort aus arbeiten wir uns nach oben.

Wie viel Volumen du dir tatsächlich zutraust, ist letztendlich dir überlassen, aber im ersten Step würde ich dir raten, dich nicht zu überschätzen, und dir ein zunächst moderateres Volumen ans Herz legen. Nach oben korrigieren kannst du dann immer noch.

Teste deinen Plan einfach mal 10 bis 14 Tage aus, schaue, ob du dich steigern und auch erholen kannst - und passe ihn dann gegebenenfalls an. Zur Orientierung: Ich bewege mich in einem Basisplan mit einem Volumen von um die 160 Wiederholungen pro Woche und bin damit aktuell exakt an meinem "Sweet Spot" aus progressiver Steigerung und dem nötigen Grad an Regeneration angelangt. Mehr würde mir nicht guttun. In 1 bis 2 Jahren kann auch das aber schon wieder anders aussehen …

Als Orientierung folgen nun verschiedenste Pläne mit einem Volumen von 100 Wiederholungen bis hoch zu 160 Wiederholungen pro Woche. Schau dir das Ganze an, lass es auf dich wirken und baue dir dann deinen eigenen Plan nach Maß, der auf dich, deinen Fortschrittsgrad und dein Leben angepasst ist.

Basis-Trainingspläne zum Download

Um dich die nächsten 20 Seiten nicht mit einem Beispieltrainingsplan nach dem nächsten zu langweilen, kannst du im Folgenden auswählen, welches Volumen wohl am besten für dich passt eine entsprechende PDF auf dein Handy bzw. Computer downloaden.

~ 100-120 Wiederholungen pro Muskelgruppe pro Woche:

- Ganzkörpertraining mit 3 Tagen die Woche

Downloadlink: bit.ly/etw100120reps

~ 120-140 Wiederholungen pro Muskelgruppe pro Woche:

- Ganzkörpertraining mit 3 Tagen die Woche
- Ganzkörpertraining mit 4 Tagen die Woche
- Oberköper-/ Unterkörper-Split mit 4 Tagen die Woche

Downloadlink: bit.ly/etw120140reps

~ 140-160 Wiederholungen pro Muskelgruppe pro Woche:

- Ganzkörpertraining mit 3 Tagen die Woche
- Ganzkörpertraining mit 4 Tagen die Woche
- Oberköper-/ Unterkörper-Split mit 4 Tagen die Woche

Downloadlink: bit.ly/etw140160reps

Rätselraten und die Suche nach Perfektion

Wir stehen kurz vor dem Ende des Theorieteils für dieses Buch und vielleicht macht sich langsam ein schleichendes Gefühl der Überforderung bei dir breit und du fragst, was denn nun wirklich der beste Trainingsplan sei. Die enttäuschende Antwort auf diese Frage kann nur lauten, dass es keinen universell perfekten Trainingsplan geben kann.

Auf den vorherigen Seiten konntest du diverse verschiedene Trainingsplanansätze sehen, und falls du jetzt einfach weiterliest - bitte gehe zurück, downloade einen der Pläne und schaue ihn dir genau an. Das ist wirklich wichtig, denn dir wird auffallen, dass keiner dieser Pläne wirklich *perfekt* ist - und daran wird sich auch leider nie etwas ändern.

Hast du jetzt also ein Buch mit unperfekten Trainingsplänen gekauft? Auch nicht. Doch lass mich vorher kurz auf die möglichen Vor- und Nachteile der einzelnen Trainingspläne eingehen. Ein erstes Beispiel wären hier die Ganzkörpertrainingstage.

Bei keinem dieser Workouts habe ich viel Extra-Volumen für die Arme und die Waden eingeplant, einfach weil dies in meinen Augen den Rahmen einer guten Workoutlänge sprengen würde. Auf der anderen Seite haben wir eine hohe Frequenz und für sehr viele Athleten ist ein GK-Training einfach unglaublich praktisch, weil sie simpel jeden zweiten Tag ins Fitnessstudio gehen können und sich über keinen möglichen Rhythmus Gedanken machen müssen. Vielen tut es außerdem extrem gut, nicht dauernd ins Fitnessstudio rennen zu müssen, sondern immer einen freien Tag dazwischen zu haben - und mir geht es im Grunde übrigens ganz genauso. Ist also deshalb ein Ganzkörpertraining der perfekte Trainingsplan?

Nein - aber er funktioniert gut für mich und für viele andere Sportler. Kann es aber dabei passieren, dass die Arme und Waden vielleicht zu kurz kommen? Ja und ebenfalls nein. Die Arme und Waden werden jedes Training durch die vielen Verbundübungen logischerweise mittrainiert, dennoch kann es dazu führen, dass sie tendenziell auf Dauer nicht hart genug trainiert werden und nicht so gut hypertrophieren, wie sie es vielleicht könnten. Ist dies der Fall, so müsste man gegebenenfalls Anpassungen vornehmen.

Also ist ein OK-/UK-Split doch besser? Nein - kann man so leider auch nicht verallgemeinern. Ein OK-/UK-Split erlaubt es einem, mehr Variationen und leichter zusätzliches Volumen in die kleineren Muskelpartien zu bringen und so das gesamte Volumen leichter bzw. gleichermaßen zu verteilen. Das ist ein großer Vorteil, und wer die Lust und Laune hat, kann mit dieser Splitvariante ebenfalls einen tollen Trainingsplan auf die Beine stellen. Trifft dies auf dich zu, dann Glückwunsch - passe das Volumen auf dich an und los geht's. Aber auch hier gibt es Nachteile. Wir sind nicht mehr ganz so flexibel mit der Gestaltung unseres Trainings und für manch einen ist diese Art des Trainings einfach nicht so befriedigend ...

Darüber hinaus kann und wird ein Trainingsplan in der Praxis niemals zu 100% perfekt sein - so sehr ich mir das auch für mich und mein Leben wünsche. Wäre dies der Fall, dann hätte ich dieses Buch eher "*alle perfekten Trainingspläne für alle Athleten und für den Rest aller Tage*" genannt und dir eine simple (oder gegebenenfalls komplexe) Auflistung von Plänen dargelegt - aber da dies nicht der Fall ist, ist dies nicht der Fall. Was meine ich damit? Schauen wir uns den von mir konzipierten OK-/UK-Beispieltrainingsplan für ein Volumen von 140 bis 160 Wiederholungen nochmal genauer an.

Dir wird sicher auffallen, dass ich für die Muskelpartien Brust, Rücken und Schulter unter meinen eigenen Intensitätsempfehlungen liege und dort eben nicht exakt 1/3 des Trainings "schwer" trainiert wird. Warum ist dies der Fall? Das ist relativ simpel erklärt, doch die Suche nach der perfekten Lösung kann einen wahren Knoten im Kopf verursachen und man fragt sich schnell, wie zum Henker man denn nur überhaupt richtig trainieren kann und ob dies überhaupt geht (Fragen, die ich mir selber wieder und wieder gestellt habe).

Schauen wir uns zunächst das Volumen für die Brust an. Dieses liegt bei insgesamt 163 Wiederholungen und setzt sich aus dem schweren Bankdrücken (5x3 = 15 Wiederholungen) und Schrägbankdrücken (5x5 = 25 Wiederholungen), dem moderaterem Bankdrücken (4x8 = 42 Wiederholungen) und dem leichteren Kurzhantel-Schrägbankdrücken (3x12 = 36 Wiederholungen) bzw. der Brustpresse (3x15 = 45 Wiederholungen) zusammen. Somit kommen wir auf eine prozentuale Verteilung des Volumens auf 25% schwere Wiederholungen, 25% moderate Wiederholungen und 50% leichtere Wiederholungen.

Warum nicht aber exakt 33% / 33% / 33%?

Der Faktor Zeit wäre hier die Antwort. Ab einem bestimmten Volumen dauert es schlichtweg zu viel Zeit, Sätze und Wiederholungen in einem niedrigeren Wiederholungsbereich zu trainieren. So trainieren wir zwar prozentual die Brust weniger in einem hohen Intensitätsbereich, insgesamt aber doch nicht, denn die schweren Wiederholungen sind im Vergleich zum vorherigen Volumen trotzdem mehr geworden. Doch den größten Volumensprung schaffen wir ab einem bestimmten Punkt eher mit moderaten und leichteren Wiederholungen - es sei denn, du hast Zeit für ein 3-bis-4-Stunden-Workout - dann kannst du auch gerne viele schwere Sätze wie 8x3 oder 10x3 beim Bankdrücken machen und mehr Volumenarbeit durch einfach noch mehr schwere Sätze erreichen.

Wichtig für dein Verständnis ist es insbesondere, dass du nachvollziehst, dass es keine magischen oder besonderen Wiederholungsbereiche gibt und du durchaus deinen Trainingsplan mit eher unkonventionellen Satz- und Wiederholungszahlen füllen kannst. Sicherlich gibt es verschiedene Intensitätsbereiche, aber darüber hinaus gibt es kein Richtig oder Falsch. 3x3 muss weder besser oder schlechter als 6x3 sein. Sicherlich haben wir beim 6x3 mehr Volumen und somit eine höhere Arbeitslast (welche in der Theorie zu mehr Hypertrophie und Kraft führt), dennoch müssen wir dies im großen Kontext betrachten. Welche Übungen werden sonst noch trainiert? Kommt man auf sein Zielvolumen und verteilt man die Intensitätsbereiche sinnvoll? All dies muss mit berücksichtigt werden, verleiht dir aber auch einen großen Grad an Flexibilität im Training. Nehmen wir zum Beispiel das 5x5. Warum ist das 5x5 so beliebt und auch Teil vieler meiner Trainingspläne? Ganz einfach - wir haben einen schönen Mix aus Kraft und Volumen. Während wir im 5x5 stark die Typ-2-Muskelfasern und die myofibrilläre Hypertrophie trainieren, bekommen wir aber auch schon ein wenig Volumen ins unser Training hinein, nämlich 25 Wiederholungen.

Wer beispielsweise ein 5x5-Workout für die Brust dreimal in der Woche absolviert, kommt somit schon auf ein Volumen von 75 Wiederholungen insgesamt und das mit relativ schweren Wiederholungen. Das ist alles. Doch dabei darf es ab einem Punkt nicht mehr bleiben, denn 75 Wiederholungen auf die Woche gesehen pro Muskelgruppe wird für die meisten Athleten ein zu geringes Volumen für maximale Hypertrophie darstellen, selbst wenn sie immer stärker und stärker im Bankdrücken werden.

Wir wissen, dass wir gleichermaßen gut mit allen Wiederholungsbereichen neue Muskulatur aufbauen können, solange wir die Prinzipen der progressiven Überladung berücksichtigen und unser Training an unser nötiges individuelles Volumen angepasst haben. Wir wissen aber auch, dass schwereres Volumen zu besseren Kraftzuwächsen führt, weshalb es in meinen Augen essentiell ist, dass man immer auch schwere Haupt- und Verbundübungen trainiert. Solange dies gegeben ist, ist es ab einem bestimmten Volumen auch nicht schlimm, dass man nur "25%" des Volumens aus schweren Wiederholungen bezieht. Die Verteilung des Volumens auf jeweils 1/3 ist eine Empfehlung. Eine gute, aber kein Muss. Je dichter du mit deinem Plan an dieser Empfehlung liegst, umso besser. Aber häng dich bitte nicht daran auf.

Bei der Schulter und dem Rücken können wir dies ebenfalls beobachten, weshalb es hier auf dem Papier auch so schön perfekt unperfekt aussieht. Jedoch habe ich eine mögliche Überlappung der Übungen nicht berücksichtigt, einfach weil es sonst viel zu komplex wird. So wird zum Beispiel die vordere Schulter beim schweren Schräg- und normalem Bankdrücken natürlich mit beansprucht, was wiederum die prozentuale Verteilung an einer höheren Intensität in der Theorie erhöhen würde. Selbiges gilt für den Rücken beim schweren Kreuzheben oder bei dem leichteren rumänischen Kreuzheben. Auch hier wird der Rücken mit beansprucht und bekommt Volumen ab und je perfekter wir alles unter einen Hut bekommen möchten, desto komplexer und verwirrender wird es in der Praxis werden.

Das kann im ersten Moment durchaus abschreckend und auch verwirrend sein. So fand auch ich mich irgendwann an einem Punkt wieder, an dem ich verwundert auf mein Trainingsheft blickte und mich fragte, wie ich jemals auch nur 1 Gramm Muskulatur aufbauen konnte - und ganz besonders, wie dies in meiner weiteren Laufbahn noch möglich sein sollte. Ich meine, es geht doch fast überhaupt nicht - oder?

Doch - das tut es!

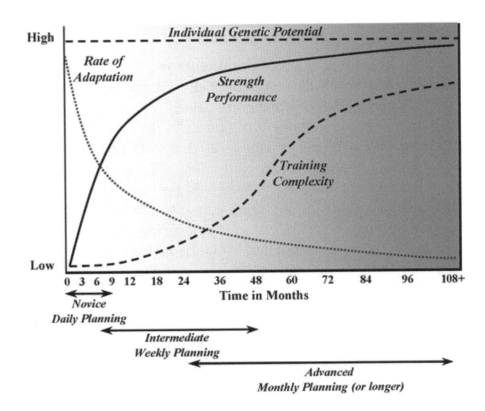

Die Lösung des Problems

Die Lösung besteht nicht in einem einzigen Trainingsplan, der alle Muskeln gleichermaßen ausbildet, sondern in mehreren fließenden Trainingsplänen, die sich phasenweise gesondert auf bestimmte Muskelpartien fokussieren und diese gezielt ausbilden. Durch den Fokus auf nur eine bzw. auf nur zwei Muskelgruppen können wir mehr Volumen pro Woche trainieren und dieses gezielter und genauer verteilen. Dies ist der Sinn und Zweck der nun folgenden *Elite Workouts*. Hier fokussieren wir uns phasenweise auf eine bestimmte Muskelgruppe und drücken das Volumen hier für einen Zeitraum von 8 bis 12 Wochen ans obere Limit, während wir uns bei anderen Muskelpartien eher im moderateren, aber dennoch progressiven Bereich bewegen.

Was wir für die Zukunft also brauche, sind 2 Teile.

Der erste Teil ist dein *Basis-Trainingsplan*. Dieser sollte ein Volumen haben, von dem du dich gut erholen kannst und gleichzeitig Fortschritte und Progression erzielst.

Je nach Trainingserfahrung solltest du hier das Volumen für Brust, Rücken, Quadriceps und Hamstrings gleichermaßen aufteilen und somit eine Balance schaffen. Nutze hier alle ausgesprochenen Empfehlungen und konzipiere einen Trainingsplan, der mit deiner bisherigen Trainingserfahrung und deinen Vorlieben übereinstimmt. Sprich ein Volumen von 100 bis 120 Wiederholungen pro Woche, 120 bis 140 Wiederholungen oder aber irgendwo zwischen 140 bis 160 Wiederholungen. Hier solltest du viele Verbundübungen einplanen und weniger Rücksicht auf die kleineren Muskelgruppen nehmen. Mindestens eine schwere Hauptübung sollte dabei sein, und je besser du die verschiedenen Intensitätsbereiche gleichermaßen triffst, umso mehr Erfolg wirst du mit dem Training haben. Aber denke daran, es muss nicht auf Anhieb perfekt sein. Wenn du nach zwei Wochen merkst, dass du fast schon zu gut erholt bist, dann erhöhe das Volumen und finde so für dich das aktuelle goldene Volumen heraus bzw. den *Sweet Spot*, von dem ich immer wieder rede.

Zu diesem ersten *Basis-Trainingsplan* kommen dann die *Elite Workouts* hinzu. Volumen, Satzzahl, nötige Wiederholungen und die jeweiligen Übungen gebe ich dann vor und du musst nur noch trainieren. Die Elite Workouts bestehen aus 5 verschiedenen Zyklen, in denen wir das Volumen für jede Muskelgruppe separat an die 200er-Marke pushen werden. Ist diese Phase vorüber, kann es mit der nächsten Muskelgruppe weitergehen und die vorherige wird wie bereits gehabt mit deinem *Basis-Trainingsplan* weiter trainiert - nur eben auf einem höheren Niveau mit besseren Kraftwerten.

Nehmen wir auch hier die Brust als Beispiel. Angenommen, in deinem Basis-Trainingsplan verschreibst du dir hier ein wöchentliches Volumen von 130 Wiederholungen und füllst dies mit 3 Verbundübungen und einer Isolationsübung aus. Wenn du nun mit dem Brust-Hypertrophie-Programm beginnst, dann ersetzen meine Vorgaben komplett deinen bisherigen Plan für die Brust - aber eben nur den Teil für die Brust. Die Elite Workouts sind dann also nicht zusätzliche Arbeit für die Brust, sondern geben tatsächlich genau vor, was du wie viel für die Brust machen sollst. Je nach Programm dauert diese Phase zwischen 8 bis 12 Wochen. In dieser Zeit attackieren wir die Brust von allen möglichen Winkeln, mit allen möglichen Übungen und trainieren uns bis zu unserem Limit. Das können wir jedoch nicht ewig so fortführen, da wir so entweder irgendwann ins Übertraining geraten, oder aber gravierende Dysbalancen entwickeln werden.

Deshalb richtest du nach dieser Periode das Training für die Brust wieder nach deinem Basis-Trainingsplan aus und fährst mit der nächsten Muskelgruppe fort.

Dieser ganze Prozess dauert insgesamt 1 Jahr. 365 Tage, in denen alle Muskelgruppen gezielt und separat trainiert, herausgefordert und mal so richtig auf Vordermann gebracht werden.

Nach diesem Jahr liegt es an dir, wie du fortfährst. Du kannst natürlich den ganzen Prozess immer wieder wiederholen und in der einen oder anderen Form wird dies zwangsläufig der Fall sein. Du kannst nach dem Jahr aber auch gezielter vorgehen. Zum Beispiel stellst du fest, dass deine Schultern mehr Masse vertragen könnten. Anstatt also wieder mit den Workouts für die Brust zu starten, kannst du auch mit dem 8-Wochen-Schulter-Hypertrophie-Programm fortfahren.

So gestalte ich ebenfalls mein Training über die nächsten 5 Jahre (oder mehr) und sollte die Hypertrophie ebenfalls dein Ziel sein, dann kann ich dir selbiges auch nur ans Herz legen. Vielleicht beginnst du im ersten Jahr mit einem durchschnittlichen Volumen von 110 Wiederholungen und das ist vollkommen in Ordnung so. Ab dem nächsten Jahr kannst du jedoch deutlich mehr Volumen vertragen und bewegst dich eher im Durchschnitt in den oberen 120ern. Danach in den 140ern und in einigen Jahren wahrscheinlich sogar in den 180er-Wiederholungen pro Woche und du bist vom Hulk eigentlich nur noch durch deine Hautfarbe zu unterscheiden.

Wo immer du hinwillst - so sieht dein Fahrplan aus.

Was du jetzt also dringendst brauchst, ist dein *Basis-Trainingsplan*. Den kann ich dir leider nicht abnehmen und du brauchst ihn. Falls du es also noch nicht getan hast, dann lege bitte jetzt das Buch kurz zur Seite und konzipiere deinen Plan. Egal, ob GK- oder OK-/UK-Training, egal wie viel Volumen - Hauptsache, du hast einen Startpunkt.

Bitte mach das **JETZT**.

Ja jetzt ... Deswegen bist du doch hier ... nicht wahr? ;)

Training bei wenig Zeit oder Krankheit

Häufig spielt das Leben anders, als wir es uns vorstellen, und die Wahrscheinlichkeit, dass du ein ganzes Jahr am Stück ohne Unterbrechungen oder Krankheiten durchtrainieren kannst, ist vermutlich relativ gering. Das ist aber weniger schlimm und im echten Leben kein Grund, sich zusätzlich Stress zu machen, Druck aufzubauen oder sich ein schlechtes Gewissen einzureden.

Jedem Menschen geht es so und mir ergeht es nicht anders. Ein gesunder und aktiver Lebensstil mit einer guten, nährstoffreichen Ernährung wird deine Gesundheit zwar dramatisch steigern und dafür sorgen, dass du weitaus weniger krank sein wirst - dennoch gibt es keine Garantien dafür, niemals krank zu werden, und auch keine Wundermittelchen.

Wie gesagt - halb so wild. Was wir aber brauchen, sind Strategien, um wieder auf Kurs zu kommen. Zunächst sollten wir klären, ob wir mit einer Krankheit überhaupt ins Training gehen sollten oder das Workout lieber komplett für einige Tage aussetzen sollten. Die endgültige Antwort ist leider nicht so leicht auf diese Frage, wobei ich tendenziell eher zur harten Kante tendiere und mich persönlich schon bei einer leichten Erkältung entscheide, dass ich lieber daheim bleibe und mich so vollständig auskurieren werde.

Das hat zwei Gründe. Zum einen will ich kein Egoist sein und andere Mitglieder im Fitnessstudio mit meinem Anflug einer Erklärung oder Krankheit anstecken und sie in Mitleidenschaft ziehen, und zum anderen, um meine Krankheit nicht unnötig in die Länge zu ziehen. Hier spekuliere ich lieber darauf, maximal ein bis zwei Workouts aussetzen zu müssen und daraufhin vollständig zu genesen, anstatt möglicherweise die nächsten 2 Wochen flach auf der Couch liegen zu müssen.

Die Angst, dabei Muskelmasse zu verlieren oder den Anschluss zu verpassen, ist zum Glück vollkommen unbegründet (auch wenn ich mir das selbst jedes Mal wieder und wieder vor Augen führen muss). So zeigen beispielsweise viele Studien, dass es in der Regel ganze 2 bis 3 Wochen der kompletten Trainingsabstinenz brauchen würde, bis die erste mühselig antrainierte Muskulatur und Kraft schwindet.[1,2,3,4] Drei oder vier Tage nicht zu trainieren, ja nicht einmal eine ganze Woche, werden keine realistischen Verluste mit sich bringen.

Optisch oder auf der Waage kann man sich jedoch schon mal schnell flacher, schwächer und leichter fühlen, was vielmehr zu dem Irrglauben und der unbegründeten Angst führt, dass man reine Muskelmasse eingebüßt hat. Was ist aber der Grund für diesen Effekt?

Die Antwort finden wir in unseren Glykogenspeichern. Glykogen ist eine Form der Kohlenhydrate, die hauptsächlich in unserer Muskulatur gespeichert werden. Jedes Gramm Glykogen hält zusätzliche 3 bis 4 Gramm Wasser und zusammen können Wasser und Glykogen die Muskelmasse um bis zu 16% vergrößern. [5,6] Sobald wir - freiwillig oder unfreiwillig - für eine gewisse Zeit das Training pausieren müssen, ist das erste, was passiert, dass sich die Glykogenspeicher allmählich leeren und wir deshalb nach *'weniger'* aussehen. [7] Nach einer Woche ohne Training sinkt die Menge an Glykogen in der Muskulatur um ungefähr 20% und nach vier Wochen ist sie circa auf der Hälfte des ursprünglichen Ausgangswertes. [8] Dieser Verlust an gehaltenem Wasser und Glykogen senkt die visuelle Masse an Muskulatur um circa 10% innerhalb des ersten Monats, doch sobald man wieder im Training ist, gut trainiert und sich wieder nach Plan ernährt, dann ist man auch wieder sehr zügig an seinem vorherigen Ausgangspunkt angelangt.

Also selbst nach drei Wochen des Nichttrainierens wird man nicht signifikant Muskelmasse verlieren. Anders sieht es jedoch nach 4 bis 6 Wochen und darüber hinaus aus, denn ab diesem Zeitpunkt beginnt der Köper tatsächlich, die eigene und für ihn somit anscheinend überschüssige Muskulatur abzubauen. [9,10] Aber auch das sollte nicht das Ende vom Lied sein und ist kein Grund, das Handtuch komplett zu schmeißen, denn sobald man auch hier wieder im Training ist, desto schneller und besser kommen die verlorenen bzw. eingebüßten Fortschritte wieder zurück.

Während zwar viele gängige Ratschläge und "Bodybuilding-Weisheiten" eher für die Katz sind, so ist doch der Effekt der bekannten *Muscle-Memory* absolut wahr und wissenschaftlich bewiesen. [11] Den Grund für dieses Phänomen finden wir in unseren Muskelzellen selbst. Muskelzellen sind nicht nur wesentlich größer als die meisten Zellen in unserem Körper, sie zählen auch zu den wenigen mehrkernigen Zellen, was beutetet, dass die Zellen mehrere Kerne haben können - nicht nur einen. [12]

Sobald wir regelmäßiges Krafttraining betreiben, unsere Muskulatur progressiv überladen und neue Muskulatur aufbauen, beginnt unser Körper, neue Kerne zu den bestehenden Muskelzellen hinzuzufügen und veranlasst sie somit, größer zu werden. [13] Dieses Hinzufügen und die Anzahl der Kerne innerhalb der Muskelfasern ist sogar einer der wichtigsten Faktoren, der die Größe unserer Muskulatur reguliert. [14]

Und hier versteckt sich die frohe Botschaft. Selbst nach 3 Monaten absoluter Inaktivität werden diese neuen und mühselig entstandenen Kerne nicht wieder abgebaut und manche Studien vermuten sogar, dass sie niemals abgebaut werden und sich die Zusammensetzung unserer Muskelfasern für immer verändert hat. [15,16] Deshalb werden wir immer viel schneller bei der Ausgangslage sein als vor der gewollten bzw. ungewollten Pause.

Doch auch der Fortschritt an Muskelmasse und Stärke an sich wird nicht signifikant schlechter sein, nur wenn wir hin und wieder mal krankheitsbedingt oder aufgrund anderer Umstände weniger ins Fitnessstudio gehen können, wie folgende Studie aus dem Jahr 2013 eindrucksvoll bewiesen hat. [17]

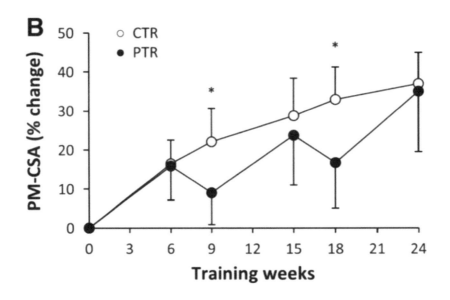

Die Forscher hatten zwei Gruppen von Personen, die sich insgesamt 24 Wochen lang einem Krafttrainingsprogramm unterzogen. Eine Gruppe hat während der gesamten Studie kontinuierlich trainiert. Die andere Gruppe dagegen trainierte nur sechs Wochen am Stück, nahm dann aber drei Wochen frei, trainierte dann weitere sechs Wochen und nahm darauf nochmals weitere drei Wochen komplett frei und beendete dann das Experiment mit sechs soliden Wochen des Trainings.

Wie man unschwer am Endresultat erkennen kann, bauten beide Gruppen fast dieselbe Menge an Muskulatur auf, obwohl die zweite Gruppe deutliche Unterbrechungen des Trainings hatte.

Wichtig zu verstehen ist hierbei aber auch, dass es sich bei der Probandengruppe um Trainingsanfänger handelte, weshalb diese noch nicht so viele neue Zellkerne innerhalb der Muskelfasern aufbauen konnten und sie deshalb auch größere temporäre Einbrüche in der reinen Muskelmasse einbüßen mussten. Bei fortgeschrittenen Athleten könnte dies schon anders aussehen. Auch könnte der Einbruch an Muskelmasse lediglich an der verringerten Menge an Glykogen und Wasser in der Muskulatur liegen und nicht daran, dass wirklich *reine* Muskelmasse abgebaut wurde.

Sicherlich, wenn die zweite Gruppe so über Monate und Jahre weiter trainieren würde, dann wird der Unterschied immer drastischer und signifikanter - aber auf kurze Sicht werden kleinere Rückschläge die gesamte Progression kaum merkbar hindern.

Zusammenfassend kann man aber mit Sicherheit behaupten, dass man während ungewollter Pausen bis zu sogar 3 Wochen keine wirklichen Einbrüche an Muskelmasse einbüßen muss. Nach diesen drei Wochen wird der Körper langsam beginnen, Muskelmasse abzubauen, doch diese ist dank des *Muscle-Memory-Effekts* auch schnell wieder drauf.

Solltest du jedoch wirklich einer größeren Krankheit unterliegen oder einfach zeitlich nicht eine längere Zeitperiode ins Gym gehen können, dann kannst du folgende Präventionsmaßnahmen einleiten.

Zunächst solltest du genug Kalorien zu dir nehmen, sodass du weder im Überschuss noch im Defizit bist. Sprich so viele Kalorien essen, dass sich auf der Waage nichts ändert und du genau auf Erhalt isst. Besonders in einer Diät oder Definitionsphase ist es nötig, während einer Krankheit die Kalorien wieder nach oben zu schrauben und nicht länger im Defizit zu sein. Der effektive Fettabbau kann danach weitergehen, jetzt solltest du erstmal gesund werden und deinem Körper geben, was er braucht. Ein Kaloriendefizit wird zwar unweigerlich zur Gewichtsabnahme führen, es erhöht jedoch auch die katabolen Hormone in unserem Körper, verringert gleichzeitig auch die anabolen Hormone und beeinträchtigt die mögliche Synthetisierung von Muskelproteinen. [18,19,20]

Am Ende resultiert dies in einem schnelleren Abbau der Muskulatur und genau das wollen wir eben nicht, außer wir können ins Training gehen und schwere Gewichte bewegen. Krafttraining ist nämlich die Hälfte der Miete, wenn es darum geht, effektiv Fett zu verlieren, und ohne haben wir schlechte Karten. Einer der stärksten Reize für das Muskelwachstum und auch deren Erhalt ist das Krafttraining, weshalb man bei Diäten auch unbedingt seine Leistungen im Fitnessstudio oben halten muss, um seine bisherige Muskelmasse trotz Kaloriendefizit halten zu können. [21] Nehmen wir diesen Reiz weg, obwohl wir uns in einem Defizit befinden, wird ein schnellerer Abbau der Muskulatur immer wahrscheinlicher.

Sobald du also vom Training aussetzen musst und dich zudem auch noch in einer Diät befinden solltest, dann schraube für diese Auszeit deine Kalorien wieder nach oben und fahre danach im Anschluss mit deiner Diät fort. Achte außerdem darauf, dass du genügend Eiweiß zu dir nimmst und es deinem Körper somit so einfach wie möglich machst, die bisherige Menge an Muskulatur zu halten.

Der andere wichtige Punkt ist, dass du weithin möglichst aktiv bleibst, und sei es nur, dass du spazieren gehst oder nur einmal pro Woche ins Gym gehst (falls nicht eine Krankheit die Ursache für die ungewollte Pause sein sollte). Der mit Abstand beste und effektivste Weg, all seine Muskulatur zu verlieren, besteht nämlich darin, sich einfach überhaupt nicht mehr zu bewegen und einfach nichts zu tun, wohingegen schon kleine Bewegungen wunder bewirken können. [22,23,24]

Jede kleine Bewegung löst winzige Reize zum Muskelaufbau bzw. zu dessen Erhalt aus. Erst wenn diese komplett ausfallen, ist das Resultat ein immer schnellerer Abbau der Muskulatur.

Selbiges trifft auch zu, wenn du mal überhaupt keine Zeit zum Trainieren findest. Ist dies der Fall, rate ich dir entweder zu absoluten Mini-Workouts, um überhaupt irgendeinen Reiz zu setzen, oder aber wenigstens einmal pro Woche ins Gym zu gehen. Ein gutes Training bzw. 1/3 des bisherigen Trainingsvolumens pro Woche reicht aus, um seine Muskelmasse um bis zu 8 Wochen unbeschadet halten zu können. [25,26]

Hier empfehle ich dir, keines der folgenden Elite-Training-Workouts zu trainieren und auch nicht mit einem Split zu arbeiten, sondern vielmehr ein komplettes Ganzkörperworkout zu absolvieren. Dies muss nicht einmal lange dauern. Wenn du beispielsweise nur 30 Minuten für dein Workout hast, dann wähle drei Grundübungen und trainiere diese schnell ab. Zum Beispiel Kniebeugen, Bankdrücken und das Rudern mit der Langhantel.

Auf diese Weise kannst du sehr zeiteffizient arbeiten und trotzdem viele Muskelfasern aktiveren - und somit viel Muskelmasse erhalten.

Zum Schluss noch eine generelle Empfehlung, wann und ob man krankheitsbedingt lieber daheim bleiben sollte. Ein gute Empfehlung ist die sogenannten *Nacken-Regel*. Mit kleineren Krankheiten oder Erkältungen exklusiv über dem Nacken (Schnupfen, Husten etc.) kann man ein leichtes Training in Betracht ziehen - aber auch nur in geschlossenen Studios, ohne andere Sportler anstecken zu können.

Alles unterhalb des Nackens gilt als absolutes No-Go und kann erhebliche gesundheitliche Schäden mit sich bringen und sogar zum Herzstillstand führen. Aber hier bitte ganz besonders: Sprich mit deinem Arzt des Vertrauens und höre hier nicht auf mich. Ich persönlich bleibe in der Regel so oder so zu Hause, um einen größeren Ausbruch der Krankheit zu verhindern. Wir können also getrost ein, zwei oder drei Workouts aussetzen und werden dadurch weder Kraft- noch Muskelmasse einbüßen müssen.

Alles halb so wild also und es lohnt sicher, hier mal wieder langfristig zu denken ...

Das zweite Szenario trifft ein, wenn du einfach generell phasenweise sehr wenig Zeit hast und es maximal nur schaffst, ein bis zwei Workouts in deine Woche zu integrieren. Oder aber du bist beispielsweise auf Reise und hast keinen stetigen Zugang (oder keine Lust) zu einem Fitnessstudio und bist deshalb gezwungen, weniger Zeit innerhalb des Gyms zu verbringen.

Was kann man also tun, um seinen Fortschritt zu halten und nicht wieder zurückzufallen?

Zunächst gilt hier selbiges wie für eine krankheitsbedingte Auszeit:

Take it easy und es gibt gute Neuigkeiten.

Sicherlich - mit eher 4 Workouts pro Woche, dazu eventuell einer moderaten Cardioeinheit und einer optimierten Ernährung, werden wir die bestmöglichen Resultate erzielen. Doch auch wenn uns diese Kombination zeitlich einfach nicht möglich ist, so ist dies noch nicht das Ende der Welt und auch nicht das Ende deiner Progression. Unfreiwillige Pausen können sogar manchmal durchaus gut sein, da sie als Deload-Woche betrachtet werden können und wir unserem Körper die Chance zur vollständigen Regeneration ermöglichen.

Vielleicht hast du mich schon einmal sagen hören, dass es die Transformation ist, die so schwer und langwierig ist, aber sobald man sein Ziel erreicht hat, es um so einfacher wird.

Was können wir also mit minimalstem Aufwand reißen? Eine Studie schaute sich so diesbezüglich professionelle Rudererinnen an. [27] Nach 10 Wochen Krafttraining mit 3 Einheiten pro Woche wurden 18 Rudererinnen in zwei Gruppen aufgeteilt. Beide Gruppen absolvierten daraufhin ein 6-wöchiges Widerstandstraining, wobei eine Gruppe einmal pro Woche und die andere zweimal pro Woche trainierte. Was kam dabei am Ende heraus? Beide Gruppen verbesserten ihre Kraftwerte in zwei der Übungen, die sie jede Woche durchführten, und sie konnten ihre Kraftwerte in den vier anderen Übungen in ihrem Programm halten. Diese Studie hat also bewiesen, dass man seine aktuellen Kraftwerte sogar mit minimalstem Aufwand halten kann, wenn nicht sogar manchmal auch noch verbessern kann.

Doch dies ist bei Weitem nicht die einzige Studie. Die folgende Langzeitstudie [28] ließ ihre Teilnehmer zunächst für 5 Monate dreimal pro Woche trainieren mit jeweils 9 Arbeitssätzen und untergliederte dann die Teilnehmer in folgende drei Gruppen:

1. Überhaupt kein Training mehr
2. Einmal pro Woche Krafttraining mit insgesamt 9 Arbeitssätzen
3. Einmal pro Woche Krafttraining mit insgesamt nur noch 3 Arbeitssätzen

Nach 8 Monaten verlor die erste Gruppe selbstverständlich massiv an Muskulatur (wen verwundert das?), aber sowohl Gruppe 2 als auch Gruppe 3 konnten ihre zunächst fleißig antrainierte Muskelmasse fast komplett halten und konnten sich auch hier in manchen Übungen sogar noch weiter verbessern und die Kraftwerte steigern.

Fazit: Nicht nur können wir mit 1 bis 2 Workouts pro Woche unsere Kraft und aktuelle Muskelmasse halten, wir können diese sogar bedingt auch noch verbessern.

Ganz klar - wir werden nicht so gut und so viel Muskeln aufbauen, wie es rein theoretisch möglich wäre. Die Arbeitslast wird einfach zu gering für eine bestmögliche Hypertrophie und Volumen, Intensität und Frequenz werden nicht ideal sein. Dennoch sind diese Informationen ein Licht am Ende des Tunnels und der Beweis dafür, dass man sich nicht unnötig stressen sollte, nur weil man mal weniger Zeit für das Fitnessstudio und sein regelmäßiges Training hat.

- Eine von der University of Queensland durchgeführte Studie zeigte auch, dass Probanden, die zweimal pro Woche eine Muskelgruppe trainierten, etwa 70% der Hypertrophie der Vergleichsgruppe erzielten, die dreimal pro Woche trainierte. [29]
- Eine weitere von der University of Florida durchgeführte Studie zeigte, dass Probanden, die zweimal pro Woche isometrisches Training durchführen, etwa 80% der Hypertrophie der Vergleichsgruppe erzielten, die dreimal pro Woche trainierte. [30]

Egal wie das Leben also manchmal einem spielen mag, wer wenigstens ein bis 2 Workouts in seinen Zeitplan hineinbekommt, der kann komplett seinen Fortschritt halten - wenn nicht sogar sich noch leicht steigern (und die Zeit dafür findet wirklich jeder!).

Ok, wie sollte man denn jetzt aber trainieren, wenn man denn schon wenig Zeit hat?

Zunächst würde ich dir abraten, in dieser Zeit eines der gleich folgenden Elite-Training-Workouts zu absolvieren. Diese sind zwar für eine bestimmte Zeit ausgelegt, es ist aber auch nicht schlimm, wenn du dich auf eine Muskelgruppe nicht eine Woche mehr oder weniger fokussierst. Pausiere hier einfach den Trainingsplan und fahre dann dort fort, wo du beim letzten Mal stehen geblieben bist. Ganz simpel. Auch würde ich dir nicht zu deinen Basis-Trainingsplänen raten, außer aber es handelt sich hierbei um Ganzkörperworkouts. Diese eignen sich wunderbar, um sie beispielsweise nur ein oder zwei Mal in der Woche zu trainieren. Abraten würde ich dir auf jeden Fall von einem Split-Training in dieser Zeit des wenigen Trainings, oder dich nur exklusiv auf eine Muskelgruppe zu beschränken. Das ist nicht zielführend und wir müssen die wenige Zeit effizienter nutzen.

Der Fokus, wie auch sonst, sollte bei schweren Verbundübungen wie dem Kreuzheben, Kniebeugen, Bankdrücken, Rudern und dem Schulterdrücken liegen. Jetzt ist es nur die Frage, wie wir dies bestmöglich und besonders zeiteffizient unter einen Hut bekommen.

So lautet meine generelle Empfehlung:

2x Training pro Woche

Bei zwei möglichen Trainingstagen würde ich unterscheiden in schwere und leichte Tage, um nicht nur die Zeit effektiv zu nutzen, sondern auch, um die verschiedenen Hypertrophie-Bereiche mitzunehmen und alle Arten von Muskelfasern zu trainieren. Die folgenden Workouts sollten mit einer Pausenzeit von 2-3 Minuten nur circa 1 Stunde dauern.

Hier wechselst du dann ganz simpel zwischen Tag A und Tag B, orientierst dich an deinen vorherigen Leistungen und schätzt so dein ideales Trainingsgewicht ein. Grundsätzlich kannst du hier näher an deine Leistungsgrenze gehen, einfach weil du so oder so mehr Erholung und somit eine höhere Regeneration haben wirst. Zwischen den beiden Workouts werden vermutlich mindestens 2 Tage liegen, weshalb du schon gut Gas geben kannst im Fitnessstudio und die Intensität gegenüber deinem alltäglichen Plan höher halten kannst.

Tag A

Kreuzheben: Warm-up und 3 Sätze zwischen 4-6 Wdh.

Bankdrücken: Warm-up und 3 Sätze zwischen 4-6 Wdh.

Untergriff-Rudern: 3 Sätze zwischen 4-6 Wdh.

Schulterdrücken: 3 Sätze zwischen 4-6 Wdh.

Tag B

Kniebeugen: Warm-up und 3 Sätze zwischen 10-12 Wdh.

Schrägbankdrücken: Warm-up und 3 Sätze zwischen 10-12 Wdh.

Obergriff-Rudern: 3 Sätze zwischen 10-12 Wdh.

Schulterdrücken: 3 Sätze zwischen 10-12 Wdh.

Sehr simpel und doch sehr effizient zur selben Zeit. Am ersten Tag konzentrieren wir uns stark auf die myofibrialle Hypertrophie und stärken unserer Typ-2-Muskelfasern. Auch hier sollten wir natürlich unser Gewicht aufschreiben und uns auf die progressive Überladung konzentrieren, denn dies ist und bleibt der wichtigste aller Faktoren für den Muskelaufbau.

Am zweiten Workout-Tag trainieren wir dann eher im höheren Wiederholungsbereich, bringen Volumen in das Training und konzentrieren uns eher auf die sarkoplasmatische Hypertrophie und leicht die Typ-1-Muskelfasern.

Auf diese Weise haben wir das Beste aus zwei Welten und können trotz minimalstem Aufwand viel mitnehmen. Wenn du also nur zwei Tage und zudem noch wenig Zeit zur Verfügung hast, dann trainiere nach diesem Plan.

1x Training pro Woche

Manchmal will das Leben einfach nicht so spielen, wie wir es gerne hätten, und auch wenn du es noch so sehr willst, vielleicht findest du für eine bestimmte Periode einfach nur Zeit für ein Workout in der Woche. Wie du dieses Workout gestaltest, hängt auch hier von der Zeit ab, die du dann tatsächlich in diesem einem Workout zur Verfügung hast.

Wenn du mehr Zeit zur Verfügung hast, dann mache auch mehr und trainiere ruhig etwas länger (z.B. 2h+). Wenn du weniger Zeit haben solltest, dann fokussiere dich hier auf Tag A der eben vorgestellten Trainingspläne. Solltest du jedoch mehr Zeit an diesem einen Tag haben, dann empfehle ich dir folgendes Workout für diesen einen Tag:

Kniebeugen: Warm-up und 3 Sätze zwischen 4-6 Wdh.

Kreuzheben: Warm-up und 3 Sätze zwischen 6-8 Wdh.

Bankdrücken: Warm-up und 3 Sätze zwischen 4-6 Wdh.

Untergriff-Rudern: 3 Sätze zwischen 4-6 Wdh.

Schrägbankdrücken: 3 Sätze zwischen 6-8 Wdh.

Schulterdrücken: 3 Sätze zwischen 10-12 Wdh.

Eine Mischung aus beiden Welten also. Nichts Besonderes , nichts Ausgefallenes - einfach ein schweres Training mit der Langhantel und dabei verschiedene Intensitätsbereiche beachten. Wir trainieren hiermit alle Muskelgruppen, haben ein wunderbares Ganzkörperworkout und hätte ich nur einen Tag in der Woche zur Verfügung, dann würde ich ebenfalls exakt so trainieren.

Wenn sich dein Alltag dann wieder gelegt hat und du mehr Zeit zur Verfügung hast, dann fahre einfach mit deinem Basis-Trainingsplan fort, nimm das Elite-Workout-Programm wieder auf und mache ordentlich Gainz. Hiermit solltest du wirklich keine Ausreden mehr kennen und es wird auf lange Sicht wunderbar funktionieren und dich deinem Ziel drastisch näher bringen.

Was Du jetzt brauchst!

Es ist wirklich soweit. Wir sind so gut wie fertig mit dem allgemeinen Theorieteil und werden uns nun dem ersten Elite-Training-Workout nähern. Das bedeutet im Klartext für dich Folgendes:

Du kennst nun alle großen und kleinen Trainingsprinzipien, weißt genau, worauf es im Training ankommt, und auch wie du dir deinen eigenen perfekten Trainingsplan erstellen kannst. Ich hoffe stark, dass du dir deinen Plan bis jetzt erstellt hast und auch, dass du schon die ersten Workouts nach diesem Plan trainiert hast und herausfinden konntest, ob du das für dich richtige Volumen gewählt hast bzw. noch Anpassungen machen musst.

Denn ... denn als Nächstes folgen die Elite-Training-Workouts. Somit wirst du in der Praxis zwei verschiedene Trainingspläne haben. Deinen Basis-Trainingsplan, der als Grundlage dient, und zu diesem Plan kommen dann die Elite-Trainingspläne hinzu, welche den Basis-Trainingsplan ergänzen.

Hier werden vermutlich einige Fragen deinerseits aufkommen, aber diese werde ich später innerhalb der einzelnen Workouts hoffentlich ausführlich genug beantworten.

Das Grundprinzip jedes der folgenden Elite-Training-Workouts besteht darin, über begrenzte Perioden einzelne Muskelgruppen bis ans Limit zu pushen und somit die gesamte Fitness für diese eine Gruppe zu erhöhen, während der Rest auf deinem aktuellen Volumenniveau bleibt. Dies ist wichtig, da wir sonst schnell ins Übertraining kommen würden und die Performance mit der Zeit immer schlechter werden würde (siehe Fitness-Fatigue-Theorie). Beginnen werden wir dem Rücken-Hypertropie-Programm. Dies bedeutet vermehrten Fokus auf den Rücken, während alle anderen Übungen gleich bleiben bzw. so, wie du es in deinem Basis-Trainingsplan für dich definiert hast. Für diese bestimmte Zeit ersetzen die Elite-Workouts alle bisherigen Übungen für den Rücken und es gibt alle einzelnen Variablen exakt vor, sodass du diese nur noch nachtrainieren und umsetzen musst. Bitte nicht einfach nur hinzufügen oder mehr Arbeit leisten, sondern die neuen mit den alten Übungen ersetzen, da es sonst viel zu viel wird.

Viel Spaß damit! :)

Sekunde um Sekunde verlierst Du die Chance, die Person zu sein, die Du schon immer sein wolltest. Nimm Dein Leben jetzt in die Hand.

- Greg Plitt

BIG BAD BACK

10 Wochen Rücken-Hypertrophie

Fachbegriffe für die Elite-Trainings

Wenn du gleich die verschiedenen Workouts siehst, werden dir einige Fachbegriffe über den Weg laufen und es kann passieren, dass du diese nicht gleich korrekt zuordnen kannst. Deshalb findest du jetzt hier eine Übersicht aller Fachbegriffe und danach auch, was welcher genau bedeutet und wie du mithilfe dieser Erläuterungen das Programm bestmöglich umsetzt.

KH: Kurzhantel

LH: Langhantel

Pause: Die Zeit, wie lange eine Pause zwischen den Sätzen dauern sollte in Minuten

ROM: Bewegungsradius (Range of Motion)

Kadenz: Die Geschwindigkeit, mit der die jeweilige Übung ausgeführt werden soll. Ein Beispiel für die Kadenz wäre 5:2:1:3. Dies würde in der Praxis bedeuten, dass die exzentrische Bewegung 5 Sekunden dauern soll, das Gewicht 2 Sekunden am Ende der Bewegung gehalten werden soll, die konzentrische Bewegung 1 Sekunde dauern soll und Gewicht am Ende der Bewegung 3 Sekunden gehalten werden soll. Typischerweise empfehle ich die 4-Sekunden-Regel, welche einem Tempo von 2:1:1:0 entspricht.

Progressive Überladung: Das stetige Erhöhen des Stressniveaus auf den Körper während des Trainings (immer mehr und mehr Gewicht bewegen; stärker werden).

RPE: Subjektives Empfinden der Belastungsrate (Rate of Perceived Exertion)
(siehe Seite 71)

Die Übungen: Genaue Bilder und Beschreibungen zu den einzelnen Übungen findest du im Übungs-Katalog am Ende des Buches.

FAQs zum Rücken Hypertrophie-Programm

1. Warum gibt es hier keinen eigenen Rückentag?

Der Rücken gehört zu den Muskelgruppen, die in der Regel annähernd genug Aufmerksamkeit bekommen, nur noch nicht in der korrekten Intensität, mit einem guten Volumen und einer geeigneten Frequenz - besonders hinsichtlich der wirklich guten Übungen. Wenn wir uns einen Tag nur auf den Rücken fokussieren, würde dies mit so viel Volumen verbunden sein, dass sich die Muskeln kaum in der notwenigen Zeit erholen könnten und es würde stark die notwendige Frequenz leiden - welche ebenso entscheidend ist. Studien haben außerdem gezeigt, dass ein Rückentraining ideale Resultate erzielt, wenn wir ihn um die zwei Mal in der Woche trainieren. [1]

2. Wird in diesem Workout-Programm nur noch der Rücken trainiert?

Selbstverständlich nicht. Ich stelle dir mehrere mögliche Trainingspläne vor, bei denen für einen Zeitraum von 10 Wochen besonderer Fokus auf die Ausbildung des gesamten Rückens gelegt wird. Ich empfehle hier, generell zu einem Oberkörper- / Unterkörper-Split zu greifen, doch ich werde dir auch gleich Alternativen für das GK-Training vorstellen.

3. Ich habe noch Muskelkater vom Training zuvor - sollte ich trotzdem ins Training?

Mit Muskelkater erneut ins Training zu gehen, ist an sich kein Problem, solange man dadurch nicht die Gefahr für ein fahrlässiges Training und eine somit mögliche Verletzung riskiert. Sollte es dir schwerfallen, die Gewicht sauber zu bewegen und einen vollen und kontrollierten Bewegungsablauf der jeweiligen Übungen zu gewährleisten, dann beende das Training lieber und komme am nächsten Tag wieder. Ansonsten investiere mehr Zeit für das Warm-up und bereite dich so für das anstehende Workout besser vor. Solltest du nach 4 - 6 Wochen immer noch immer wieder stark vom Muskelkater betroffen sein, dann erhöhe deine tägliche Kalorienzufuhr und arbeite an deinem Schlaf. Der ideale Zustand ist stets die Abwesenheit von heftigem Muskelkater!

4. Sollte ich überhaupt noch Kreuzheben in meinem Training haben?

Nein, für diesen Zeitraum empfehle ich dir, das Kreuzheben aus dem Programm zu streichen und dich für die folgenden Wochen vermehrt auf die Rack Pulls zu konzentrieren. Diese treffen besser den gesamten Rücken, weshalb sie hier bevorzugt werden. Danach kannst und solltest du das Kreuzheben auch wieder in deinen Plan integrieren.

5. Ich kann keine Klimmzüge mit eigenem Körpergewicht - Was soll ich tun?

In vielen Fitnessstudios gibt es Maschinen, die das eigene Gewicht unterstützen und an denen man sich so Stück für Stück zum eigenen Gewicht hocharbeiten kann. Solltest du eigenständig keine 4-6 Klimmzüge schaffen, dann beginne mit dieser Variante. Allerdings kommen die Klimmzüge erst gegen Ende des Programmes zum Einsatz, so dass du sicherlich dann schon den einen oder anderen Klimmzug schaffen wirst.

6. Warum gibt es nur diese Übungen, sind andere nicht vielleicht besser?

Die Übungen in diesem Programm bringen die höchste Form der Aktivierung der einzelnen Muskelfasern mit sich und sind deshalb fester Bestandteil. Mehr Variation braucht es nicht für den Muskelaufbau, vielmehr benötigen wir eine progressive Steigerung und ein Erhöhen des Volumens. Wir müssen besser werden, und nicht stets nach neuen und ausgefallenen Übungen suchen. Diese Übungen sind das Resultat meiner letzten 5 Jahre des Trainings und sind nicht nur extrem effektiv, sondern auch leicht zu erlernen und gut von Woche zu Woche umsetzbar.

7. Wie viel Gewicht soll ich nehmen?

Das Arbeitsgewicht richtet sich nach der Wiederholungszahl und deiner eigenen aktuellen Kraftkapazität. Je weniger Wiederholungen auf dem Programm stehen, desto mehr Gewicht lädst du logischerweise auf und umgekehrt. Am Ende solltest du immer gerade so die angestrebte Wiederholungs- und Satzzahl erreichen und so viel Gewicht nehmen, dass es immer eine wirkliche Herausforderung für dich ist. Leider ist dies die einzig wirklich gute Erklärung, die ich dir mit auf den Weg geben kann.

Je länger du dabei bist, desto besser wirst du deine Gewichte kennen und dich intuitiv besser einordnen. In der Praxis solltest du so trainieren, dass eventuell noch eine Wiederholung möglich gewesen wäre oder es ein klein wenig mehr Gewicht hätte sein können. Das ist eine gute Grenze und entspricht ungefähr einem RPE von 8.5 bis 9. Ist der Wert höher angegeben, dann trainiere so hart, dass du quasi bis zum Muskelversagen trainierst und dementsprechend viel oder wenig Gewicht auflädst.

8. Wie steigere ich mit dem Programm und in Zukunft?

Progression ist und bleibt das A und O, das sollte bis hierhin klar sein und die folgenden Wochen und Monate sind natürlich keine Ausnahme. Zum einen hast du deinen Basis-Trainingsplan. Hier wendest du die doppelte Progression an, so wie ich es auf Seite 92 beschrieben habe. Hierfür ist eine stetige Dokumentation deines Trainings notwenig und ohne wirst du wenig bis kaum Erfolg haben. Selbiges gilt auch für die nun folgenden Elite Trainings. Auch hier ist eine doppelte Progression und eine stetige Dokumentation notwendig, nur dass hier von Woche zu Woche nochmals mehr Volumen dazu kommt. Man könnte es quasi schon eine dreifache Progression nennen, die aber ebenso funktioniert wie die doppelte Progression. Dokumentiere deine Workouts, versuch dich zu steigern und deine Leistung hochzuhalten. Falls dann ein Satz oder eine Übung noch hinzukommt, dann trainierst du mit demselben Gewicht in derselben Intensität weiter und versucht lediglich eine, Schippe draufzupacken. Wenn du erst einmal im Programm bist und trainierst, wirst du verstehen was ich meine.

9. Kann ich Zughilfen für die Rack Pulls verwenden?

Ja - das mache ich auch.

Die Rücken-Anatomie

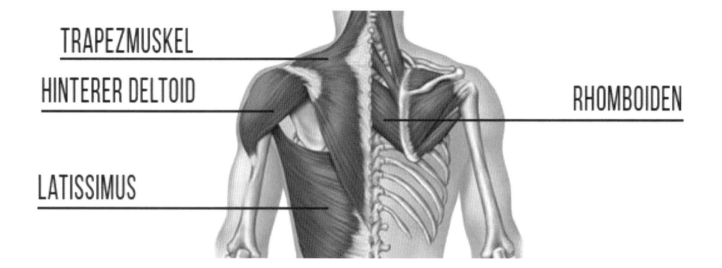

Rückenmuskulatur im Überblick:

Trapezmuskel: Bewegung der Arme, der Schulterblätter und des Kopfes

Rhomboiden: hält das Schulterblatt am Rücken

Latissimus: Stabilität, Heranziehen der Arme

Hinterer Deltoid: Abduktion des Armes

Anatomie und Funktion:

Während die gesamte Rückenmuskulatur natürlich wesentlich komplexer ist, fokussieren wir uns hier hauptsächlich auf den Latissimus, den Trapezmuskel, die Rhomboiden, die hinteren Schultern und auf den Rückenstrecker. Richtig den Rücken zu trainieren, bedeutet genau diese Muskeln auszubilden und wachsen zu lassen. Das Ziel sollte dabei wie folgt sein:

1. Ein großer, jedoch nicht übertrainierter Trapezmuskel für einen massiven oberen Rücken.
2. Dicke Rhomboiden, die dem Rücken die sogenannte "Tiefe" verleihen und schön Kontur in das Spiel bringt.
3. Ein weiter Latissimus, da dieser uns die allseits beliebte V-Form verleiht und wir dadurch sehr ästhetisch aussehen.
4. Und zuletzt eine starke hintere Schulter, die für wahnsinnige Abtrennungen zwischen Schulter und Rücken sorgt und insgesamt sehr faszinierend aussieht.

Den optisch größten Unterschied macht dabei wohl der Latissimus, der uns in Kombination mit guten hinteren Schultern den sogenannten V-Taper-Look verleiht, sprich die V-Form eines athletischen Bodybuilders. Der Lat hat dabei zwei Hauptfunktionen für unseren Körper. Zum einen, den Arm zu adduzieren (den Arm näher an den Körper heranzuführen, wenn er zur Seite gehoben ist; senken) und das Zurückziehen des Armes, aber auch die Innenrotation. Um den Latissimus am effektivsten zu aktivieren, sollten wir Übungen trainieren, die die Schulteradduktion ausführen (wie das Lat-Ziehen), und Übungen, die die Schulterverlängerung trainieren (wie Langhantelrudern).

Während der Latissimus zur Rückenbreite beiträgt, sorgt der Trapezmuskel für die nötige "Rückendicke". Die oberen Trapezmuskeln dienen hauptsächlich dazu, das Schulterblatt zu heben (wie bei einem Achselzucken), während die mittleren und unteren Trapezmuskeln hauptsächlich das Schulterblatt einziehen (wie beim Rudern).

Die Rhomboiden unterteilen sich dabei ebenfalls nochmals (major und minor). Beide haben aber die gleiche primäre Funktion, nämlich das Zurückziehen des Schulterblattes, und werden zum größten Teil mit den gleichen Ruderübungen beansprucht wie für die mittleren Trapezmuskeln.

Faserart der Rückenmuskulatur:

Die Forschung deutet darauf hin, dass die Trapezmuskeln und der Latissimus hauptsächlich aus Typ-2-Muskelfasern bzw. den schnell zuckenden Fasern bestehen. [2] Das bedeutet für uns, dass wir den Rücken mit einer Vielzahl von unterschiedlichen Wiederholungsbereichen trainieren sollten mit hohen Wiederholungen, aber besonders vermehrt schweren "Hauptbewegung", um alle Fasern vollständig zu aktivieren.

Mögliche Splits

Je nach Trainingsfortschritt und Trainingsphilosphie lässt sich das Rücken-Hypertrophie-Programm wunderbar sowohl in ein Ganzkörpertraining implementieren, als auch in einen Oberkörper- / Unterkörper-Split. Dies beutetet für dich, du kannst dein favorisiertes Training aus dem Basis-Trainingsplan fortführen und trotzdem bzw. vor allem dessen einen besonderen Fokus auf den Rücken legen.

Tendenziell empfehle ich hierbei eher einen OK-/UK-Split, aber ein GK ist auch hier sehr gut möglich. Wer bisher erst zwischen 6 bis 12 Monaten regelmäßig im Fitnessstudio "gutes" Krafttraining macht, dem rate ich zum GK - alles darüber hinaus kann im Ok-/Uk-Split trainieren.

In der Praxis kann das Ganze wie folgt ausschauen:

1) **Ganzkörpertraining 3x in der Woche:**

Tag 1: Ganzkörpertraining + **Rücken Tag A**

Tag 2: Pause

Tag 3: Ganzkörpertraining + **Rücken Tag C** *(erst die letzten Wochen im Programm - ansonsten hier vermehrt auf Drückübungen konzentrieren)*

Tag 4: Pause

Tag 5: Ganzkörpertraining + **Rücken Tag B**

Tag 6: Pause

Tag 7: Pause

2) Ganzkörpertraining jeden zweiten Tag

Tag 1: Ganzkörpertraining + **Rücken Tag A (Woche 1)**

Tag 2: Pause

Tag 3: Ganzkörpertraining

Tag 4: Pause

Tag 5: Ganzkörpertraining + **Rücken Tag B (Woche 1)**

Tag 6: Pause

Tag 7: Ganzkörpertraining

Tag 8: Pause

Tag 9: Ganzkörpertraining + **Rücken Tag A (Woche 2)**

Tag 10: Pause

Tag 11: Ganzkörpertraining

Tag 12: Pause

Tag 13: Ganzkörpertraining + **Rücken Tag B (Woche 2)**

Tag 14: Pause

Tag 15: Ganzkörpertraining

...

*das Rücken-Hypertrophie-Programm ist auf 2 feste Tage in der Woche ausgelegt bzw. die letzten Wochen auf 3 Tage. Wer jeden 2. Tag ein GK verfolgt, muss etwas flexibler sein, und es wird nicht jedes Training der Fokus auf den Rücken gelegt, sondern wir fokussieren uns auf zusätzliche Arbeit an jedem zweiten Trainingstag und trainieren den Rücken aber nicht an den anderen Trainingstagen. Hier kannst du zum Beispiel vermehrt Arbeit für die Brust, Schultern und Arme verrichten.

An den "rückenfreien" Tagen solltest du Übungen wie Bankdrücken, Schulterdrücken und etwas mehr Beine trainieren, während du an Rückentagen eher nur 1 - 2 Brustübungen pro Workout haben solltest, damit das Gesamtvolumen nicht zu hoch wird.

Wichtig:

Ab Woche 9 kommt ein dritter Tag für den Rücken dazu (Rücken Tag C). Dieser ist wichtig, um das Gesamtvolumen pro Woche nochmals zu erhöhen, ohne das Gesamtvolumen pro einzelner Trainingseinheit überzustrapazieren. Ab Woche 9 liegt also der Fokus jeden Trainings zum Teil auf dem Rücken. Passe deinen Trainingsplan an diesen Tagen gegebenenfalls an, sodass du nicht nur Ziehübungen absolvierst.

3) Oberkörper-/Unterkörper-Split:

Tag 1: Oberkörper (**inkl. Rücken Tag A**)

Tag 2: Unterkörper

Tag 3: Pause

Tag 4: Oberkörper (**inkl. Rücken Tag B**)

Tag 5: Unterkörper

Tag 6: Pause (**ab Woche 9: Rücken Tag C** - Erklärung siehe vorherige Seite)

Tag 7: Pause

Ich persönliche empfehle dir den Split #3 für optimale Resultate. Besonders Dank des möglichen Fokus und einer klar strukturierten Woche. Dennoch sei auch hier nochmals erwähnt, dass ein GK-Training ebenso gut funktionieren kann und wird, solange es smart ausgearbeitet ist. *__Es ist und bleibt eine Frage der Vorlieben und der Aufteilung.__*

Dies sind jedoch bei Weitem nicht die einzigen Split-Möglichkeiten, ganz im Gegenteil. Deiner Fantasie ist hier keinerlei Grenzen gesetzt und solange du dich an meinen ausführlichen Theorieteil hältst und alles dementsprechend umsetzt, wird auch alles gut werden. Die vorherigen drei Splits sind lediglich meine Empfehlungen - was du daraus machst, ist dir überlassen.

Hinweis:

Vermeide es für den Verlauf des Programmes, bei Drück- bzw. Brustübungen außerhalb der Rückenübungen bis zum Muskelversagen zu trainieren.

(RPE 8.5 ist empfehlenswert)

Warm-up

Vor dem Training:
- 5-10 Minuten auf dem Laufband einlaufen, Körpertemperatur erwärmen
- Dynamisches Dehnen und Schwingen der Arme für 15-20 Wiederholungen

Vor der ersten Übung für eine Muskelgruppe:
- Arbeite dich in 2 bis 4 Sätzen mit dem Gewicht nach oben, starte leicht
- Diese Warm-ps sind nur für schwere Übungen notwendig und nur zu Beginn

Ich würde sagen ... los geht's!

:)

DAS PROGRAMM — WOCHE #1

Woche 1: Tag A

Übung	Sätze	Wdh.	RPE	Kadenz	Pause	Kg.	1	2	3	4	5	6	Hinweise
Rack Pulls	3	6-8	7.5	2:1:1:1	2,5								Im Squat-Rack trainieren, Stange leicht unterhalb des Knies, evtl. Zughilfen nutzen
LH Rudern Untergriff	3	6-8	8.5	2:1:1:1	2,5								Schulterbreit greifen, Spannung im gesamten Körper halten, Stange soll Brust berühren
T-Bar Rudern	2	8-10	8.5	2:1:1:1	2,0								Obergriff, Arme voll ausstrecken am Ende der Bewegung

Volumen Total: 68 Wdh.

*Hinweis:

Trage beim Reiter "Kg." dein verwendetes Gewicht ein und bei den folgenden Ziffern deine erreichten Wiederholungszahlen. Diese dienen als Vorlage für deine nächsten Workouts und für die kommenden Wochen.

DAS PROGRAMM WOCHE #1

Woche 1: Tag B

Übung	Sätze	Wdh.	RPE	Kadenz	Pause	Kg.	1	2	3	4	5	6	Hinweise
Breites Latziehen	2	8-10	8.5	2:1:1:1	2,5								Obergriff, etwas mehr als schulterbreit greifen, bis zur Brust ziehen
LH Rudern Obergriff	2	10-12	8.5	2:1:1:1	2,0								Oberkörper parallel zum Boden, etwas mehr als schulterbreit greifen, bis zur Brust ziehen
Enges Rudern am Turm	2	12-15	9	2:1:1:1	2,0								Schulterblätter zusammenziehen bei jeder Wdh., Lat voll ausstrecken am Ende der ROM

Volumen Total: 74 Wdh.

Volumen / Woche: 142 Wdh.

* Führe unbedingt Tagebuch über deine erbrachten Leistungen, sodass du dich im Laufe des Programmes steigern und verbessern kannst. Mehr Leistung von Woche zu Woche = progressive Überladung = maximaler Muskelaufbau.

DAS PROGRAMM — WOCHE #2

Woche 2: Tag A

Übung	Sätze	Wdh.	RPE	Kadenz	Pause	Kg.	1	2	3	4	5	6	Hinweise
Rack Pulls	4	6-8	7.5	2:1:1:1	2,5								Im Squat-Rack trainieren, Stange leicht unterhalb des Knies, evtl. Zughilfen nutzen
LH Rudern Untergriff	3	6-8	8.5	2:1:1:1	2,5								Schulterbreit greifen, Spannung im gesamten Körper halten, Stange soll Brust berühren
T-Bar Rudern	2	8-10	8.5	2:1:1:1	2,0								Obergriff, Arme voll ausstrecken am Ende der Bewegung

Volumen Total: 76 Wdh.

Notizen zum Workout:

DAS PROGRAMM — WOCHE #2

Woche 2: Tag B

Übung	Sätze	Wdh.	RPE	Kadenz	Pause	Kg.	1	2	3	4	5	6	Hinweise
Breites Latziehen	3	8-10	8.5	2:1:1:1	2,5								Obergriff, etwas mehr als schulterbreit greifen, bis zur Brust ziehen
LH Rudern Obergriff	2	10-12	8.5	2:1:1:1	2,0								Oberkörper parallel zum Boden, etwas mehr als schulterbreit greifen, bis zur Brust ziehen
Enges Rudern am Turm	2	12-15	9	2:1:1:1	2,0								Schulterblätter zusammenziehen bei jeder Wdh., Lat voll ausstrecken am Ende der ROM

Volumen Total: 84 Wdh.

Volumen / Woche: 160 Wdh.

Notizen zum Workout:

DAS PROGRAMM — WOCHE #3

Woche 3: Tag A

Übung	Sätze	Wdh.	RPE	Kadenz	Pause	Kg.	1	2	3	4	5	6	Hinweise
Rack Pulls	4	6-8	7.5	2:1:1:1	2,5								Im Squat-Rack trainieren, Stange leicht unterhalb des Knies, evtl. Zughilfen nutzen
LH Rudern Untergriff	3	6-8	8.5	2:1:1:1	2,5								Schulterbreit greifen, Spannung im gesamten Körper halten, Stange soll Brust berühren
T-Bar Rudern	3	8-10	8.5	2:1:1:1	2,0								Obergriff, Arme voll ausstrecken am Ende der Bewegung

Volumen Total: 86 Wdh.

Notizen zum Workout:

DAS PROGRAMM WOCHE #3

Woche 3: Tag B

Übung	Sätze	Wdh.	RPE	Kadenz	Pause	Kg.	1	2	3	4	5	6	Hinweise
Breites Latziehen	3	8-10	8.5	2:1:1:1	2,5								Obergriff, etwas mehr als schulterbreit greifen, bis zur Brust ziehen
LH Rudern Obergriff	2	10-12	8.5	2:1:1:1	2,0								Oberkörper parallel zum Boden, etwas mehr als schulterbreit greifen, bis zur Brust ziehen
Enges Rudern am Turm	2	12-15	9	2:1:1:1	2,0								Schulterblätter zusammenziehen bei jeder Wdh., Lat voll ausstrecken am Ende der ROM

Volumen Total: 84 Wdh.

Volumen / Woche: 170 Wdh.

Notizen zum Workout:

DAS PROGRAMM — WOCHE #4

Woche 4: Tag A

Übung	Sätze	Wdh.	RPE	Kadenz	Pause	Kg.	1	2	3	4	5	6	Hinweise
Rack Pulls	4	6-8	7.5	2:1:1:1	2,5								Im Squat-Rack trainieren, Stange leicht unterhalb des Knies, evtl. Zughilfen nutzen
LH Rudern Untergriff	4	6-8	8.5	2:1:1:1	2,5								Schulterbreit greifen, Spannung im gesamten Körper halten, Stange soll Brust berühren
T-Bar Rudern	3	8-10	8.5	2:1:1:1	2,0								Obergriff, Arme voll ausstrecken am Ende der Bewegung

Volumen Total: 94 Wdh.

Notizen zum Workout:

DAS PROGRAMM — WOCHE #4

Woche 4: Tag B

Übung	Sätze	Wdh.	RPE	Kadenz	Pause	Kg.	1	2	3	4	5	6	Hinweise
Breites Latziehen	4	8-10	8.5	2:1:1:1	2,5								Obergriff, etwas mehr als schulterbreit greifen, bis zur Brust ziehen
LH Rudern Obergriff	2	10-12	8.5	2:1:1:1	2,0								Oberkörper parallel zum Boden, etwas mehr als schulterbreit greifen, bis zur Brust ziehen
Enges Rudern am Turm	2	12-15	9	2:1:1:1	2,0								Schulterblätter zusammenziehen bei jeder Wdh., Lat voll ausstrecken am Ende der ROM

Volumen Total: 94 Wdh.

Volumen / Woche: 188 Wdh.

Notizen zum Workout:

DAS PROGRAMM — WOCHE #5

Woche 5: Tag A

Übung	Sätze	Wdh.	RPE	Kadenz	Pause	Kg.	1	2	3	4	5	6	Hinweise
Rack Pulls	5	6-8	7.5	2:1:1:1	2,5								Im Squat-Rack trainieren, Stange leicht unterhalb des Knies, evtl. Zughilfen nutzen
LH Rudern Untergriff	4	6-8	8.5	2:1:1:1	2,5								Schulterbreit greifen, Spannung im gesamten Körper halten, Stange soll Brust berühren
T-Bar Rudern	3	8-10	8.5	2:1:1:1	2,0								Obergriff, Arme voll ausstrecken am Ende der Bewegung

Volumen Total: 102 Wdh.

Notizen zum Workout:

DAS PROGRAMM — WOCHE #5

Woche 5: Tag B

Übung	Sätze	Wdh.	RPE	Kadenz	Pause	Kg.	1	2	3	4	5	6	Hinweise
Breites Latziehen	4	8-10	8.5	2:1:1:1	2,5								Obergriff, etwas mehr als schulterbreit greifen, bis zur Brust ziehen
LH Rudern Obergriff	3	10-12	8.5	2:1:1:1	2,0								Oberkörper parallel zum Boden, etwas mehr als schulterbreit greifen, bis zur Brust ziehen
Enges Rudern am Turm	2	12-15	9	2:1:1:1	2,0								Schulterblätter zusammenziehen bei jeder Wdh., Lat voll ausstrecken am Ende der ROM

Volumen Total: 106 Wdh.

Volumen / Woche: 208 Wdh.

Notizen zum Workout:

DAS PROGRAMM — WOCHE #6

Woche 6: Tag A

Übung	Sätze	Wdh.	RPE	Kadenz	Pause	Kg.	1	2	3	4	5	6	Hinweise
Rack Pulls	5	6-8	7.5	2:1:1:1	2,5								Im Squat-Rack trainieren, Stange leicht unterhalb des Knies, evtl. Zughilfen nutzen
LH Rudern Untergriff	4	6-8	8.5	2:1:1:1	2,5								Schulterbreit greifen, Spannung im gesamten Körper halten, Stange soll Brust berühren
T-Bar Rudern	4	8-10	8.5	2:1:1:1	2,0								Obergriff, Arme voll ausstrecken am Ende der Bewegung

Volumen Total: 112 Wdh.

Notizen zum Workout:

DAS PROGRAMM — WOCHE #6

Woche 6: Tag B

Übung	Sätze	Wdh.	RPE	Kadenz	Pause	Kg.	1	2	3	4	5	6	Hinweise
Breites Latziehen	4	8-10	8.5	2:1:1:1	2,5								Obergriff, etwas mehr als schulterbreit greifen, bis zur Brust ziehen
LH Rudern Obergriff	3	10-12	8.5	2:1:1:1	2,0								Oberkörper parallel zum Boden, etwas mehr als schulterbreit greifen, bis zur Brust ziehen
Enges Rudern am Turm	2	12-15	9	2:1:1:1	2,0								Schulterblätter zusammenziehen bei jeder Wdh., Lat voll ausstrecken am Ende der ROM

Volumen Total: 106 Wdh.

Volumen / Woche: 218 Wdh.

Notizen zum Workout:

DAS PROGRAMM WOCHE #7

Woche 7: Tag A

Übung	Sätze	Wdh.	RPE	Kadenz	Pause	Kg.	1	2	3	4	5	6	Hinweise
Rack Pulls	5	6-8	7.5	2:1:1:1	2,5								Im Squat-Rack trainieren, Stange leicht unterhalb des Knies, evtl. Zughilfen nutzen
LH Rudern Untergriff	4	6-8	8.5	2:1:1:1	2,5								Schulterbreit greifen, Spannung im gesamten Körper halten, Stange soll Brust berühren
T-Bar Rudern	3	8-10	8.5	2:1:1:1	2,0								Obergriff, Arme voll ausstrecken am Ende der Bewegung
Facepulls	2	10-12	9	2:1:1:1	12,0								Schulterblätter zusammenziehen und zusammen lassen während der gesamten ROM

Volumen Total: 126 Wdh.

Notizen zum Workout:

DAS PROGRAMM — WOCHE #7

Woche 7: Tag B

Übung	Sätze	Wdh.	RPE	Kadenz	Pause	Kg.	1	2	3	4	5	6	Hinweise
Breites Latziehen	4	8-10	8.5	2:1:1:1	2,5								Obergriff, etwas mehr als schulterbreit greifen, bis zur Brust ziehen
LH Rudern Obergriff	3	10-12	8.5	2:1:1:1	2,0								Oberkörper parallel zum Boden, etwas mehr als schulterbreit greifen, bis zur Brust ziehen
Enges Rudern am Turm	2	12-15	9	2:1:1:1	2,0								Schulterblätter zusammenziehen bei jeder Wdh., Lat voll ausstrecken am Ende der ROM

Volumen Total: 106 Wdh.

Volumen / Woche: 232 Wdh.

Notizen zum Workout:

DAS PROGRAMM WOCHE #8

Woche 8: Tag A

Übung	Sätze	Wdh.	RPE	Kadenz	Pause	Kg.	1	2	3	4	5	6	Hinweise
Rack Pulls	5	6-8	7.5	2:1:1:1	2,5								Im Squat-Rack trainieren, Stange leicht unterhalb des Knies, evtl. Zughilfen nutzen
LH Rudern Untergriff	4	6-8	8.5	2:1:1:1	2,5								Schulterbreit greifen, Spannung im gesamten Körper halten, Stange soll Brust berühren
T-Bar Rudern	4	8-10	8.5	2:1:1:1	2,0								Obergriff, Arme voll ausstrecken am Ende der Bewegung
Facepulls	2	10-12	9	2:1:1:1	12,0								Schulterblätter zusammenziehen und zusammen lassen während der gesamten ROM

Volumen Total: 136 Wdh.

Notizen zum Workout:

DAS PROGRAMM — WOCHE #8

Woche 8: Tag B

Übung	Sätze	Wdh.	RPE	Kadenz	Pause	Kg.	1	2	3	4	5	6	Hinweise
Breites Latziehen	4	8-10	8.5	2:1:1:1	2,5								Obergriff, etwas mehr als schulterbreit greifen, bis zur Brust ziehen
LH Rudern Obergriff	3	10-12	8.5	2:1:1:1	2,0								Oberkörper parallel zum Boden, etwas mehr als schulterbreit greifen, bis zur Brust ziehen
Enges Rudern am Turm	3	12-15	9	2:1:1:1	2,0								Schulterblätter zusammenziehen bei jeder Wdh., Lat voll ausstrecken am Ende der ROM

Volumen Total: 121 Wdh.

Volumen / Woche: 257 Wdh.

Notizen zum Workout:

DAS PROGRAMM — WOCHE #9

Woche 9: Tag A

Übung	Sätze	Wdh.	RPE	Kadenz	Pause	Kg.	1	2	3	4	5	6	Hinweise
Rack Pulls	5	6-8	7.5	2:1:1:1	2,5								Im Squat-Rack trainieren, Stange leicht unterhalb des Knies, evtl. Zughilfen nutzen
LH Rudern Untergriff	4	6-8	8.5	2:1:1:1	2,5								Schulterbreit greifen, Spannung im gesamten Körper halten, Stange soll Brust berühren
T-Bar Rudern	4	8-10	8.5	2:1:1:1	2,0								Obergriff, Arme voll ausstrecken am Ende der Bewegung
Facepulls	2	10-12	9	2:1:1:1	12,0								Schulterblätter zusammen-ziehen und zusammen lassen während der gesamten ROM

Volumen Total: 136 Wdh.

Notizen zum Workout:

DAS PROGRAMM — WOCHE #9

Woche 9: Tag B

Übung	Sätze	Wdh.	RPE	Kadenz	Pause	Kg.	1	2	3	4	5	6	Hinweise
Breites Latziehen	4	8-10	8.5	2:1:1:1	2,5								Obergriff, etwas mehr als schulterbreit greifen, bis zur Brust ziehen
LH Rudern Obergriff	3	10-12	8.5	2:1:1:1	2,0								Oberkörper parallel zum Boden, etwas mehr als schulterbreit greifen, bis zur Brust ziehen
Enges Rudern am Turm	3	12-15	9	2:1:1:1	2,0								Schulterblätter zusammenziehen bei jeder Wdh., Lat voll ausstrecken am Ende der ROM

Volumen Total: 121 Wdh.

Woche 9: Tag C

Übung	Sätze	Wdh.	RPE	Kadenz	Pause	Kg.	1	2	3	4	5	6	Hinweise
Klimmzüge	2	6-8	8.5	2:1:1:1	2,5								Obergriff, etwas mehr als schulterbreit greifen, eventuell mit Zusatzgewicht
Überzüge	2	12-15	8.5	2:1:1:1	2,0								Viel Spannung halten, Fokus auf Latissimus legen

Volumen Total: 46 Wdh.

Volumen / Woche: 303 Wdh.

DAS PROGRAMM — WOCHE #10

Woche 10: Tag A

Übung	Sätze	Wdh.	RPE	Kadenz	Pause	Kg.	1	2	3	4	5	6	Hinweise
Rack Pulls	5	6-8	7.5	2:1:1:1	2,5								Im Squat-Rack trainieren, Stange leicht unterhalb des Knies, evtl. Zughilfen nutzen
LH Rudern Untergriff	4	6-8	8.5	2:1:1:1	2,5								Schulterbreit greifen, Spannung im gesamten Körper halten, Stange soll Brust berühren
T-Bar Rudern	4	8-10	8.5	2:1:1:1	2,0								Obergriff, Arme voll ausstrecken am Ende der Bewegung
Facepulls	2	10-12	9	2:1:1:1	12,0								Schulterblätter zusammenziehen und zusammen lassen während der gesamten ROM

Volumen Total: 136 Wdh.

Notizen zum Workout:

DAS PROGRAMM — WOCHE #10

Woche 10: Tag B

Übung	Sätze	Wdh.	RPE	Kadenz	Pause	Kg.	1	2	3	4	5	6	Hinweise
Breites Latziehen	5	8-10	8.5	2:1:1:1	2,5								Obergriff, etwas mehr als schulterbreit greifen, bis zur Brust ziehen
LH Rudern Obergriff	3	10-12	8.5	2:1:1:1	2,0								Oberkörper parallel zum Boden, etwas mehr als schulterbreit greifen, bis zur Brust ziehen
Enges Rudern am Turm	3	12-15	9	2:1:1:1	2,0								Schulterblätter zusammenziehen bei jeder Wdh., Lat voll ausstrecken am Ende der ROM

Volumen Total: 131 Wdh.

Woche 10: Tag C

Übung	Sätze	Wdh.	RPE	Kadenz	Pause	Kg.	1	2	3	4	5	6	Hinweise
Klimmzüge	2	6-8	8.5	2:1:1:1	2,5								Obergriff, etwas mehr als schulterbreit greifen, eventuell mit Zusatzgewicht
Überzüge	2	12-15	8.5	2:1:1:1	2,0								Viel Spannung halten, Fokus auf Latissimus legen

Volumen Total: 46 Wdh.

Volumen / Woche: 313 Wdh.

Geschafft - Was kommt jetzt?

Zunächst Glückwunsch! Du hast das erste Elite-Training absolviert und ich bin mir sicher, dass es am Ende ziemlich hart für dich geworden ist, aber deswegen sind wir ja hier. Keine Veränderung ... ohne Veränderung. Richtig? Vielleicht fragst du dich, warum wir hier am Ende beim Volumen eher um die 300 Wiederholungen angelangt sind und nicht bei den vorher beschriebenen 200 Wiederholungen?

Der Grund dafür lautet, dass wir nicht mit jeder Übung jeden Rückenmuskel gleich gut aktivieren und bei manchen Übungen zwar viel Last und Volumen beispielsweise auf dem Latissimus haben, aber so gut wie keine auf der Trapezmuskulatur - und umgekehrt. Das ist zum Beispiel der Fall beim Latziehen und beim Rudern im Obergriff. Das nur kurz zur Aufklärung ... aber wie geht es jetzt weiter?

Zunächst empfehle ich dir eine kleine Deload-Phase. Diese kann eine Woche dauern oder aber auch nur ein bis zwei Workouts, dennoch solltest du deinem Körper jetzt eine kleine bzw. größere Pause gönnen.

Nach dieser Pause geht es dann mit dem nächsten Elite Training weiter - und zwar mit dem für die Brust. Das bedeutet, du schraubst das Volumen für die Rückenübungen wieder herunter und orientierst dich an deinem Basis-Trainingsplan, eventuell mit 10 bis 20 Wiederholungen mehr Volumen als noch vor dem Rücken-Hypertrophie-Programm. Halte die Gewichte oben, trainiere weiterhin fleißig und arbeite dich mithilfe der doppelten Progression nach oben - am Grundprinzip hat sich nichts geändert, nur dass du jetzt das Volumen erstmal wieder senken wirst.

Ansonsten bleibt mir nichts anderes übrig, als dir zu sagen, dass du so weiter machen sollst. Sei fleißig, häng dich rein - und die Resultate werden kommen.

On to the next ...!

PS: Dieses Prinzip gilt im Grund nach jedem der einzelnen Elite-Training-Workouts. Lege immer eine kleine Pause danach ein, gönn dir eine kleine Deload-Phase und dann geht es mit voller Kraft in die nächste Etappe. Bis zur Unendlichkeit ... und noch viel, viel weiter (so oder ähnlich ... nicht wahr?).

Sekunde um Sekunde verlierst Du die Chance, die Person zu sein, die Du schon immer sein wolltest. Nimm Dein Leben jetzt in die Hand.

- Greg Plitt

Brust Overload

12 Wochen Brust-Hypertrophie

FAQs zum Brust-Hypertrophie-Programm

1. Warum gibt es hier keinen eigenen Brusttag?

Die Brust gehört zu den Muskelgruppen, die in der Regel annähernd genügend Aufmerksamkeit bekommen, nur noch nicht in der korrekten Intensität, mit einem guten und progressiven Volumen und einer geeigneten Frequenz - besonders hinsichtlich der wirklich guten Übungen. Wenn wir uns einen Tag nur auf die Brust fokussieren würden, würde dies mit so viel Volumen verbunden sein, dass sich die Muskeln kaum in der notwenigen Zeit erholen könnten, und es würde stark die notwendige Frequenz leiden - welche ebenso entscheidend ist.. Studien haben außerdem gezeigt, dass ein Brusttraining ideale Resultate erzielt, wenn wir sie um die zwei Mal in der Woche trainieren. [1]

2. Wird in diesem Workout-Programm nur noch die Brust trainiert?

Selbstverständlich nicht. Ich stelle dir mehrere mögliche Trainingspläne vor, bei dem für einen Zeitraum von 12 Wochen besonderer Fokus auf Ausbildung der gesamten Brust gelegt wird. Ich empfehle hier generell zu einem Oberkörper- / Unterkörper-Split zu greifen, doch ich werde dir auch gleich Alternativen für das GK-Training vorstellen.

3. Ich habe noch Muskelkater vom Training zuvor - sollte ich trotzdem ins Training?

Mit Muskelkater erneut ins Training zu gehen, ist an sich kein Problem, solange man dadurch nicht die Gefahr für ein fahrlässiges Training und eine somit mögliche Verletzung riskiert. Sollte es dir schwerfallen, die Gewicht sauber zu bewegen und einen vollen und kontrollierten Bewegungsablauf der jeweiligen Übungen zu gewährleisten, dann beende das Training lieber und komme am nächsten Tag wieder. Ansonsten investiere mehr Zeit für das Warm-up und bereite dich so für das anstehende Workout besser vor. Solltest du nach 4 - 6 Wochen immer noch immer wieder stark vom Muskelkater betroffen sein, dann erhöhe deine tägliche Kalorienzufuhr und arbeite an deinem Schlaf. Der ideale Zustand ist stets die Abwesenheit von heftigem Muskelkater!

4. Warum gibt es nur diese Übungen, sind andere nicht vielleicht besser?

Die Übungen in diesem Programm bringen die höchste Form der Aktivierung der einzelnen Muskelfasern mit sich und sind deshalb fester Bestandteil. Mehr Variation braucht es nicht für den Muskelaufbau, vielmehr benötigen wir eine progressive Steigerung und das Erhöhen des Volumens. Wir müssen besser werden, und nicht stets nach neuen und ausgefallenen Übungen suchen. Diese Übungen sind das Resultat meiner letzten 5 Jahre des Trainings und sind nicht nur extrem effektiv, sondern auch leicht zu erlernen und gut von Woche zu Woche umsetzbar.

5. Wie viel Gewicht soll ich nehmen?

Das Arbeitsgewicht richtet sich nach der Wiederholungszahl und deiner eigenen aktuellen Kraftkapazität. Je weniger Wiederholungen auf dem Programm stehen, desto mehr Gewicht lädst du logischerweise auf und umgekehrt. Am Ende solltest du immer gerade so die angestrebte Wiederholungs- und Satzzahl erreichen und so viel Gewicht nehmen, dass es immer eine wirkliche Herausforderung für dich ist. Leider ist dies die einzig wirklich gute Erklärung, die ich dir mit auf den Weg geben kann.

Je länger du dabei bist, desto besser wirst du deine Gewichte kennen und dich intuitiv besser einordnen. In der Praxis solltest du so trainieren, dass eventuell noch eine Wiederholung möglich gewesen wäre oder es ein klein wenig mehr Gewicht hätte sein können. Das ist eine gute Grenze und entspricht ungefähr einem RPE von 8.5 bis 9. Ist der Wert höher angegeben, dann trainiere so hart, dass du quasi bis zum Muskelversagen trainierst und dementsprechend viel oder wenig Gewicht auflädst.

6. Wie steigere ich mit dem Programm und in Zukunft?

Progression ist und bleibt das A und O, das sollte bis hierhin klar sein und die folgenden Wochen und Monate sind natürlich keine Ausnahme. Zum einen hast du deinen Basis-Trainingsplan. Hier wendest du die doppelte Progression an, so wie ich es auf Seite 92 beschrieben habe. Hierfür ist eine stetige Dokumentation deines Trainings notwendig und ohne wirst du wenig bis kaum Erfolg haben. Selbiges gilt auch für die nun folgenden Elite

Trainings. Auch hier ist eine doppelte Progression und eine stetige Dokumentation notwendig, nur dass hier von Woche zu Woche nochmals mehr Volumen dazu kommt. Man könnte es quasi schon eine dreifache Progression nennen, die aber ebenso funktioniert wie die doppelte Progression. Dokumentiere deine Workouts, versuch dich zu steigern und deine Leistung hochzuhalten. Falls dann ein Satz oder eine Übung noch hinzukommt, dann trainierst du mit demselben Gewicht in derselben Intensität weiter und versucht lediglich eine, Schippe draufzupacken. Wenn du erst einmal im Programm bist und trainierst, wirst du verstehen was ich meine.

Die Brust-Anatomie

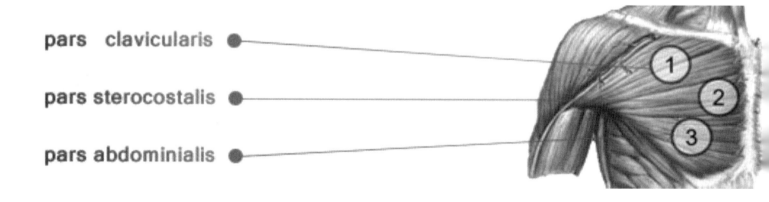

Anatomie und Funktion:

Die Brustmuskeln bestehen aus zwei Köpfen: dem Schlüsselbein- ("oberen") Kopf und dem Sternum- ("unteren") Kopf. Beide Köpfe sind am Oberarm eingesetzt und, wie der Name schon sagt, der Schlüsselbeinkopf am Schlüsselbein und der Sternumkopf am Brustbein befestigt. Im Gegensatz zu vielen Mythen wird somit klar, dass es somit keine "äußere" und "innere" Brust geben kann, die zusätzlich trainiert werden können ... Dieses Wissen lenkt den Fokus auf die richtigen Übungen und man wird deshalb wesentlich potentere Resultate erzielen. Die Hauptfunktion der Brustmuskeln ist die transversale Schulteradduktion (der Oberarm kann über den Körper zur Mittellinie geführt werden) und der Schlüsselbeinkopf hilft auch bei der Schulterbeugung. Da die Belastung bzw. Aktivierung sich aber von Winkel zu Winkel unterscheidet, ist es wichtig, für die volle Ausprägung der Brustmuskulatur genau die Winkel zu trainieren, die dann auch zum gewünschten Endresultat führen.

Faserart der Brustmuskulatur:

Die Forschungen deuten darauf hin, dass die Brustmuskulatur nur zu 35-40% aus Typ 1, bzw. langsamen und ermüdungsresistenteren Fasern bestehen, und fast zu 65% aus Typ-2-Muskelfasern bzw. den schnell zuckenden Fasern. [2,3] Wie bei vielen Muskeln bedeutet das, dass wir die Brust mit einer Vielzahl von unterschiedlichen Wiederholungsbereichen trainieren sollten, aber eher mit dem Fokus auf schwere "Hauptbewegung", um die Typ-2-Fasern vollständig zu aktivieren.

Philosophie des Brusttrainings:

Ich war schon immer der Ansicht, dass besonders eine starke obere Brust für wesentlich mehr Ästhetik sorgt, sowohl nackt als auch im Shirt bzw. Tank Top. Das ist auch der Grund, warum ich beispielsweise die Brust von Frank Zane (siehe Bild Seite 224) wesentlich ansprechender finde als z.B. eine Brust von Arnold Schwarzenegger ... Aus diesem Hintergrund konzentrieren wir uns besonders während des Programmes auf die Ausprägung der oberen Brust (die sonst so oft vernachlässigt wird).

Um dies zu ermöglichen, wird ein Großteil der schweren Übungen auf der Schrägbank stattfinden, da der Winkel nicht nur eine bessere Aktivierung mit sich bringt, sondern sie bei 45° tatsächlich auch am höchsten ist. [4,5]

Darüber hinaus sind das LH-Schrägbankdrücken und das "normale" LH-Bankdrücken die Hauptübungen in diesem Programm, da wir diese besonders schwer, aber auch kontrolliert ausführen können und sie zu den besten Übungen zählen, um die gesamten Brustmuskelfasern zu aktivieren. [6,7,8]

Mögliche Splits

Je nach Trainingsfortschritt und Trainingsphilosphie lässt sich das Brust-Hypertrophie-Programm wunderbar sowohl in ein Ganzkörpertraining implementieren, als auch in einen Oberkörper- / Unterkörper-Split. Dies bedeutet für dich, du kannst dein favorisiertes Training aus dem Basis-Trainingsplan fortführen und trotzdem bzw. vor allem dessen einen besonderen Fokus auf die Brust legen. Tendenziell empfehle ich hierbei eher ein OK-/UK-Split, aber ein GK ist auch hier sehr gut möglich. Wer bisher erst zwischen 6 bis 12 Monate regelmäßig im Fitnessstudio "gutes" Krafttraining macht, dem rate ich zum GK - alles darüber hinaus kann im Ok-/Uk-Split trainieren.

In der Praxis kann das Ganze wie folgt ausschauen:

1) **Ganzkörpertraining 3x in der Woche:**

Tag 1: Ganzkörpertraining + **Brust Tag A**

Tag 2: Pause

Tag 3: Ganzkörpertraining + **Brust Tag C** *(erst die letzten Wochen im Programm - ansonsten hier die Drückübungen eher auf die Schultern fokussieren)*

Tag 4: Pause

Tag 5: Ganzkörpertraining + **Brust Tag B**

Tag 6: Pause

Tag 7: Pause

2) Ganzkörpertraining jeden zweiten Tag

Tag 1: Ganzkörpertraining + **Brust Tag A (Woche 1)**

Tag 2: Pause

Tag 3: Ganzkörpertraining

Tag 4: Pause

Tag 5: Ganzkörpertraining + **Brust Tag B (Woche 1)**

Tag 6: Pause

Tag 7: Ganzkörpertraining

Tag 8: Pause

Tag 9: Ganzkörpertraining + **Brust Tag A (Woche 2)**

Tag 10: Pause

Tag 11: Ganzkörpertraining

Tag 12: Pause

Tag 13: Ganzkörpertraining + **Brust Tag B (Woche 2)**

Tag 14: Pause

Tag 15: Ganzkörpertraining

…

*das Brust-Hypertrophie-Programm ist auf 2 feste Tage in der Woche ausgelegt bzw. die letzten Wochen auf 3 Tage. Wer jeden 2. Tag ein GK verfolgt, muss etwas flexibler sein, und es wird nicht jedes Training der Fokus auf die Brust gelegt, sondern wir fokussieren uns auf zusätzliche Arbeit an jedem zweiten Trainingstag und trainieren sie nicht an den anderen Trainingstagen. An den "brustfreien" Tagen solltest du Übungen wie Kreuzheben,

Schulterdrücken und etwas mehr Rücken trainieren, während du am Brusttag eher nur 1 - 2 Rückenübungen haben solltest, damit das Gesamtvolumen nicht zu hoch wird.

Wichtig:

Ab Woche 9 kommt ein dritter Tag für die Brust dazu (Brust Tag C). Dieser ist wichtig, um das Gesamtvolumen pro Woche nochmals zu erhöhen, ohne das Gesamtvolumen pro einzelner Trainingseinheit überzustrapazieren.

Ab Woche 9 liegt also der Fokus jedes Trainings auf der Brust. Passe deinen Trainingsplan an diesen Tagen gegebenenfalls an, sodass du nicht nur Drückübungen absolvierst.

3) Oberkörper-/Unterkörper-Split:

Tag 1: Oberkörper (**inkl. Brust Tag A**)

Tag 2: Unterkörper

Tag 3: Pause

Tag 4: Oberkörper (**inkl. Brust Tag B**)

Tag 5: Unterkörper

Tag 6: Pause (**ab Woche 9: Brust Tag C - Erklärung siehe vorherige Seite**)

Tag 7: Pause

Ich persönliche empfehle dir den Split #3 für optimale Resultate. Besonders dank des möglichen Fokus und einer klar strukturierten Woche. Dennoch sei auch hier nochmals erwähnt, dass ein GK-Training ebenso gut funktionieren kann und wird, solange es smart ausgearbeitet ist. *__Es ist und bleibt eine Frage der Vorlieben und der Aufteilung.__*

Dies sind jedoch bei Weitem nicht die einzigen Split-Möglichkeiten, ganz im Gegenteil. Deiner Fantasie ist hier keinerlei Grenzen gesetzt und solange du dich an meinen ausführlichen Theorieteil hältst und alles dementsprechend umsetzt, wird auch alles gut werden. Die vorherigen drei Splits sind lediglich meine Empfehlungen - was du daraus machst, ist dir überlassen.

Hinweis:

Vermeide es für den Verlauf des Programmes, bei Drück- bzw. Schulterübungen außerhalb der Brustübungen bis zum Muskelversagen zu trainieren.

(RPE 8.5 ist empfehlenswert)

Warm-up

Vor dem Training:

- 5-10 Minuten auf dem Laufband einlaufen, Körpertemperatur erwärmen
- Dynamisches Dehnen und Schwingen der Arme für 15-20 Wiederholungen

Vor der ersten Übung für eine Muskelgruppe:

- Arbeite dich in 3 bis 4 Sätzen mit dem Gewicht nach oben, starte leicht
- Diese Warm-ups sind nur für schwere Übungen notwendig und nur zu Beginn

Ich würde sagen ... los geht's!

:)

DAS PROGRAMM — WOCHE #1

Woche 1: Brust Tag A

Übung	Sätze	Wdh.	RPE	Kadenz	Pause	Kg.	1	2	3	4	5	6	Hinweise
LH Schrägbankdrücken	3	4	8.5	2:1:1:1	3,0								Stange komplett bis auf die Brust ablassen, Spannung halten im gesamten Körper
Enge Brustpresse	2	8-10	9	2:1:1:1	2,0								Negative / exzentrische langsam ausführen, explosive Arbeiten beim Herausdrücken
Negatives Bankdrücken	1	12	9	2:1:1:1	-								Stange leicht unterhalb der Brust zuführen, volle ROM
Enges Bankdrücken	1	12-15	8.5	2:1:1:1	-								Schulterbreit greifen, Fokus im Kopf auf die obere Brust

Volumen Total: 59 Wdh.

*Hinweis:

Trage beim Reiter "Kg." dein verwendetes Gewicht ein und bei den folgenden Ziffern deine erreichten Wiederholungszahlen. Diese dienen als Vorlage für deine nächsten Workouts und für die kommenden Wochen.

DAS PROGRAMM — WOCHE #1

Woche 1: Brust Tag B

Übung	Sätze	Wdh.	RPE	Kadenz	Pause	Kg.	1	2	3	4	5	6	Hinweise
LH Bankdrücken	3	6-8	9	2:1:1:1	3,0								Stange komplett bis auf die Brust ablassen, Spannung halten im gesamten Körper
Enge Brustpresse	2	8-10	9	2:1:1:1	2,0								Negative / exzentrische langsam ausführen, explosive Arbeiten beim Herausdrücken
Dips (evtl. mit Gewicht)	1	8-12	9	3:1:1:1	-								3 Sekunde exzentrische Bewegung bei jedem Satz, Fokus auf Brust

Volumen Total: 56 Wdh.

Volumen / Woche: 115 Wdh.

* Führe unbedingt Tagebuch über deine erbrachten Leistungen, sodass du dich im Laufe des Programmes steigern und verbessern kannst. Mehr Leistung von Woche zu Woche = progressive Überladung = maximaler Muskelaufbau.

DAS PROGRAMM — WOCHE #2

Woche 2: Brust Tag A

Übung	Sätze	Wdh.	RPE	Kadenz	Pause	Kg.	1	2	3	4	5	6	Hinweise
LH Schrägbankdrücken	3	4	8.5	2:1:1:1	3,0								Stange komplett bis auf die Brust ablassen, Spannung halten im gesamten Körper
Enge Brustpresse	2	8-10	9	2:1:1:1	2,0								Negative / exzentrische langsam ausführen, explosive Arbeiten beim Herausdrücken
Negatives Bankdrücken	1	12	9	2:1:1:1	-								Stange leicht unterhalb der Brust zuführen, volle ROM
Enges Bankdrücken	1	12-15	8.5	2:1:1:1	-								Schulterbreit greifen, Fokus im Kopf auf die obere Brust

Volumen Total: 59 Wdh.

Notizen zum Workout:

DAS PROGRAMM WOCHE #2

Woche 2: Brust Tag B

Übung	Sätze	Wdh.	RPE	Kadenz	Pause	Kg.	1	2	3	4	5	6	Hinweise
LH Bankdrücken	3	6-8	9	2:1:1:1	3,0								Stange komplett bis auf die Brust ablassen, Spannung halten im gesamten Körper
Enge Brustpresse	2	8-10	9	2:1:1:1	2,0								Negative / exzentrische langsam ausführen, explosive Arbeiten beim Herausdrücken
Dips (evtl. mit Gewicht)	1	8-12	9	3:1:1:1	-								3 Sekunde exzentrische Bewegung bei jedem Satz, Fokus auf Brust

Volumen Total: 56 Wdh.

Volumen / Woche: 115 Wdh.

Notizen zum Workout:

DAS PROGRAMM — WOCHE #3

Woche 3: Brust Tag A

Übung	Sätze	Wdh.	RPE	Kadenz	Pause	Kg.	1	2	3	4	5	6	Hinweise
LH Schrägbankdrücken	3	4	8.5	2:1:1:1	3,0								Stange komplett bis auf die Brust ablassen, Spannung halten im gesamten Körper
Enge Brustpresse	2	8-10	9	2:1:1:1	2,0								Negative / exzentrische langsam ausführen, explosive Arbeiten beim Herausdrücken
Negatives Bankdrücken	2	12	9	2:1:1:1	-								Stange leicht unterhalb der Brust zuführen, volle ROM
Enges Bankdrücken	1	12-15	8.5	2:1:1:1	-								Schulterbreit greifen, Fokus im Kopf auf die obere Brust

Volumen Total: 71 Wdh.

Notizen zum Workout:

Woche 3: Brust Tag B

Übung	Sätze	Wdh.	RPE	Kadenz	Pause	Kg.	1	2	3	4	5	6	Hinweise
LH Bankdrücken	3	6-8	9	2:1:1:1	3,0								Stange komplett bis auf die Brust ablassen, Spannung halten im gesamten Körper
Enge Brustpresse	2	8-10	9	2:1:1:1	2,0								Negative / exzentrische langsam ausführen, explosive Arbeiten beim Herausdrücken
Dips (evtl. mit Gewicht)	1	8-12	9	3:1:1:1	-								3 Sekunde exzentrische Bewegung bei jedem Satz, Fokus auf Brust

Volumen Total: 56 Wdh.

Volumen / Woche: 127 Wdh.

Notizen zum Workout:

DAS PROGRAMM — WOCHE #4

Woche 4: Brust Tag A

Übung	Sätze	Wdh.	RPE	Kadenz	Pause	Kg.	1	2	3	4	5	6	Hinweise
LH Schrägbankdrücken	3	4	8.5	2:1:1:1	3,0								Stange komplett bis auf die Brust ablassen, Spannung halten im gesamten Körper
Enge Brustpresse	2	8-10	9	2:1:1:1	2,0								Negative / exzentrische langsam ausführen, explosive Arbeiten beim Herausdrücken
Negatives Bankdrücken	2	12	9	2:1:1:1	-								Stange leicht unterhalb der Brust zuführen, volle ROM
Enges Bankdrücken	1	12-15	8.5	2:1:1:1	-								Schulterbreit greifen, Fokus im Kopf auf die obere Brust

Volumen Total: 71 Wdh.

Notizen zum Workout:

DAS PROGRAMM WOCHE #4

Woche 4: Brust Tag B

Übung	Sätze	Wdh.	RPE	Kadenz	Pause	Kg.	1	2	3	4	5	6	Hinweise
LH Bankdrücken	4	6-8	9	2:1:1:1	3,0								Stange komplett bis auf die Brust ablassen, Spannung halten im gesamten Körper
Enge Brustpresse	2	8-10	9	2:1:1:1	2,0								Negative / exzentrische langsam ausführen, explosive Arbeiten beim Herausdrücken
Dips (evtl. mit Gewicht)	1	8-12	9	3:1:1:1	-								3 Sekunde exzentrische Bewegung bei jedem Satz, Fokus auf Brust

Volumen Total: 64 Wdh.

Volumen / Woche: 135 Wdh.

Notizen zum Workout:

DAS PROGRAMM — WOCHE #5

Woche 5: Brust Tag A

Übung	Sätze	Wdh.	RPE	Kadenz	Pause	Kg.	1	2	3	4	5	6	Hinweise
LH Schrägbankdrücken	3	4	8.5	2:1:1:1	3,0								Stange komplett bis auf die Brust ablassen, Spannung halten im gesamten Körper
Enge Brustpresse	2	8-10	9	2:1:1:1	2,0								Negative / exzentrische langsam ausführen, explosive Arbeiten beim Herausdrücken
Negatives Bankdrücken	2	12	9	2:1:1:1	-								Stange leicht unterhalb der Brust zuführen, volle ROM
Enges Bankdrücken	1	12-15	8.5	2:1:1:1	-								Schulterbreit greifen, Fokus im Kopf auf die obere Brust

Volumen Total: 71 Wdh.

Notizen zum Workout:

DAS PROGRAMM — WOCHE #5

Woche 5: Brust Tag B

Übung	Sätze	Wdh.	RPE	Kadenz	Pause	Kg.	1	2	3	4	5	6	Hinweise
LH Bankdrücken	4	6-8	9	2:1:1:1	3,0								Stange komplett bis auf die Brust ablassen, Spannung halten im gesamten Körper
KH Schrägbankdrücken	2	8-10	8	2:1:1:1	2,0								KH langsam und kontrolliert ablassen, eng am Körper
Enge Brustpresse	1	8-10	9	2:1:1:1	2,0								Negative / exzentrische langsam ausführen, explosive Arbeiten beim Herausdrücken
Dips (evtl. mit Gewicht)	1	8-12	9	3:1:1:1	-								3 Sekunde exzentrische Bewegung bei jedem Satz, Fokus auf Brust

Volumen Total: 74 Wdh.

Volumen / Woche: 145 Wdh.

Notizen zum Workout:

DAS PROGRAMM WOCHE #6

Woche 6: Brust Tag A

Übung	Sätze	Wdh.	RPE	Kadenz	Pause	Kg.	1	2	3	4	5	6	Hinweise
LH Schrägbankdrücken	4	4	8.5	2:1:1:1	3,0								Stange komplett bis auf die Brust ablassen, Spannung halten im gesamten Körper
Enge Brustpresse	2	8-10	9	2:1:1:1	2,0								Negative / exzentrische langsam ausführen, explosive Arbeiten beim Herausdrücken
Negatives Bankdrücken	2	12	9	2:1:1:1	-								Stange leicht unterhalb der Brust zuführen, volle ROM
Enges Bankdrücken	1	12-15	8.5	2:1:1:1	-								Schulterbreit greifen, Fokus im Kopf auf die obere Brust

Volumen Total: 75 Wdh.

Notizen zum Workout:

DAS PROGRAMM — WOCHE #6

Woche 6: Brust Tag B

Übung	Sätze	Wdh.	RPE	Kadenz	Pause	Kg.	1	2	3	4	5	6	Hinweise
LH Bankdrücken	4	6-8	9	2:1:1:1	3,0								Stange komplett bis auf die Brust ablassen, Spannung halten im gesamten Körper
KH Schrägbankdrücken	2	8-10	8	2:1:1:1	2,0								KH langsam und kontrolliert ablassen, eng am Körper
Enge Brustpresse	1	8-10	9	2:1:1:1	2,0								Negative / exzentrische langsam ausführen, explosive Arbeiten beim Herausdrücken
Dips (evtl. mit Gewicht)	1	8-12	9	3:1:1:1	-								3 Sekunde exzentrische Bewegung bei jedem Satz, Fokus auf Brust

Volumen Total: 74 Wdh.

Volumen / Woche: 149 Wdh.

Notizen zum Workout:

DAS PROGRAMM — WOCHE #7

Woche 7: Brust Tag A

Übung	Sätze	Wdh.	RPE	Kadenz	Pause	Kg.	1	2	3	4	5	6	Hinweise
LH Schrägbankdrücken	4	4	8.5	2:1:1:1	3,0								Stange komplett bis auf die Brust ablassen, Spannung halten im gesamten Körper
Enge Brustpresse	2	8-10	9	2:1:1:1	2,0								Negative / exzentrische langsam ausführen, explosive Arbeiten beim Herausdrücken
Negatives Bankdrücken	2	12	9	2:1:1:1	-								Stange leicht unterhalb der Brust zuführen, volle ROM
Enges Bankdrücken	1	12-15	8.5	2:1:1:1	-								Schulterbreit greifen, Fokus im Kopf auf die obere Brust

Volumen Total: 75 Wdh.

Notizen zum Workout:

DAS PROGRAMM — WOCHE #7

Woche 7: Brust Tag B

Übung	Sätze	Wdh.	RPE	Kadenz	Pause	Kg.	1	2	3	4	5	6	Hinweise
LH Bankdrücken	4	6-8	9	2:1:1:1	3,0								Stange komplett bis auf die Brust ablassen, Spannung halten im gesamten Körper
KH Schrägbankdrücken	3	8-10	8	2:1:1:1	2,0								KH langsam und kontrolliert ablassen, eng am Körper
Enge Brustpresse	1	8-10	9	2:1:1:1	2,0								Negative / exzentrische langsam ausführen, explosive Arbeiten beim Herausdrücken
Dips (evtl. mit Gewicht)	1	8-12	9	3:1:1:1	-								3 Sekunde exzentrische Bewegung bei jedem Satz, Fokus auf Brust

Volumen Total: 84 Wdh.

Volumen / Woche: 159 Wdh.

Notizen zum Workout:

Woche 8: Brust Tag A

Übung	Sätze	Wdh.	RPE	Kadenz	Pause	Kg.	1	2	3	4	5	6	Hinweise
LH Schrägbank-drücken	4	4	8.5	2:1:1:1	3,0								Stange komplett bis auf die Brust ablassen, Spannung halten im gesamten Körper
Enge Brustpresse	2	8-10	9	2:1:1:1	2,0								Negative / exzentrische langsam ausführen, explosive Arbeiten beim Herausdrücken
Negatives Bankdrücken	3	12	9	2:1:1:1	-								Stange leicht unterhalb der Brust zuführen, volle ROM
Enges Bankdrücken	1	12-15	8.5	2:1:1:1	-								Schulterbreit greifen, Fokus im Kopf auf die obere Brust

Volumen Total: 87 Wdh.

Notizen zum Workout:

DAS PROGRAMM WOCHE #8

Woche 8: Brust Tag B

Übung	Sätze	Wdh.	RPE	Kadenz	Pause	Kg.	1	2	3	4	5	6	Hinweise
LH Bankdrücken	4	6-8	9	2:1:1:1	3,0								Stange komplett bis auf die Brust ablassen, Spannung halten im gesamten Körper
KH Schrägbankdrücken	3	8-10	8	2:1:1:1	2,0								KH langsam und kontrolliert ablassen, eng am Körper
Enge Brustpresse	1	8-10	9	2:1:1:1	2,0								Negative / exzentrische langsam ausführen, explosive Arbeiten beim Herausdrücken
Dips (evtl. mit Gewicht)	1	8-12	9	3:1:1:1	-								3 Sekunde exzentrische Bewegung bei jedem Satz, Fokus auf Brust

Volumen Total: 84 Wdh.

Volumen / Woche: 171 Wdh.

Notizen zum Workout:

DAS PROGRAMM — WOCHE #9

Woche 9: Brust Tag A

Übung	Sätze	Wdh.	RPE	Kadenz	Pause	Kg.	1	2	3	4	5	6	Hinweise
LH Schrägbankdrücken	3	4	8.5	2:1:1:1	3,0								Stange komplett bis auf die Brust ablassen, Spannung halten im gesamten Körper
Enge Brustpresse	2	8-10	9	2:1:1:1	2,0								Negative / exzentrische langsam ausführen, explosive Arbeiten beim Herausdrücken
Negatives Bankdrücken	2	12	9	2:1:1:1	-								Stange leicht unterhalb der Brust zuführen, volle ROM
Enges Bankdrücken	1	12-15	8.5	2:1:1:1	-								Schulterbreit greifen, Fokus im Kopf auf die obere Brust

Volumen Total: 71 Wdh.

Notizen zum Workout:

DAS PROGRAMM WOCHE #9

Woche 9: Brust Tag B

Übung	Sätze	Wdh.	RPE	Kadenz	Pause	Kg.	1	2	3	4	5	6	Hinweise
LH Bankdrücken	3	6-8	9	2:1:1:1	3,0								Stange komplett bis auf die Brust ablassen, Spannung halten im gesamten Körper
KH Schrägbankdrücken	3	8-10	8	2:1:1:1	2,0								KH langsam und kontrolliert ablassen, eng am Körper
Enge Brustpresse	1	8-10	9	2:1:1:1	2,0								Negative / exzentrische langsam ausführen, explosive Arbeiten beim Herausdrücken
Dips (evtl. mit Gewicht)	1	8-12	9	3:1:1:1	-								3 Sekunde exzentrische Bewegung bei jedem Satz, Fokus auf Brust

Volumen Total: 76 Wdh.

Woche 9: Brust Tag C

Übung	Sätze	Wdh.	RPE	Kadenz	Pause	Kg.	1	2	3	4	5	6	Hinweise
Enges Bankdrücken	3	6-8	9	2:1:1:1	3,0								Schulterbreit greifen, Fokus im Kopf auf die obere Brust
Liegestütz	1	15	10	3:1:1:1	-								Brust bis auf Boden führen, langsame exzentrische Ausführung

Volumen Total: 39 Wdh.

Volumen / Woche: 186 Wdh.

DAS PROGRAMM WOCHE #10

Woche 10: Brust Tag A

Übung	Sätze	Wdh.	RPE	Kadenz	Pause	Kg.	1	2	3	4	5	6	Hinweise
LH Schrägbankdrücken	3	4	8.5	2:1:1:1	3,0								Stange komplett bis auf die Brust ablassen, Spannung halten im gesamten Körper
Enge Brustpresse	2	8-10	9	2:1:1:1	2,0								Negative / exzentrische langsam ausführen, explosive Arbeiten beim Herausdrücken
Negatives Bankdrücken	2	12	9	2:1:1:1	-								Stange leicht unterhalb der Brust zuführen, volle ROM
Enges Bankdrücken	1	12-15	8.5	2:1:1:1	-								Schulterbreit greifen, Fokus im Kopf auf die obere Brust

Volumen Total: 71 Wdh.

Notizen zum Workout:

DAS PROGRAMM WOCHE #10

Woche 10: Brust Tag B

Übung	Sätze	Wdh.	RPE	Kadenz	Pause	Kg.	1	2	3	4	5	6	Hinweise
LH Bankdrücken	3	6-8	9	2:1:1:1	3,0								Stange komplett bis auf die Brust ablassen, Spannung halten im gesamten Körper
KH Schrägbank-drücken	3	8-10	8	2:1:1:1	2,0								KH langsam und kontrolliert ablassen, eng am Körper
Enge Brustpresse	1	8-10	9	2:1:1:1	2,0								Negative / exzentrische langsam ausführen, explosive Arbeiten beim Herausdrücken
Dips (evtl. mit Gewicht)	1	8-12	9	3:1:1:1	-								3 Sekunde exzentrische Bewegung bei jedem Satz, Fokus auf Brust

Volumen Total: 76 Wdh.

Woche 10: Brust Tag C

Übung	Sätze	Wdh.	RPE	Kadenz	Pause	Kg.	1	2	3	4	5	6	Hinweise
Enges Bankdrücken	3	6-8	9	2:1:1:1	3,0								Schulterbreit greifen, Fokus im Kopf auf die obere Brust
Liegestütz	1	15	10	3:1:1:1	-								Brust bis auf Boden führen, langsame Exzentrische

Volumen Total: 39 Wdh.

Volumen / Woche: 186 Wdh.

DAS PROGRAMM WOCHE #11

Woche 11: Brust Tag A

Übung	Sätze	Wdh.	RPE	Kadenz	Pause	Kg.	1	2	3	4	5	6	Hinweise
LH Schrägbankdrücken	4	4	8.5	2:1:1:1	3,0								Stange komplett bis auf die Brust ablassen, Spannung halten im gesamten Körper
Enge Brustpresse	2	8-10	9	2:1:1:1	2,0								Negative / exzentrische langsam ausführen, explosive Arbeiten beim Herausdrücken
Negatives Bankdrücken	2	12	9	2:1:1:1	-								Stange leicht unterhalb der Brust zuführen, volle ROM
Enges Bankdrücken	1	12-15	8.5	2:1:1:1	-								Schulterbreit greifen, Fokus im Kopf auf die obere Brust

Volumen Total: 75 Wdh.

Notizen zum Workout:

DAS PROGRAMM WOCHE #11

Woche 11: Brust Tag B

Übung	Sätze	Wdh.	RPE	Kadenz	Pause	Kg.	1	2	3	4	5	6	Hinweise
LH Bankdrücken	3	6-8	9	2:1:1:1	3,0								Stange komplett bis auf die Brust ablassen, Spannung halten im gesamten Körper
KH Schrägbankdrücken	3	8-10	8	2:1:1:1	2,0								KH langsam und kontrolliert ablassen, eng am Körper
Enge Brustpresse	1	8-10	9	2:1:1:1	2,0								Negative / exzentrische langsam ausführen, explosive Arbeiten beim Herausdrücken
Dips (evtl. mit Gewicht)	1	8-12	9	3:1:1:1	-								3 Sekunde exzentrische Bewegung bei jedem Satz, Fokus auf Brust

Volumen Total: 76 Wdh.

Woche 11: Brust Tag C

Übung	Sätze	Wdh.	RPE	Kadenz	Pause	Kg.	1	2	3	4	5	6	Hinweise
Enges Bankdrücken	3	6-8	9	2:1:1:1	3,0								Schulterbreit greifen, Fokus im Kopf auf die obere Brust
Butterflys (mit Band)	2	15	10	2:1:1:1	-								Am Ende der Bewegung viel Spannung in der Brust aufbauen; halten

Volumen Total: 54 Wdh.

Volumen / Woche: 205 Wdh.

DAS PROGRAMM — WOCHE #12

Woche 12: Brust Tag A

Übung	Sätze	Wdh.	RPE	Kadenz	Pause	Kg.	1	2	3	4	5	6	Hinweise
LH Schrägbankdrücken	4	4	8.5	2:1:1:1	3,0								Stange komplett bis auf die Brust ablassen, Spannung halten im gesamten Körper
Enge Brustpresse	2	8-10	9	2:1:1:1	2,0								Negative / exzentrische langsam ausführen, explosive Arbeiten beim Herausdrücken
Negatives Bankdrücken	2	12	9	2:1:1:1	-								Stange leicht unterhalb der Brust zuführen, volle ROM
Enges Bankdrücken	1	12-15	8.5	2:1:1:1	-								Schulterbreit greifen, Fokus im Kopf auf die obere Brust

Volumen Total: 75 Wdh.

Notizen zum Workout:

DAS PROGRAMM WOCHE #12

Woche 12: Brust Tag B

Übung	Sätze	Wdh.	RPE	Kadenz	Pause	Kg.	1	2	3	4	5	6	Hinweise
LH Bankdrücken	4	6-8	9	2:1:1:1	3,0								Stange komplett bis auf die Brust ablassen, Spannung halten im gesamten Körper
KH Schrägbankdrücken	3	8-10	8	2:1:1:1	2,0								KH langsam und kontrolliert ablassen, eng am Körper
Enge Brustpresse	1	8-10	9	2:1:1:1	2,0								Negative / exzentrische langsam ausführen, explosive Arbeiten beim Herausdrücken
Dips (evtl. mit Gewicht)	1	8-12	9	3:1:1:1	-								3 Sekunde exzentrische Bewegung bei jedem Satz, Fokus auf Brust

Volumen Total: 84 Wdh.

Woche 12: Brust Tag C

Übung	Sätze	Wdh.	RPE	Kadenz	Pause	Kg.	1	2	3	4	5	6	Hinweise
Enges Bankdrücken	4	6-8	9	2:1:1:1	3,0								Schulterbreit greifen, Fokus im Kopf auf die obere Brust
Butterflys (mit Band)	2	15	10	2:1:1:1	-								Am Ende der Bewegung viel Spannung in der Brust aufbauen; halten

Volumen Total: 62 Wdh.

Volumen / Woche: 221 Wdh.

Du träumst. Du planst. Du tust es und es wird Hindernisse geben. Es wird Zweifler geben. Es wird Fehler geben. Aber mit harter Arbeit, mit Glauben, mit Zuversicht und Vertrauen in sich selbst und die Menschen um Dich herum gibt es keine Grenzen.

- Michael Phelps

Quadzilla

12 Wochen Bein-Hypertrophie

FAQs zum Bein-Hypertrophie-Programm

1. Warum gibt es hier einen eigenen Beintag?

Um seinen Unterkörper auf das nächste Niveau zu bringen, braucht es - zumindest für eine gewisse Periode - einen erhöhten Fokus, den wir so im Ganzkörpertraining nicht gewährleisten können. Das Ganzkörpertraining ist in meinen Augen die perfekte Methode, um ein sehr gutes Fundament aufzubauen - und das selbst noch nach bis zu 3 bis 5 Jahren Trainingserfahrung im Fitnessstudio (!). Dennoch werden wir hier in diesem Programm ein gesondertes Beintraining an 2 Tagen in der Woche haben, da die ideale Trainingsfrequenz für die Beine irgendwo zwischen 1,5x - 3x die Woche liegt mit einer idealen Satzzahl von 12 - 18 Sätzen bzw. 100 bis 200 Wiederholungen.[1]

2. Werden in diesem Workout-Programm nur noch die Beine trainiert?

Selbstverständlich nicht. Ich stelle dir mehrere mögliche Trainingspläne vor, bei denen für einen Zeitraum von 12 Wochen besonderer Fokus auf Ausbildung des Beinstreckers, Beinbeugers und des Gesäßmuskels gelegt wird. Ich empfehle hier generell zu einem Oberkörper- / Unterkörper Split zu greifen.

3. Ich habe noch Muskelkater vom Training zuvor - sollte ich trotzdem ins Training?

Mit Muskelkater erneut ins Training zu gehen, ist an sich kein Problem, solange man dadurch nicht die Gefahr für ein fahrlässiges Training und eine somit mögliche Verletzung riskiert. Sollte es dir schwerfallen, die Gewicht sauber zu bewegen und einen vollen und kontrollierten Bewegungsablauf der jeweiligen Übungen zu gewährleisten, dann beende das Training lieber und komme am nächsten Tag wieder. Ansonsten investiere mehr Zeit für das Warm-up und bereite dich so für das anstehende Workout besser vor. Solltest du nach 4 - 6 Wochen immer noch immer wieder stark vom Muskelkater betroffen sein, dann erhöhe deine tägliche Kalorienzufuhr und arbeite an deinem Schlaf. Der ideale Zustand ist stets die Abwesenheit von heftigem Muskelkater!

4. Sollte ich überhaupt noch Kreuzheben in meinem Training haben?

Für den Zeitraum dieses Programmes nicht, danach auf jeden Fall wieder. Das Kreuzheben gleicht eher einer Übung für den gesamten Körper, welches auch sehr stark die Beine in Anspruch nimmt, aber jedoch nicht in der Form, wie wir es für dieses Hypertrophie-Programm benötigen. Hier wollen wir uns komplett auf die Ausbildung des Quadriceps und des Beinbeugers fokussieren, weshalb wir hier zum rumänischen Kreuzheben greifen.

5. Warum gibt es nur diese Übungen, sind andere nicht vielleicht besser?

Die Übungen in diesem Programm bringen die höchste Form der Aktivierung der einzelnen Muskelfasern mit sich und sind deshalb fester Bestandteil. Mehr Variation braucht es nicht für den Muskelaufbau, vielmehr benötigen wir eine progressive Steigerung und ein Erhöhen des Volumens. Wir müssen besser werden, und nicht stets nach neuen und ausgefallenen Übungen suchen. Diese Übungen sind das Resultat meiner letzten 5 Jahre des Trainings und sind nicht nur extrem effektiv, sondern auch leicht zu erlernen und gut von Woche zu Woche umsetzbar.

6. Wie viel Gewicht soll ich nehmen?

Das Arbeitsgewicht richtet sich nach der Wiederholungszahl und deiner eigenen aktuellen Kraftkapazität. Je weniger Wiederholungen auf dem Programm stehen, desto mehr Gewicht lädst du logischerweise auf und umgekehrt. Am Ende solltest du immer gerade so die angestrebte Wiederholungs- und Satzzahl erreichen und so viel Gewicht nehmen, dass es immer eine wirkliche Herausforderung für dich ist. Leider ist dies die einzig wirklich gute Erklärung, die ich dir mit auf den Weg geben kann.

Je länger du dabei bist, desto besser wirst du deine Gewichte kennen und dich intuitiv besser einordnen. In der Praxis solltest du so trainieren, dass eventuell noch eine Wiederholung möglich gewesen wäre oder es ein klein wenig mehr Gewicht hätte sein können. Das ist eine gute Grenze und entspricht ungefähr einem RPE von 8.5 bis 9. Ist der Wert höher angegeben, dann trainiere so hart, dass du quasi bis zum Muskelversagen trainierst und dementsprechend viel oder wenig Gewicht auflädst.

7. Wie steigere ich mit dem Programm und in Zukunft?

Progression ist und bleibt das A und O, das sollte bis hierhin klar sein und die folgenden Wochen und Monate sind natürlich keine Ausnahme. Zum einen hast du deinen Basis-Trainingsplan. Hier wendest du die doppelte Progression an, so wie ich es auf Seite 92 beschrieben habe. Hierfür ist eine stetige Dokumentation deines Trainings notwenig und ohne wirst du wenig bis kaum Erfolg haben. Selbiges gilt auch für die nun folgenden Elite Trainings. Auch hier ist eine doppelte Progression und eine stetige Dokumentation notwendig, nur dass hier von Woche zu Woche nochmals mehr Volumen dazu kommt. Man könnte es quasi schon eine dreifache Progression nennen, die aber ebenso funktioniert wie die doppelte Progression. Dokumentiere deine Workouts, versuch dich zu steigern und deine Leistung hochzuhalten. Falls dann ein Satz oder eine Übung noch hinzukommt, dann trainierst du mit demselben Gewicht in derselben Intensität weiter und versucht lediglich eine, Schippe draufzupacken. Wenn du erst einmal im Programm bist und trainierst, wirst du verstehen was ich meine.

8. Brauche ich Gewichtheberschuhe oder -Gürtel?

Nein, auch dies ist nicht zwingend notwendig. Gewichtheberschuhe können hilfreich sein, aber wenn du ohne auskommst, empfehle ich dir, so "Raw" wie möglich zu trainieren. Alternativ sind zum Beugen flache Schuhe jeglicher Art geeignet, zum Beispiel viele Vans. Alles mit fester Sohle und was einen festen Stand gewährleistet, ist gut.

Die Bein-Anatomie

Quadriceps Femoris (Beinstrecker)

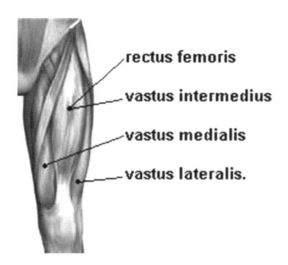

Vastus Lateralis:
äußerer Quadriceps-Muskel

Vastus Medialis:
innerer Quadriceps-Muskel

Vastus Intermedius:
mittlerer Quadriceps-Muskel

Rectus Femoris:
überliegender Quadriceps-Muskel

Anatomie und Funktion:

Der Vastus Lateralis, Vastus Medialis und der Vastus Intermedius setzen jeweils am Oberschenkelknochen und dem Schienbein an und ihre Hauptfunktion ist die Streckung des Knies bzw. des Beines. Darüber befindet sich der große Rectus Femoris, welcher weiter oben am Hüftknochen ansetzt und somit die Hüftbeugung bzw. das Heben des Beines ermöglicht. Zwar besteht der Beinstrecker noch aus weiteren kleineren Muskeln, doch die vier großen Muskelpartien bilden diesen, woraus sich auch der Name ableitet.

Faserart des Beinstreckers:

Die Forschungen deuten darauf hin, dass vor allem die Vastus-Musklen zu gleichen Teilen aus Typ-1- und Typ-2-Muskelfasern bestehen, weshalb wir sie mit einer Vielzahl unterschiedlicher Wiederholungsbereiche für maximale Resultate trainieren sollten. [2,3]

Der Rectus Femoris dagegen besteht zu größeren Teilen aus Typ-2-Muskelfasern bzw. den schnellen zuckenden Fasern, weshalb wir ihn besser mit schweren Gewichten und weniger Wiederholungen trainieren sollten. [4,5]

Zusammenfassend kann man also sagen, dass wir für eine ideale Quadriceps-Entwicklung sämtliche Spektren an Wiederholungsbereichen berücksichtigen müssen, aber auch zu vielen schweren Gewichten im unteren Wiederholungsbereich greifen sollten.

Ischiocrurales (Beinbeuger)

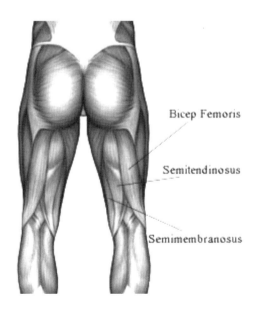

Biceps Femoris:
äußerer Beinbeuger-Muskel; unterteilt in langer und kurzer Kopf

Semitendinosus:
mittlerer Beinbeuger-Muskel

Semimembranosus:
innerer Beinbeuger-Muskel

Anatomie und Funktion:

Der Semitendinosus und der Semimembranosus setzen am Becken und dem Schienbein an, während der Bizeps Femoris zwar auch am Becken einsetzt, jedoch am anderen Ende unterhalb des Knies und leicht außerhalb des Schienbeins. Zu den Hauptfunktionen des Beinbeugers zählen die Beugung sowohl der Hüfte als auch der Knie. Insgesamt haben wir mit dem Beinbeuger vier Muskeln, die das Knie beugen, und drei Muskeln, die die Hüfte beugen können. Für eine optimale Entwicklung müssen wir also genau das trainieren, wofür diese Muskeln auch vorhanden sind. Dies schaffen wir unter anderem mit Übungen wie dem rumänischem Kreuzheben (Hüftbeugung) oder dem Beinbeuger an der Maschine (Kniebeugung).

Faserart des Beinstreckers:

Die Forschung deutet darauf hin, dass der Beinbeuger zu gleichen Teilen aus Typ-1 und Typ-2-Muskelfasern besteht. [6,7,8] Das bedeutet für uns, dass wir auch ihn mit einer Vielzahl von unterschiedlichen Wiederholungsbereichen trainieren sollten für maximale Resultate.

Mögliche Splits

Das Bein-Hypertrophie-Programm lässt sich idealerweise und eigentlich ausschließlich im Oberkörper- / Unterkörper-Split trainieren und ist somit das einzige Hypertrophie Programm in der Elite Serie, welches ich nicht empfehlen kann, im Ganzkörperstil zu trainieren (Grundsätzlich liegt meine Empfehlung in der Elite-Workout-Serie beim OK-/Uk-Split). Wer bisher noch nicht 6 bis 12 Monate regelmäßig im Fitnessstudio "gutes" Krafttraining macht, dem rate ich, zunächst zum GK mit jeweils 2 schweren Beinübungen zu greifen - und erst dann mit diesem Programm zu beginnen. Gute Übungen wären für diesen Fall das Kniebeugen, rumänisches Kreuzheben und die Beinpresse.

Oberkörper-/Unterkörper-Split:

Tag 1: Oberkörper

Tag 2: **Beintraining Tag A**

Tag 3: Pause

Tag 4: Oberkörper

Tag 5: **Beintraining Tag B**

Tag 6: *Optionaler Trainingstag (Schultern / Arme / Brust & Rücken + Cardio)*

Tag 7: Pause

* Du kannst die einzelnen Tage natürlich auch tauschen und z.B. zuerst mit einem Beintraining die Woche beginnen. Wichtig ist nur, dass zwischen jeder Beineinheit mindestens ein Tag Pause ist, besser zwei.

Warm-up

Vor dem Training:

- 5-10 Minuten auf dem Laufband einlaufen, Körpertemperatur erwärmen
- Dynamisches Dehnen und Schwingen der Beine für 15-20 Wiederholungen

Vor der ersten Übung für eine Muskelgruppe:

- Arbeite dich in 3 bis 4 Sätzen mit dem Gewicht nach oben, starte leicht
- Diese Warm-ups sind nur für schwere Übungen notwendig und nur zu Beginn

Ich würde sagen ... los geht's ... lasset die Spiele beginnen und Zähne zusammenbeißen
(PS: Nach 5 Jahren Training kann ich dir verraten, dass es kaum etwas geileres als trainierte Beine gibt, nimm's also optimistisch und springe nicht sofort zu dem nächsten Programm über).

:)

DAS PROGRAMM — WOCHE #1

Woche 1: Bein Tag A

Übung	Sätze	Wdh.	RPE	Kadenz	Pause	Kg.	1	2	3	4	5	6	Hinweise
Kniebeugen	3	4-6	8.5	2:1:1:1	3,0								Knie und Füße zeigen in dieselbe Richtung, Spannung im gesamten Körper
Beinpresse	3	8-10	8.5	2:1:1:1	2,5								Füße positionieren wie du magst, volle ROM, Spannung im Bauch halten
Beinstrecker	2	10-12	8.5	2:1:1:1	2,0								Mind-Muscle-Connection in den Vastus medialis legen, Spannung über gesamte Zeit halten
KH Rumänisches Kreuzheben	2	10-12	8.5	2:1:1:1	2,0								Langsame Ausführung, Beinbeuger schön dehnen, Spannung im Rücken halten
Wadenheben schwer	4	4-6	8,5	2:1:2:1	2,0								Volle ROM, am tiefsten Punkt 2s warten
Wadenheben leichter	4	10-12	9.5	2:1:2:1	2,0								Volle ROM, am tiefsten Punkt 2s warten

***Hinweis:**

Trage beim Reiter "Kg." dein verwendetes Gewicht ein und bei den folgenden Ziffern deine erreichten Wiederholungszahlen. Diese dienen als Vorlage für deine nächsten Workouts und für die kommenden Wochen.

DAS PROGRAMM WOCHE #1

Woche 1: Bein Tag B

Übung	Sätze	Wdh.	RPE	Kadenz	Pause	Kg.	1	2	3	4	5	6	Hinweise
LH Rumänisches Kreuzheben	3	4-6	8.5	2:1:1:1	3,0								Langsame Ausführung, Beinbeuger schön dehnen, Spannung im Rücken halten
Beinbeuger liegend	3	8-10	8.5	2:1:1:1	2,0								Explosive konzentrische Bewegung, sehr langsame exzentrische Ausführung
Hackenschmidt Squads	2	12-15	9.5	2:1:1:1	2,0								Wenig Gewicht, viel Gefühl, falls Maschine nicht vorhanden, mit Smith-Maschine Squats ersetzen
Ausfallschritte	2	10-15	9.5	2:1:1:1	2,0								10 bis 15 Schritte pro Bein; gefühlt nach oben drücken, nicht nur nach vorne
Wadenheben stehend mit Eigengewicht	2	15	9	3:1:2:1	2,0								Auf Tritt stellen, notfalls mit Zusatzgewicht

Volumen Total:
Quads: 132 Wdh.; Beinbeuger: 132 Wdh.; Waden 102

* Führe unbedingt Tagebuch über deine erbrachten Leistungen, sodass du dich im Laufe des Programmes steigern und verbessern kannst. Mehr Leistung von Woche zu Woche = progressive Überladung = maximaler Muskelaufbau.

DAS PROGRAMM — WOCHE #2

Woche 2: Bein Tag A

Übung	Sätze	Wdh.	RPE	Kadenz	Pause	Kg.	1	2	3	4	5	6	Hinweise
Kniebeugen	4	4-6	8.5	2:1:1:1	3,0								Knie und Füße zeigen in dieselbe Richtung, Spannung im gesamten Körper
Beinpresse	3	8-10	8.5	2:1:1:1	2,5								Füße positionieren wie du magst, volle ROM, Spannung im Bauch halten
Beinstrecker	2	10-12	8.5	2:1:1:1	2,0								Mind-Muscle-Connection in den Vastus medialis legen, Spannung über gesamte Zeit halten
KH Rumänisches Kreuzheben	2	10-12	8.5	2:1:1:1	2,0								Langsame Ausführung, Beinbeuger schön dehnen, Spannung im Rücken halten
Wadenheben schwer	4	4-6	8,5	2:1:2:1	2,0								Volle ROM, am tiefsten Punkt 2s warten
Wadenheben leichter	4	10-12	9.5	2:1:2:1	2,0								Volle ROM, am tiefsten Punkt 2s warten

Notizen zum Workout:

DAS PROGRAMM WOCHE #2

Woche 2: Bein Tag B

Übung	Sätze	Wdh.	RPE	Kadenz	Pause	Kg.	1	2	3	4	5	6	Hinweise
LH Rumänisches Kreuzheben	3	4-6	8.5	2:1:1:1	3,0								Langsame Ausführung, Beinbeuger schön dehnen, Spannung im Rücken halten
Beinbeuger liegend	3	8-10	8.5	2:1:1:1	2,0								Explosive konzentrische Bewegung, sehr langsame exzentrische Ausführung
Hackenschmidt Squads	2	12-15	9.5	2:1:1:1	2,0								Wenig Gewicht, viel Gefühl, falls Maschine nicht vorhanden, mit Smith-Maschine Squats ersetzen
Ausfallschritte	2	10-15	9.5	2:1:1:1	2,0								10 bis 15 Schritte pro Bein; gefühlt nach oben drücken, nicht nur nach vorne
Wadenheben stehend mit Eigengewicht	2	15	9	3:1:2:1	2,0								Auf Tritt stellen, notfalls mit Zusatzgewicht

Volumen Total:
Quads: 138 Wdh.; Beinbeuger: 132 Wdh.; Waden 102

Notizen zum Workout:

DAS PROGRAMM WOCHE #3

Woche 3: Bein Tag A

Übung	Sätze	Wdh.	RPE	Kadenz	Pause	Kg.	1	2	3	4	5	6	Hinweise
Kniebeugen	4	4-6	8.5	2:1:1:1	3,0								Knie und Füße zeigen in dieselbe Richtung, Spannung im gesamten Körper
Beinpresse	3	8-10	8.5	2:1:1:1	2,5								Füße positionieren wie du magst, volle ROM, Spannung im Bauch halten
Beinstrecker	2	10-12	8.5	2:1:1:1	2,0								Mind-Muscle-Connection in den Vastus medialis legen, Spannung über gesamte Zeit halten
KH Rumänisches Kreuzheben	2	10-12	8.5	2:1:1:1	2,0								Langsame Ausführung, Beinbeuger schön dehnen, Spannung im Rücken halten
Wadenheben schwer	4	4-6	8,5	2:1:2:1	2,0								Volle ROM, am tiefsten Punkt 2s warten
Wadenheben leichter	4	10-12	9.5	2:1:2:1	2,0								Volle ROM, am tiefsten Punkt 2s warten

Notizen zum Workout:

DAS PROGRAMM WOCHE #3

Woche 3: Bein Tag B

Übung	Sätze	Wdh.	RPE	Kadenz	Pause	Kg.	1	2	3	4	5	6	Hinweise
LH Rumänisches Kreuzheben	4	4-6	8.5	2:1:1:1	3,0								Langsame Ausführung, Beinbeuger schön dehnen, Spannung im Rücken halten
Beinbeuger liegend	3	8-10	8.5	2:1:1:1	2,0								Explosive konzentrische Bewegung, sehr langsame exzentrische Ausführung
Hackenschmidt Squads	2	12-15	9.5	2:1:1:1	2,0								Wenig Gewicht, viel Gefühl, falls Maschine nicht vorhanden, mit Smith-Maschine Squats ersetzen
Ausfallschritte	2	10-15	9.5	2:1:1:1	2,0								10 bis 15 Schritte pro Bein; gefühlt nach oben drücken, nicht nur nach vorne
Wadenheben stehend mit Eigengewicht	2	15	9	3:1:2:1	2,0								Auf Tritt stellen, notfalls mit Zusatzgewicht

Volumen Total:
Quads: 138 Wdh.; Beinbeuger: 138 Wdh.; Waden 102

Notizen zum Workout:

DAS PROGRAMM — WOCHE #4

Woche 4: Bein Tag A

Übung	Sätze	Wdh.	RPE	Kadenz	Pause	Kg.	1	2	3	4	5	6	Hinweise
Kniebeugen	5	4-6	8.5	2:1:1:1	3,0								Knie und Füße zeigen in dieselbe Richtung, Spannung im gesamten Körper
Beinpresse	3	8-10	8.5	2:1:1:1	2,5								Füße positionieren wie du magst, volle ROM, Spannung im Bauch halten
Beinstrecker	2	10-12	8.5	2:1:1:1	2,0								Mind-Muscle-Connection in den Vastus medialis legen, Spannung über gesamte Zeit halten
KH Rumänisches Kreuzheben	2	10-12	8.5	2:1:1:1	2,0								Langsame Ausführung, Beinbeuger schön dehnen, Spannung im Rücken halten
Wadenheben schwer	4	4-6	8,5	2:1:2:1	2,0								Volle ROM, am tiefsten Punkt 2s warten
Wadenheben leichter	5	10-12	9.5	2:1:2:1	2,0								Volle ROM, am tiefsten Punkt 2s warten

Notizen zum Workout:

DAS PROGRAMM — WOCHE #4

Woche 4: Bein Tag B

Übung	Sätze	Wdh.	RPE	Kadenz	Pause	Kg.	1	2	3	4	5	6	Hinweise
LH Rumänisches Kreuzheben	5	4-6	8.5	2:1:1:1	3,0								Langsame Ausführung, Beinbeuger schön dehnen, Spannung im Rücken halten
Beinbeuger liegend	3	8-10	8.5	2:1:1:1	2,0								Explosive konzentrische Bewegung, sehr langsame exzentrische Ausführung
Hackenschmidt Squads	2	12-15	9.5	2:1:1:1	2,0								Wenig Gewicht, viel Gefühl, falls Maschine nicht vorhanden, mit Smith-Maschine Squats ersetzen
Ausfallschritte	2	10-15	9.5	2:1:1:1	2,0								10 bis 15 Schritte pro Bein; gefühlt nach oben drücken, nicht nur nach vorne
Wadenheben stehend mit Eigengewicht	2	15	9	3:1:2:1	2,0								Auf Tritt stellen, notfalls mit Zusatzgewicht

Volumen Total:
Quads: 144 Wdh.; Beinbeuger: 144 Wdh.; Waden 114

Notizen zum Workout:

DAS PROGRAMM — WOCHE #5

Woche 5: Bein Tag A

Übung	Sätze	Wdh.	RPE	Kadenz	Pause	Kg.	1	2	3	4	5	6	Hinweise
Kniebeugen	5	4-6	8.5	2:1:1:1	3,0								Knie und Füße zeigen in dieselbe Richtung, Spannung im gesamten Körper
Beinpresse	3	8-10	8.5	2:1:1:1	2,5								Füße positionieren wie du magst, volle ROM, Spannung im Bauch halten
Beinstrecker	3	10-12	8.5	2:1:1:1	2,0								Mind-Muscle-Connection in den Vastus medialis legen, Spannung über gesamte Zeit halten
KH Rumänisches Kreuzheben	3	10-12	8.5	2:1:1:1	2,0								Langsame Ausführung, Beinbeuger schön dehnen, Spannung im Rücken halten
Wadenheben schwer	4	4-6	8,5	2:1:2:1	2,0								Volle ROM, am tiefsten Punkt 2s warten
Wadenheben leichter	5	10-12	9.5	2:1:2:1	2,0								Volle ROM, am tiefsten Punkt 2s warten

Notizen zum Workout:

DAS PROGRAMM WOCHE #5

Woche 5: Bein Tag B

Übung	Sätze	Wdh.	RPE	Kadenz	Pause	Kg.	1	2	3	4	5	6	Hinweise
LH Rumänisches Kreuzheben	5	4-6	8.5	2:1:1:1	3,0								Langsame Ausführung, Beinbeuger schön dehnen, Spannung im Rücken halten
Beinbeuger liegend	3	8-10	8.5	2:1:1:1	2,0								Explosive konzentrische Bewegung, sehr langsame exzentrische Ausführung
Hackenschmidt Squads	2	12-15	9.5	2:1:1:1	2,0								Wenig Gewicht, viel Gefühl, falls Maschine nicht vorhanden, mit Smith-Maschine Squats ersetzen
Ausfallschritte	2	10-15	9.5	2:1:1:1	2,0								10 bis 15 Schritte pro Bein; gefühlt nach oben drücken, nicht nur nach vorne
Wadenheben stehend mit Eigengewicht	2	15	9	3:1:2:1	2,0								Auf Tritt stellen, notfalls mit Zusatzgewicht

Volumen Total:
Quads: 156 Wdh.; Beinbeuger: 156 Wdh.; Waden 114

Notizen zum Workout:

WOCHE #6

Woche 6: Bein Tag A

Übung	Sätze	Wdh.	RPE	Kadenz	Pause	Kg.	1	2	3	4	5	6	Hinweise
Kniebeugen	5	4-6	8.5	2:1:1:1	3,0								Knie und Füße zeigen in dieselbe Richtung, Spannung im gesamten Körper
Beinpresse	3	8-10	8.5	2:1:1:1	2,5								Füße positionieren wie du magst, volle ROM, Spannung im Bauch halten
Beinstrecker	2	10-12	8.5	2:1:1:1	2,0								Mind-Muscle-Connection in den Vastus medialis legen, Spannung über gesamte Zeit halten
KH Rumänisches Kreuzheben	2	10-12	8.5	2:1:1:1	2,0								Langsame Ausführung, Beinbeuger schön dehnen, Spannung im Rücken halten
Wadenheben schwer	4	4-6	8,5	2:1:2:1	2,0								Volle ROM, am tiefsten Punkt 2s warten
Wadenheben leichter	5	10-12	9.5	2:1:2:1	2,0								Volle ROM, am tiefsten Punkt 2s warten

Notizen zum Workout:

DAS PROGRAMM WOCHE #6

Woche 6: Bein Tag B

Übung	Sätze	Wdh.	RPE	Kadenz	Pause	Kg.	1	2	3	4	5	6	Hinweise
LH Rumänisches Kreuzheben	5	4-6	8.5	2:1:1:1	3,0								Langsame Ausführung, Beinbeuger schön dehnen, Spannung im Rücken halten
Beinbeuger liegend	3	8-10	8.5	2:1:1:1	2,0								Explosive konzentrische Bewegung, sehr langsame exzentrische Ausführung
Hackenschmidt Squads	3	12-15	9.5	2:1:1:1	2,0								Wenig Gewicht, viel Gefühl, falls Maschine nicht vorhanden, mit Smith-Maschine Squats ersetzen
Ausfallschritte	2	10-15	9.5	2:1:1:1	2,0								10 bis 15 Schritte pro Bein; gefühlt nach oben drücken, nicht nur nach vorne
Wadenheben stehend mit Eigengewicht	3	15	9	3:1:2:1	2,0								Auf Tritt stellen, notfalls mit Zusatzgewicht

Volumen Total:
Quads: 171 Wdh.; Beinbeuger: 156 Wdh.; Waden 129

Notizen zum Workout:

DAS PROGRAMM — WOCHE #7

Woche 7: Bein Tag A

Übung	Sätze	Wdh.	RPE	Kadenz	Pause	Kg.	1	2	3	4	5	6	Hinweise
Kniebeugen	5	4-6	8.5	2:1:1:1	3,0								Knie und Füße zeigen in dieselbe Richtung, Spannung im gesamten Körper
Beinpresse	3	8-10	8.5	2:1:1:1	2,5								Füße positionieren wie du magst, volle ROM, Spannung im Bauch halten
Beinstrecker	2	10-12	8.5	2:1:1:1	2,0								Mind-Muscle-Connection in den Vastus medialis legen, Spannung über gesamte Zeit halten
KH Rumänisches Kreuzheben	3	10-12	8.5	2:1:1:1	2,0								Langsame Ausführung, Beinbeuger schön dehnen, Spannung im Rücken halten
Wadenheben schwer	4	4-6	8,5	2:1:2:1	2,0								Volle ROM, am tiefsten Punkt 2s warten
Wadenheben leichter	5	10-12	9.5	2:1:2:1	2,0								Volle ROM, am tiefsten Punkt 2s warten

Notizen zum Workout:

DAS PROGRAMM WOCHE #7

Woche 7: Bein Tag B

Übung	Sätze	Wdh.	RPE	Kadenz	Pause	Kg.	1	2	3	4	5	6	Hinweise
LH Rumänisches Kreuzheben	5	4-6	8.5	2:1:1:1	3,0								Langsame Ausführung, Beinbeuger schön dehnen, Spannung im Rücken halten
Beinbeuger liegend	3	8-10	8.5	2:1:1:1	2,0								Explosive konzentrische Bewegung, sehr langsame exzentrische Ausführung
Hackenschmidt Squads	3	12-15	9.5	2:1:1:1	2,0								Wenig Gewicht, viel Gefühl, falls Maschine nicht vorhanden, mit Smith-Maschine Squats ersetzen
Ausfallschritte	2	10-15	9.5	2:1:1:1	2,0								10 bis 15 Schritte pro Bein; gefühlt nach oben drücken, nicht nur nach vorne
Wadenheben stehend mit Eigengewicht	3	15	9	3:1:2:1	2,0								Auf Tritt stellen, notfalls mit Zusatzgewicht

Volumen Total:
Quads: 171 Wdh.; Beinbeuger: 168 Wdh.; Waden 129

Notizen zum Workout:

DAS PROGRAMM — WOCHE #8

Woche 8: Bein Tag A

Übung	Sätze	Wdh.	RPE	Kadenz	Pause	Kg.	1	2	3	4	5	6	Hinweise
Kniebeugen	5	4-6	8.5	2:1:1:1	3,0								Knie und Füße zeigen in dieselbe Richtung, Spannung im gesamten Körper
Beinpresse	3	8-10	8.5	2:1:1:1	2,5								Füße positionieren wie du magst, volle ROM, Spannung im Bauch halten
Beinstrecker	3	10-12	8.5	2:1:1:1	2,0								Mind-Muscle-Connection in den Vastus medialis legen, Spannung über gesamte Zeit halten
KH Rumänisches Kreuzheben	3	10-12	8.5	2:1:1:1	2,0								Langsame Ausführung, Beinbeuger schön dehnen, Spannung im Rücken halten
Wadenheben schwer	4	4-6	8,5	2:1:2:1	2,0								Volle ROM, am tiefsten Punkt 2s warten
Wadenheben leichter	5	10-12	9.5	2:1:2:1	2,0								Volle ROM, am tiefsten Punkt 2s warten

Notizen zum Workout:

DAS PROGRAMM — WOCHE #8

Woche 8: Bein Tag B

Übung	Sätze	Wdh.	RPE	Kadenz	Pause	Kg.	1	2	3	4	5	6	Hinweise
LH Rumänisches Kreuzheben	5	4-6	8.5	2:1:1:1	3,0								Langsame Ausführung, Beinbeuger schön dehnen, Spannung im Rücken halten
Beinbeuger liegend	3	8-10	8.5	2:1:1:1	2,0								Explosive konzentrische Bewegung, sehr langsame exzentrische Ausführung
Hackenschmidt Squads	3	12-15	9.5	2:1:1:1	2,0								Wenig Gewicht, viel Gefühl, falls Maschine nicht vorhanden, mit Smith-Maschine Squats ersetzen
Ausfallschritte	2	10-15	9.5	2:1:1:1	2,0								10 bis 15 Schritte pro Bein; gefühlt nach oben drücken, nicht nur nach vorne
Wadenheben stehend mit Eigengewicht	3	15	9	3:1:2:1	2,0								Auf Tritt stellen, notfalls mit Zusatzgewicht

Volumen Total:
Quads: 183 Wdh.; Beinbeuger: 168 Wdh.; Waden 129

Notizen zum Workout:

DAS PROGRAMM — WOCHE #9

Woche 9: Bein Tag A

Übung	Sätze	Wdh.	RPE	Kadenz	Pause	Kg.	1	2	3	4	5	6	Hinweise
Kniebeugen	5	4-6	8.5	2:1:1:1	3,0								Knie und Füße zeigen in dieselbe Richtung, Spannung im gesamten Körper
Beinpresse	3	8-10	8.5	2:1:1:1	2,5								Füße positionieren wie du magst, volle ROM, Spannung im Bauch halten
Beinstrecker	3	10-12	8.5	2:1:1:1	2,0								Mind-Muscle-Connection in den Vastus medialis legen, Spannung über gesamte Zeit halten
KH Rumänisches Kreuzheben	3	10-12	8.5	2:1:1:1	2,0								Langsame Ausführung, Beinbeuger schön dehnen, Spannung im Rücken halten
Wadenheben schwer	4	4-6	8,5	2:1:2:1	2,0								Volle ROM, am tiefsten Punkt 2s warten
Wadenheben leichter	5	10-12	9.5	2:1:2:1	2,0								Volle ROM, am tiefsten Punkt 2s warten

Notizen zum Workout:

* Die 9. Woche ist eine Deload-Woche. Das bedeutet, dass wir den Muskeln eine Pause gönnen, sich unser zentrales Nervensystem vollständig erholen lassen, um daraufhin die letzten drei Wochen nochmal alles geben zu können. Verringere auch das Arbeitsgewicht um circa 30-50% und trainiere nicht im Ansatz bis zum Muskelversagen.

Die Deload-Woche mag zwar nicht so spannend sein, ist aber wichtig - weshalb du sie dringend umsetzen musst.

DAS PROGRAMM WOCHE #9

Woche 9: Bein Tag B

Übung	Sätze	Wdh.	RPE	Kadenz	Pause	Kg.	1	2	3	4	5	6	Hinweise
LH Rumänisches Kreuzheben	5	4-6	8.5	2:1:1:1	3,0								Langsame Ausführung, Beinbeuger schön dehnen, Spannung im Rücken halten
Beinbeuger liegend	3	8-10	8.5	2:1:1:1	2,0								Explosive konzentrische Bewegung, sehr langsame exzentrische Ausführung
Hackenschmidt Squads	3	12-15	9.5	2:1:1:1	2,0								Wenig Gewicht, viel Gefühl, falls Maschine nicht vorhanden, mit Smith-Maschine Squats ersetzen
Ausfallschritte	2	10-15	9.5	2:1:1:1	2,0								10 bis 15 Schritte pro Bein; gefühlt nach oben drücken, nicht nur nach vorne
Wadenheben stehend mit Eigengewicht	3	15	9	3:1:2:1	2,0								Auf Tritt stellen, notfalls mit Zusatzgewicht

Volumen Total:
Quads: 183 Wdh.; Beinbeuger: 168 Wdh.; Waden 129

Notizen zum Workout:

DAS PROGRAMM WOCHE #10

Woche 10: Bein Tag A

Übung	Sätze	Wdh.	RPE	Kadenz	Pause	Kg.	1	2	3	4	5	6	Hinweise
Kniebeugen	5	4-6	8.5	2:1:1:1	3,0								Knie und Füße zeigen in dieselbe Richtung, Spannung im gesamten Körper
Beinpresse	4	8-10	8.5	2:1:1:1	2,5								Füße positionieren wie du magst, volle ROM, Spannung im Bauch halten
Front Squats	3	10-12	8.5	2:1:1:1	2,0								Mind-Muscle-Connection in den Vastus medialis legen, Spannung über gesamte Zeit halten
KH Rumänisches Kreuzheben	3	10-12	8.5	2:1:1:1	2,0								Langsame Ausführung, Beinbeuger schön dehnen, Spannung im Rücken halten
Wadenheben schwer	4	4-6	8,5	2:1:2:1	2,0								Volle ROM, am tiefsten Punkt 2s warten
Wadenheben leichter	5	10-12	9.5	2:1:2:1	2,0								Volle ROM, am tiefsten Punkt 2s warten

Notizen zum Workout:

DAS PROGRAMM WOCHE #10

Woche 10: Bein Tag B

Übung	Sätze	Wdh.	RPE	Kadenz	Pause	Kg.	1	2	3	4	5	6	Hinweise
LH Rumänisches Kreuzheben	5	4-6	8.5	2:1:1:1	3,0								Langsame Ausführung, Beinbeuger schön dehnen, Spannung im Rücken halten
Beinbeuger liegend	4	8-10	8.5	2:1:1:1	2,0								Explosive konzentrische Bewegung, sehr langsame exzentrische Ausführung
Hackenschmidt Squads	3	12-15	9.5	2:1:1:1	2,0								Wenig Gewicht, viel Gefühl, falls Maschine nicht vorhanden, mit Smith-Maschine Squats ersetzen
Ausfallschritte	3	10-15	9.5	2:1:1:1	2,0								10 bis 15 Schritte pro Bein; gefühlt nach oben drücken, nicht nur nach vorne
Wadenheben stehend mit Eigengewicht	3	15	9	3:1:2:1	2,0								Auf Tritt stellen, notfalls mit Zusatzgewicht

Volumen Total:
Quads: 196 Wdh.; Beinbeuger: 168 Wdh.; Waden 129

Notizen zum Workout:

DAS PROGRAMM WOCHE #11

Woche 11: Bein Tag A

Übung	Sätze	Wdh.	RPE	Kadenz	Pause	Kg.	1	2	3	4	5	6	Hinweise
Kniebeugen	5	4-6	8.5	2:1:1:1	3,0								Knie und Füße zeigen in dieselbe Richtung, Spannung im gesamten Körper
Beinpresse	4	8-10	8.5	2:1:1:1	2,5								Füße positionieren wie du magst, volle ROM, Spannung im Bauch halten
Front Squats	3	10-12	8.5	2:1:1:1	2,0								Mind-Muscle-Connection in den Vastus medialis legen, Spannung über gesamte Zeit halten
KH Rumänisches Kreuzheben	3	10-12	8.5	2:1:1:1	2,0								Langsame Ausführung, Beinbeuger schön dehnen, Spannung im Rücken halten
Wadenheben schwer	4	4-6	8,5	2:1:2:1	2,0								Volle ROM, am tiefsten Punkt 2s warten
Wadenheben leichter	5	10-12	9.5	2:1:2:1	2,0								Volle ROM, am tiefsten Punkt 2s warten

Notizen zum Workout:

DAS PROGRAMM — WOCHE #11

Woche 11: Bein Tag B

Übung	Sätze	Wdh.	RPE	Kadenz	Pause	Kg.	1	2	3	4	5	6	Hinweise
LH Rumänisches Kreuzheben	5	4-6	8.5	2:1:1:1	3,0								Langsame Ausführung, Beinbeuger schön dehnen, Spannung im Rücken halten
Beinbeuger liegend	4	8-10	8.5	2:1:1:1	2,0								Explosive konzentrische Bewegung, sehr langsame exzentrische Ausführung
Hackenschmidt Squads	3	12-15	9.5	2:1:1:1	2,0								Wenig Gewicht, viel Gefühl, falls Maschine nicht vorhanden, mit Smith-Maschine Squats ersetzen
Ausfallschritte	3	10-15	9.5	2:1:1:1	2,0								10 bis 15 Schritte pro Bein; gefühlt nach oben drücken, nicht nur nach vorne
Wadenheben stehend mit Eigengewicht	3	15	9	3:1:2:1	2,0								Auf Tritt stellen, notfalls mit Zusatzgewicht

Volumen Total:
Quads: 196 Wdh.; Beinbeuger: 168 Wdh.; Waden 129

Notizen zum Workout:

DAS PROGRAMM WOCHE #12

Woche 12: Bein Tag A

Übung	Sätze	Wdh.	RPE	Kadenz	Pause	Kg.	1	2	3	4	5	6	Hinweise
Kniebeugen	5	4-6	8.5	2:1:1:1	3,0								Knie und Füße zeigen in dieselbe Richtung, Spannung im gesamten Körper
Beinpresse	4	8-10	8.5	2:1:1:1	2,5								Füße positionieren wie du magst, volle ROM, Spannung im Bauch halten
Front Squats	3	10-12	8.5	2:1:1:1	2,0								Mind-Muscle-Connection in den Vastus medialis legen, Spannung über gesamte Zeit halten
KH Rumänisches Kreuzheben	3	10-12	8.5	2:1:1:1	2,0								Langsame Ausführung, Beinbeuger schön dehnen, Spannung im Rücken halten
Wadenheben schwer	4	4-6	8,5	2:1:2:1	2,0								Volle ROM, am tiefsten Punkt 2s warten
Wadenheben leichter	5	10-12	9.5	2:1:2:1	2,0								Volle ROM, am tiefsten Punkt 2s warten

Notizen zum Workout:

DAS PROGRAMM — WOCHE #12

Woche 12: Bein Tag B

Übung	Sätze	Wdh.	RPE	Kadenz	Pause	Kg.	1	2	3	4	5	6	Hinweise
LH Rumänisches Kreuzheben	5	4-6	8.5	2:1:1:1	3,0								Langsame Ausführung, Beinbeuger schön dehnen, Spannung im Rücken halten
Beinbeuger liegend	4	8-10	8.5	2:1:1:1	2,0								Explosive konzentrische Bewegung, sehr langsame exzentrische Ausführung
Hackenschmidt Squads	3	12-15	9.5	2:1:1:1	2,0								Wenig Gewicht, viel Gefühl, falls Maschine nicht vorhanden, mit Smith-Maschine Squats ersetzen
Ausfallschritte	3	10-15	9.5	2:1:1:1	2,0								10 bis 15 Schritte pro Bein; gefühlt nach oben drücken, nicht nur nach vorne
Wadenheben stehend mit Eigengewicht	3	15	9	3:1:2:1	2,0								Auf Tritt stellen, notfalls mit Zusatzgewicht

Volumen Total:
Quads: 196 Wdh.; Beinbeuger: 168 Wdh.; Waden 129

Notizen zum Workout:

Das Wunder ist nicht, dass ich es geschafft habe. Das Wunder ist, dass ich den Mut hatte anzufangen.

- John Bingham

Deltoid Domination

8 Wochen Schulter-Hypertrophie

FAQs zum Schulter-Hypertrophie-Programm

1. Warum gibt es hier einen eigenen Schultertag?

Studien zeigen immer wieder, dass je früher man sich innerhalb einer Trainingseinheit befindet, desto mehr Kraft hat man und desto stärker und härter kann man bestimmte Muskelgruppen trainieren. [1] Die einzelnen Schulterköpfe, welche für eine große und runde Schulter ausgeprägt werden müssen, werden häufig im Training erst spät trainiert und können so selten mit der nötigen Intensität und Härte beansprucht werden, welche für einen anabolen Aufbau notwendig wäre. Indem wir nun den Schultern einen eigenen Tag geben, gehen wir diesem Problem aus dem Wege und stellen sicher, dass die Schultern die Aufmerksamkeit bekommen, die sie verdient haben.

2. Werden in diesem Workout-Programm nur noch die Schultern trainiert?

Selbstverständlich nicht. Ich stelle dir mehrere mögliche Trainingssplits vor, bei denen für einen Zeitraum von 8 Wochen besonderer Fokus auf Ausbildung der drei verschiedenen Schulterköpfe gelegt wird. Ich empfehle hier generell zu einem Oberkörper- / Unterkörper-Split zu greifen, doch ich werde dir auch gleich Alternativen für das GK-Training vorstellen.

3. Ich habe noch Muskelkater vom Training zuvor - sollte ich trotzdem ins Training?

Mit Muskelkater erneut ins Training zu gehen, ist an sich kein Problem, solange man dadurch nicht die Gefahr für ein fahrlässiges Training und eine somit mögliche Verletzung riskiert. Sollte es dir schwerfallen, die Gewicht sauber zu bewegen und einen vollen und kontrollierten Bewegungsablauf der jeweiligen Übungen zu gewährleisten, dann beende das Training lieber und komme am nächsten Tag wieder. Ansonsten investiere mehr Zeit für das Warm-up und bereite dich so für das anstehende Workout besser vor. Solltest du nach 4 - 6 Wochen immer noch immer wieder stark vom Muskelkater betroffen sein, dann erhöhe deine tägliche Kalorienzufuhr und arbeite an deinem Schlaf. Der ideale Zustand ist stets die Abwesenheit von heftigem Muskelkater!

4. Was tun, wenn ich kein Schulterdrücken mit der Langhantel im Stehen machen kann?

Alternativ kannst du das Schulterdrücken im Sitzen oder mit Kurzhanteln, ebenfalls sitzend, ausüben. Diese Übungen beanspruchen alle die Muskeln sehr ähnlich und sind deshalb ebenfalls geeignet - auch wenn ich dir dringend zum Schulterdrücken mit der Langhantel im Stehen rate.

5. Warum gibt es nur diese Übungen, sind andere nicht vielleicht besser?

Die Übungen in diesem Programm bringen die höchste Form der Aktivierung der einzelnen Muskelfasern mit sich und sind deshalb fester Bestandteil. Mehr Variation braucht es nicht für den Muskelaufbau, vielmehr benötigen wir eine progressive Steigerung und ein Erhöhen des Volumens. Wir müssen besser werden, und nicht stets nach neuen und ausgefallenen Übungen suchen. Diese Übungen sind das Resultat meiner letzten 5 Jahre des Trainings und sind nicht nur extrem effektiv, sondern auch leicht zu erlernen und gut von Woche zu Woche umsetzbar.

6. Wie viel Gewicht soll ich nehmen?

Das Arbeitsgewicht richtet sich nach der Wiederholungszahl und deiner eigenen aktuellen Kraftkapazität. Je weniger Wiederholungen auf dem Programm stehen, desto mehr Gewicht lädst du logischerweise auf und umgekehrt. Am Ende solltest du immer gerade so die angestrebte Wiederholungs- und Satzzahl erreichen und so viel Gewicht nehmen, dass es immer eine wirkliche Herausforderung für dich ist. Leider ist dies die einzig wirklich gute Erklärung, die ich dir mit auf den Weg geben kann.

Je länger du dabei bist, desto besser wirst du deine Gewichte kennen und dich intuitiv besser einordnen. In der Praxis solltest du so trainieren, dass eventuell noch eine Wiederholung möglich gewesen wäre oder es ein klein wenig mehr Gewicht hätte sein können. Das ist eine gute Grenze und entspricht ungefähr einem RPE von 8.5 bis 9. Ist der Wert höher angegeben, dann trainiere so hart, dass du quasi bis zum Muskelversagen trainierst und dementsprechend viel oder wenig Gewicht auflädst.

7. Wie steigere ich mit dem Programm und in Zukunft?

Progression ist und bleibt das A und O, das sollte bis hierhin klar sein und die folgenden Wochen und Monate sind natürlich keine Ausnahme. Zum einen hast du deinen Basis-Trainingsplan. Hier wendest du die doppelte Progression an, so wie ich es auf Seite 92 beschrieben habe. Hierfür ist eine stetige Dokumentation deines Trainings notwenig und ohne wirst du wenig bis kaum Erfolg haben. Selbiges gilt auch für die nun folgenden Elite Trainings.

Auch hier ist eine doppelte Progression und eine stetige Dokumentation notwendig, nur dass hier von Woche zu Woche nochmals mehr Volumen dazu kommt. Man könnte es quasi schon eine dreifache Progression nennen, die aber ebenso funktioniert wie die doppelte Progression. Dokumentiere deine Workouts, versuch dich zu steigern und deine Leistung hochzuhalten. Falls dann ein Satz oder eine Übung noch hinzukommt, dann trainierst du mit demselben Gewicht in derselben Intensität weiter und versucht lediglich eine, Schippe draufzupacken. Wenn du erst einmal im Programm bist und trainierst, wirst du verstehen was ich meine.

8. Brauche ich einen Gewichthebergürtel zum Schulterdrücken?

Nein, dies ist auch hier nicht zwingend notwendig. Falls du dich aber an manchen Tagen beim schweren Schulterdrücken mit der Langhantel unsicher und etwas schwach fühlst, dann kannst du hin und wieder zu einem Gürtel zur Unterstützung greifen.

Die Schulter-Anatomie

Schultermuskulatur im Überblick:

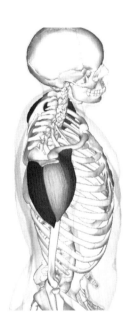

Rechts: Anteroir Deltamuskel - Vordere Schultermuskualtur

Mitte: Lateral Deltamuskel - Seitliche Schultermuskualtur

Links: Posterior Deltamuskel - Hintere Schultermuskualtur

Anatomie und Funktion:

Das Schultergelenk ist ein sogenanntes "Kugelgelenk", d.h. es bietet einen sehr hohen und freien Bewegungsgrad, und die darauf wirkenden Muskeln können und müssen viele verschiedene Funktionen ausüben. Die Schultermuskulatur ist dabei in drei verschiedene Gruppierungen von Fasern oder auch "Köpfen" unterteilt, die im Folgenden beschrieben und später auch einzeln gezielt trainiert werden.

Anterior (vorderer) Deltamuskel:

Der vordere Deltamuskel entspringt aus dem Schlüsselbein und setzt in den Oberarmknochen des Oberarms ein. Seine Hauptfunktion ist die Schulterbeugung (oder das Anheben des Armes wie beim Frontheben). Da der vordere Delta jedoch sein größtes Kraftpotential mit den Armen oberhalb der Horizontalen aufweist, ist das Frontheben beispielsweise nicht die optimale Methode, um die vorderen Deltas zu trainieren - horizontales und vertikales Drücken sind hier wesentlich effektiver.

Lateral (seitlicher) Deltamuskel:

Der laterale oder "seitliche" Deltamuskel entspringt aus der Oberseite des Schulterblattes und ist auch am Oberarmknochen angesetzt. Seine Hauptfunktion ist die Schulterabduktion (oder das Anheben des Armes zur Seite wie beim Seitheben).

Posterior (hinterer) Deltamuskel:

Der posterior oder „hinterer" Deltamuskel fügt sich etwas weiter hinten auf dem Schulterblatt an als der seitliche Deltamuskel (genauer gesagt am unteren Rand der knöchernen Protuberanz, der sogenannten Schulterblattwirbelsäule), wobei er aber immer noch am Oberarmknochen sitzt. Seine Hauptfunktion ist die horizontale Schulterabduktion (oder das horizontale Anheben des Armes zur Seite).

Rotatorenmanschette:

Die Rotatorenmanschette besteht aus vier Muskeln, dem Supraspinatus, Infraspinatus, Teres minor und dem Subscapularis, die gemeinsam die Stabilisierung der Schultergelenke und die Innen- und Außenrotation übernehmen. Einige Formen der Außenrotation im Training auszuüben, wie beispielsweise eine seitliche Außenrotation am Kabelzug bei 0° Abduktion ist effektiv, um die Schulterstabilität zu verbessern. [2]

Faserart der Schultermuskulatur:

Mehrere Forschungen deuten darauf hin, dass die Deltamuskulatur fast zu 50% aus Typ-1, bzw. langsamen und ermüdungsresistenteren Fasern besteht und zu 50% aus Typ-2-Muskelfasern bzw. den schnellen, relativ ermüdungsanfälligeren Fasern. [3]

Das bedeutet für uns, dass wir die Schultern mit einer Vielzahl von unterschiedlichen Wiederholungsbereichen trainieren sollten mit mindestens einer schweren „Hauptbewegung", um die Typ-2-Fasern vollständig zu aktivieren. Da die seitlichen und hinteren Deltaköpfe eine verhältnismäßig niedrige Kraftgenerierungskapazität haben, ist es besser, hier leichtere Gewichte und höhere Wiederholungszahlen anzustreben, um diese kleineren Muskeln gezielt zu trainieren. Was wir hier vermeiden wollen, ist, dass bei zu schwerem Gewicht stärkere Hilfsmuskeln übernehmen und die eigentliche Arbeit leisten, so wie zum Beispiel der Trapezmuskel es könnte.

Interessant ist auch, dass Bodybuilder in der Regel die 5-fache Entwicklung der vorderen Schulter haben im Vergleich zur normalen Bevölkerung, aber nur das 3-fache bei der seitlichen bzw. nur 10-15% mehr bei der hinteren. [4] Dies zeigt, dass besonders häufig die seitliche und hintere Schultermuskulatur noch viel Raum zur Verbesserung haben.

Mögliche Splits

Je nach Trainingsfortschritt und Trainingsphilosphie lässt sich das Schulter-Hypertrophie-Programm wunderbar sowohl in ein Ganzkörpertraining implementieren als auch in ein Oberkörper- / Unterkörper-Split. Dies beutetet für dich, du kannst dein favorisiertes Training aus dem Basis-Trainingsplan fortführen und trotzdem bzw. vor allem dessen einen besonderen Fokus auf die Brust legen.

Tendenziell empfehle ich hierbei eher einen OK-/UK-Split, aber ein GK ist auch hier sehr gut möglich. Wer bisher erst zwischen 6 bis 12 Monate regelmäßig im Fitnessstudio "gutes" Krafttraining macht, dem rate ich zum GK - alles darüber hinaus kann im Ok-/Uk-Split trainieren.

1) Ganzkörpertraining 3x in der Woche:

Tag 1: Ganzkörpertraining + **Schulter Zusatz A**

Tag 2: Pause

Tag 3: **Schultertag**

Tag 4: Pause

Tag 5: Ganzkörpertraining + **Schulter Zusatz A**

Tag 6: Pause

Tag 7: Pause

2) Ganzkörpertraining jeden zweiten Tag

Tag 1: **Schultertag (Woche 1)**

Tag 2: Pause

Tag 3: Ganzkörpertraining + **Schulter Zusatz A (Woche 1)**

Tag 4: Pause

Tag 5: Ganzkörpertraining + **Schulter Zusatz B (Woche 1)**

Tag 6: Pause

Tag 7: **Schultertag (Woche 2)**

Tag 8: Pause

Tag 9: Ganzkörpertraining + **Schulter Zusatz A (Woche 2)**

Tag 10: Pause

Tag 11: Ganzkörpertraining + **Schulter Zusatz B (Woche 2)**

Tag 12: Pause

Tag 13:		Pause

Tag 14:		**Schultertag (Woche 3)**

Tag 15:		Pause

Tag 16:		Ganzkörpertraining + **Schulter Zusatz B (Woche 3)**

…

*das Schulter-Hypertrophie-Programm ist auf 3 feste Tage in der Woche ausgelegt. Ein einzelner Schultertag und 2 Tage, an denen zusätzliche Arbeit für die Schulter geleitest wird. Deshalb habe ich eingangs auch geschrieben, dass dieses Programm am besten mit einem OK-/Uk-Split umzusetzten ist.

Wer dagegen jeden 2. Tag ein GK verfolgt, muss etwas flexibler sein. Hier wird ein GK-Training durch einen einzelnen Schultertag ersetzt, woraufhin an den folgenden zwei Ganzkörpereinheiten jeweils zusätzliche Arbeit für die Schultern verrichtet wird. Dieser Zyklus wiederholt sich dann stets so lange, bis die 8 Wochen und das Programm rum sind.

Nach zwei dieser Zyklen bzw. Wochen empfehle ich dir jedoch, zwei Tage Pause vom Gym zu nehmen, anstatt nur einen. Die Widerstandsfähigkeit deiner Schultermuskulatur wird zwar zunehmen dennoch halte ich es für sinnvoll, hier ihr zwei Tage Pause zu gönnen. Auch kannst du öfter Pause machen und das Programm beispielsweise auf 10 Wochen strecken. Achte auf deine Regeneration und ob dein Körper mit der hohen Frequenz zurechtkommt, ansonsten erhöhe die freien Tage zwischen den einzelnen Schulter-workouts, bis es passt.

3) Oberkörper-/Unterkörper-Split:

Tag 1: Oberkörper + **Schulter Zusatz A**

Tag 2: Unterkörper

Tag 3: **Schultertag**

Tag 4: Pause

Tag 5: Oberkörper + **Schulter Zusatz B**

Tag 6: Unterkörper

Tag 7: Pause

Ich persönliche empfehle dir den Split #3 für optimale Resultate. Besonders Dank des möglichen Fokus und einer klar strukturierten Woche. Dennoch sei auch hier nochmals erwähnt, dass ein GK-Training ebenso gut funktionieren kann und wird, solange es smart ausgearbeitet ist. *<u>Es ist und bleibt eine Frage der Vorlieben und der Aufteilung.</u>*

Dies sind jedoch bei Weitem nicht die einzigen Split-Möglichkeiten, ganz im Gegenteil. Deiner Fantasie ist hier keinerlei Grenzen gesetzt und solange du dich an meinen ausführlichen Theorieteil hältst und alles dementsprechend umsetzt, wird auch alles gut werden. Die vorherigen drei Splits sind lediglich meine Empfehlungen - was du daraus machst, ist dir überlassen.

<u>Hinweis:</u>

Vermeide es für den Verlauf des Programmes bei Drück- bzw. Brustübungen außerhalb der Rückenübungen bis zum Muskelversagen zu trainieren.

(RPE 8.5 ist empfehlenswert)

Warm-up

Vor dem Training:

- 5-10 Minuten auf dem Laufband einlaufen, Körpertemperatur erwärmen
- Dynamisches Dehnen und Schwingen der Beine für 15-20 Wiederholungen
- Rotatorenmanschette am Kabelzug aufwärmen, 12-15 Wiederholungen pro Seite

Vor der ersten Übung für eine Muskelgruppe:

- Arbeite dich in 3 bis 4 Sätzen mit dem Gewicht nach oben, starte leicht
- Diese Warm-ups sind nur für schwere Übungen notwendig und nur zu Beginn

Damit startet die 4. Runde und dieses Programm ist mein persönliches Lieblingsprogramm. Große und runde Schultern verbessern einfach jegliche Ästhetik und lassen einen breiter und athletischer wirken, egal ob im Shirt oder ohne.

Also viel Spaß und gute Progression!

:)

DAS PROGRAMM — WOCHE #1

Woche 1: Schultertag

Übung	Sätze	Wdh.	RPE	Kadenz	Pause	Kg.	1	2	3	4	5	6	Hinweise
Kabelzug Außenrotatoren	2	12-15	6	1:1:1:	1,0								Übung zum Aufwärmen
LH Schulterdrücken	3	4-6	8.5	2:1:1:1	2,5								Körperspannung halten, Bauch und Oberschenkel besonders
KH Seitheben	2	8-10	8.5	2:1:1:1	2,0								Beide Arme gleichzeitig heben, eventuell leicht abfälschen bei den letzten Wiederholungen
Facepulls	2	10-12	9	2:1:1:1	2,0								Hier im Obergriff greifen, Schultern zusammenziehen und am Ende kurz halten
Rudern am Turm mit breitem Griff	2	15	9.5	2:1:2:1	2,0								Griff bis zur Brust führen, versuchen aus dem Rücken zu ziehen, nicht Armen

* Führe Tagebuch über deine erbrachten Leistungen, sodass du dich im Laufe des Programmes steigern und verbessern kannst. Mehr Leistung von Woche zu Woche = progressive Überladung = maximaler Muskelaufbau.

* In diesem Programm werden wir vermehrt Fokus auf die seitlichen und hinteren Deltas nehmen, da die vorderen ebenfalls bei vielen Übungen für die Brust mittrainiert wird.

DAS PROGRAMM WOCHE #1

Woche 1: Schulter Zusatz A

Übung	Sätze	Wdh.	RPE	Kadenz	Pause	Kg.	1	2	3	4	5	6	Hinweise
KH Schulterdrücken stehend / sitzend	3	8-10	8.5	2:1:1:1	2,0								Viel Spannung halten, Kurzhanteln nicht zu tief ablassen
Facepulls	3	12-15	9	2:1:1:1	2,0								Im Untergriff greifen, Kabelzug auf Kinnhöhe platzieren und am Ende der Bewegung halten

Woche 1: Schulter Zusatz B

Übung	Sätze	Wdh.	RPE	Kadenz	Pause	Kg.	1	2	3	4	5	6	Hinweise
Aufrechtes Rudern am Kabelzug	3	8-10	8.5	2:1:1:1	2,0								ROM: Nur so lange heben, bis die Ellbogen die Schulterhöhe erreicht haben
KH Seitheben	3	12-15	9	2:1:1:1	2,0								Beide Arme gleichzeitig heben, eventuell leicht abfälschen bei den letzten Wiederholungen
Umgekehrte Butterflys	2	15-20	9	2:1:1:1	2,0								Im Untergriff greifen, Kabelzug auf Kinnhöhe platzieren und am Ende der Bewegung halten

Volumen Total:
vordere: 38 Wdh.; seitliche: 95 Wdh.; hintere 119 Wdh.

DAS PROGRAMM — WOCHE #2

Woche 2: Schultertag

Übung	Sätze	Wdh.	RPE	Kadenz	Pause	Kg.	1	2	3	4	5	6	Hinweise
Kabelzug Außenrotatoren	2	12-15	6	1:1:1:	1,0								Übung zum Aufwärmen
LH Schulterdrücken	4	4-6	8.5	2:1:1:1	2,5								Körperspannung halten, Bauch und Oberschenkel besonders
KH Seitheben	3	8-10	8.5	2:1:1:1	2,0								Beide Arme gleichzeitig heben, eventuell leicht abfälschen bei den letzten Wiederholungen
Facepulls	2	10-12	9	2:1:1:1	2,0								Hier im Obergriff greifen, Schultern zusammenziehen und am Ende kurz halten
Rudern am Turm mit breitem Griff	2	15	9.5	2:1:2:1	2,0								Griff bis zur Brust führen, versuchen aus dem Rücken zu ziehen, nicht Armen

Notizen zum Workout:

DAS PROGRAMM — WOCHE #2

Woche 2: Schulter Zusatz A

Übung	Sätze	Wdh.	RPE	Kadenz	Pause	Kg.	1	2	3	4	5	6	Hinweise
KH Schulterdrücken stehend / sitzend	3	8-10	8.5	2:1:1:1	2,0								Viel Spannung halten, Kurzhanteln nicht zu tief ablassen
Facepulls	3	12-15	9	2:1:1:1	2,0								Im Untergriff greifen, Kabelzug auf Kinnhöhe platzieren und am Ende der Bewegung halten

Woche 2: Schulter Zusatz B

Übung	Sätze	Wdh.	RPE	Kadenz	Pause	Kg.	1	2	3	4	5	6	Hinweise
Aufrechtes Rudern am Kabelzug	3	8-10	8.5	2:1:1:1	2,0								ROM: Nur so lange heben, bis die Ellbogen die Schulterhöhe erreicht haben
KH Seitheben	3	12-15	9	2:1:1:1	2,0								Beide Arme gleichzeitig heben, eventuell leicht abfälschen bei den letzten Wiederholungen
Umgekehrte Butterflys	2	15-20	9	2:1:1:1	2,0								Im Untergriff greifen, Kabelzug auf Kinnhöhe platzieren und am Ende der Bewegung halten

Volumen Total:
vordere: 44 Wdh.; seitliche: 105 Wdh.; hintere 119 Wdh.

DAS PROGRAMM — WOCHE #3

Woche 3: Schultertag

Übung	Sätze	Wdh.	RPE	Kadenz	Pause	Kg.	1	2	3	4	5	6	Hinweise
Kabelzug Außenrotatoren	2	12-15	6	1:1:1:	1,0								Übung zum Aufwärmen
LH Schulterdrücken	5	4-6	8.5	2:1:1:1	2,5								Körperspannung halten, Bauch und Oberschenkel besonders
KH Seitheben	3	8-10	8.5	2:1:1:1	2,0								Beide Arme gleichzeitig heben, eventuell leicht abfälschen bei den letzten Wiederholungen
Facepulls	2	10-12	9	2:1:1:1	2,0								Hier im Obergriff greifen, Schultern zusammenziehen und am Ende kurz halten
Rudern am Turm mit breitem Griff	2	15	9.5	2:1:2:1	2,0								Griff bis zur Brust führen, versuchen aus dem Rücken zu ziehen, nicht Armen

Notizen zum Workout:

DAS PROGRAMM WOCHE #3

Woche 3: Schulter Zusatz A

Übung	Sätze	Wdh.	RPE	Kadenz	Pause	Kg.	1	2	3	4	5	6	Hinweise
KH Schulterdrücken stehend / sitzend	3	8-10	8.5	2:1:1:1	2,0								Viel Spannung halten, Kurzhanteln nicht zu tief ablassen
Facepulls	4	12-15	9	2:1:1:1	2,0								Im Untergriff greifen, Kabelzug auf Kinnhöhe platzieren und am Ende der Bewegung halten

Woche 3: Schulter Zusatz B

Übung	Sätze	Wdh.	RPE	Kadenz	Pause	Kg.	1	2	3	4	5	6	Hinweise
Aufrechtes Rudern am Kabelzug	3	8-10	8.5	2:1:1:1	2,0								ROM: Nur so lange heben, bis die Ellbogen die Schulterhöhe erreicht haben
KH Seitheben	4	12-15	9	2:1:1:1	2,0								Beide Arme gleichzeitig heben, eventuell leicht abfälschen bei den letzten Wiederholungen
Umgekehrte Butterflys	2	15-20	9	2:1:1:1	2,0								Im Untergriff greifen, Kabelzug auf Kinnhöhe platzieren und am Ende der Bewegung halten

Volumen Total:
vordere: 50 Wdh.; seitliche: 120 Wdh.; hintere 134 Wdh.

DAS PROGRAMM — WOCHE #4

Woche 4: Schultertag

Übung	Sätze	Wdh.	RPE	Kadenz	Pause	Kg.	1	2	3	4	5	6	Hinweise
Kabelzug Außenrotatoren	2	12-15	6	1:1:1:	1,0								Übung zum Aufwärmen
LH Schulterdrücken	5	4-6	8.5	2:1:1:1	2,5								Körperspannung halten, Bauch und Oberschenkel besonders
KH Seitheben	3	8-10	8.5	2:1:1:1	2,0								Beide Arme gleichzeitig heben, eventuell leicht abfälschen bei den letzten Wiederholungen
Facepulls	2	10-12	9	2:1:1:1	2,0								Hier im Obergriff greifen, Schultern zusammenziehen und am Ende kurz halten
Rudern am Turm mit breitem Griff	3	15	9.5	2:1:2:1	2,0								Griff bis zur Brust führen, versuchen aus dem Rücken zu ziehen, nicht Armen

Notizen zum Workout:

DAS PROGRAMM — WOCHE #4

Woche 4: Schulter Zusatz A

Übung	Sätze	Wdh.	RPE	Kadenz	Pause	Kg.	1	2	3	4	5	6	Hinweise
KH Schulterdrücken stehend / sitzend	4	8-10	8.5	2:1:1:1	2,0								Viel Spannung halten, Kurzhanteln nicht zu tief ablassen
Facepulls	4	12-15	9	2:1:1:1	2,0								Im Untergriff greifen, Kabelzug auf Kinnhöhe platzieren und am Ende der Bewegung halten

Woche 4: Schulter Zusatz B

Übung	Sätze	Wdh.	RPE	Kadenz	Pause	Kg.	1	2	3	4	5	6	Hinweise
Aufrechtes Rudern am Kabelzug	3	8-10	8.5	2:1:1:1	2,0								ROM: Nur so lange heben, bis die Ellbogen die Schulterhöhe erreicht haben
KH Seitheben	4	12-15	9	2:1:1:1	2,0								Beide Arme gleichzeitig heben, eventuell leicht abfälschen bei den letzten Wiederholungen
Umgekehrte Butterflys	2	15-20	9	2:1:1:1	2,0								Im Untergriff greifen, Kabelzug auf Kinnhöhe platzieren und am Ende der Bewegung halten

Volumen Total:
vordere: 60 Wdh.; seitliche: 120 Wdh.; hintere 149 Wdh.

DAS PROGRAMM — WOCHE #5

Woche 5: Schultertag

Übung	Sätze	Wdh.	RPE	Kadenz	Pause	Kg.	1	2	3	4	5	6	Hinweise
Kabelzug Außenrotatoren	2	12-15	6	1:1:1:	1,0								Übung zum Aufwärmen
LH Schulterdrücken	5	4-6	8.5	2:1:1:1	2,5								Körperspannung halten, Bauch und Oberschenkel besonders
KH Seitheben	3	8-10	8.5	2:1:1:1	2,0								Beide Arme gleichzeitig heben, eventuell leicht abfälschen bei den letzten Wiederholungen
Facepulls	2	10-12	9	2:1:1:1	2,0								Hier im Obergriff greifen, Schultern zusammenziehen und am Ende kurz halten
Rudern am Turm mit breitem Griff	3	15	9.5	2:1:2:1	2,0								Griff bis zur Brust führen, versuchen aus dem Rücken zu ziehen, nicht Armen

Notizen zum Workout:

DAS PROGRAMM — WOCHE #5

Woche 5: Schulter Zusatz A

Übung	Sätze	Wdh.	RPE	Kadenz	Pause	Kg.	1	2	3	4	5	6	Hinweise
KH Schulterdrücken stehend / sitzend	4	8-10	8.5	2:1:1:1	2,0								Viel Spannung halten, Kurzhanteln nicht zu tief ablassen
Facepulls	4	12-15	9	2:1:1:1	2,0								Im Untergriff greifen, Kabelzug auf Kinnhöhe platzieren und am Ende der Bewegung halten
Aufrechtes Rudern mit KH	2	8-10	8.5	2:1:1:1	2,0								ROM: Nur so lange heben, bis die Ellbogen die Schulterhöhe erreicht haben

Woche 5: Schulter Zusatz B

Übung	Sätze	Wdh.	RPE	Kadenz	Pause	Kg.	1	2	3	4	5	6	Hinweise
Aufrechtes Rudern am Kabelzug	3	8-10	8.5	2:1:1:1	2,0								ROM: Nur so lange heben, bis die Ellbogen die Schulterhöhe erreicht haben
KH Seitheben	4	12-15	9	2:1:1:1	2,0								Beide Arme gleichzeitig heben, eventuell leicht abfälschen bei den letzten Wiederholungen
Umgekehrte Butterflys	2	15-20	9	2:1:1:1	2,0								Im Untergriff greifen, Kabelzug auf Kinnhöhe platzieren und am Ende der Bewegung halten
Seitheben am Kabelzug	1	15-20	10	2:1:1:1	2,0								Füße eng am Turm und vom Kabelzug weglehnen

Volumen Total:
vordere: 60 Wdh.; seitliche: 160 Wdh.; hintere 149 Wdh.

DAS PROGRAMM — WOCHE #6

Woche 6: Schultertag

Übung	Sätze	Wdh.	RPE	Kadenz	Pause	Kg.	1	2	3	4	5	6	Hinweise
Kabelzug Außenrotatoren	2	12-15	6	1:1:1:	1,0								Übung zum Aufwärmen
LH Schulterdrücken	5	4-6	8.5	2:1:1:1	2,5								Körperspannung halten, Bauch und Oberschenkel besonders
KH Seitheben	3	8-10	8.5	2:1:1:1	2,0								Beide Arme gleichzeitig heben, eventuell leicht abfälschen bei den letzten Wiederholungen
Facepulls	2	10-12	9	2:1:1:1	2,0								Hier im Obergriff greifen, Schultern zusammenziehen und am Ende kurz halten
Rudern am Turm mit breitem Griff	4	15	9.5	2:1:2:1	2,0								Griff bis zur Brust führen, versuchen aus dem Rücken zu ziehen, nicht Armen

Notizen zum Workout:

DAS PROGRAMM WOCHE #6

Woche 6: Schulter Zusatz A

Übung	Sätze	Wdh.	RPE	Kadenz	Pause	Kg.	1	2	3	4	5	6	Hinweise
KH Schulterdrücken stehend / sitzend	4	8-10	8.5	2:1:1:1	2,0								Viel Spannung halten, Kurzhanteln nicht zu tief ablassen
Facepulls	4	12-15	9	2:1:1:1	2,0								Im Untergriff greifen, Kabelzug auf Kinnhöhe platzieren und am Ende der Bewegung halten
Aufrechtes Rudern mit KH	2	8-10	8.5	2:1:1:1	2,0								ROM: Nur so lange heben, bis die Ellbogen die Schulterhöhe erreicht haben

Woche 6: Schulter Zusatz B

Übung	Sätze	Wdh.	RPE	Kadenz	Pause	Kg.	1	2	3	4	5	6	Hinweise
Aufrechtes Rudern am Kabelzug	3	8-10	8.5	2:1:1:1	2,0								ROM: Nur so lange heben, bis die Ellbogen die Schulterhöhe erreicht haben
KH Seitheben	4	12-15	9	2:1:1:1	2,0								Beide Arme gleichzeitig heben, eventuell leicht abfälschen bei den letzten Wiederholungen
Umgekehrte Butterflys	2	15-20	9	2:1:1:1	2,0								Im Untergriff greifen, Kabelzug auf Kinnhöhe platzieren und am Ende der Bewegung halten
Seitheben am Kabelzug	1	15-20	10	2:1:1:1	2,0								Füße eng am Turm und vom Kabelzug weglehnen

Volumen Total:
vordere: 60 Wdh.; seitliche: 160 Wdh.; hintere 164 Wdh.

DAS PROGRAMM — WOCHE #7

Woche 7: Schultertag

Übung	Sätze	Wdh.	RPE	Kadenz	Pause	Kg.	1	2	3	4	5	6	Hinweise
Kabelzug Außenrotatoren	2	12-15	6	1:1:1:	1,0								Übung zum Aufwärmen
LH Schulterdrücken	5	4-6	8.5	2:1:1:1	2,5								Körperspannung halten, Bauch und Oberschenkel besonders
KH Seitheben	3	8-10	8.5	2:1:1:1	2,0								Beide Arme gleichzeitig heben, eventuell leicht abfälschen bei den letzten Wiederholungen
Facepulls	2	10-12	9	2:1:1:1	2,0								Hier im Obergriff greifen, Schultern zusammenziehen und am Ende kurz halten
Rudern am Turm mit breitem Griff	4	15	9.5	2:1:2:1	2,0								Griff bis zur Brust führen, versuchen aus dem Rücken zu ziehen, nicht Armen

Notizen zum Workout:

DAS PROGRAMM — WOCHE #7

Woche 7: Schulter Zusatz A

Übung	Sätze	Wdh.	RPE	Kadenz	Pause	Kg.	1	2	3	4	5	6	Hinweise
KH Schulterdrücken stehend / sitzend	4	8-10	8.5	2:1:1:1	2,0								Viel Spannung halten, Kurzhanteln nicht zu tief ablassen
Facepulls	4	12-15	9	2:1:1:1	2,0								Im Untergriff greifen, Kabelzug auf Kinnhöhe platzieren und am Ende der Bewegung halten
Aufrechtes Rudern mit KH	2	8-10	8.5	2:1:1:1	2,0								ROM: Nur so lange heben, bis die Ellbogen die Schulterhöhe erreicht haben
Vorgebeugte Seitheben mit KH	2	10-12	9	2:1:1:1	2,0								Am besten auf eine Bank legen, Winkel auf circa 45° stellen

Woche 7: Schulter Zusatz B

Übung	Sätze	Wdh.	RPE	Kadenz	Pause	Kg.	1	2	3	4	5	6	Hinweise
Aufrechtes Rudern am Kabelzug	3	8-10	8.5	2:1:1:1	2,0								ROM: Nur so lange heben, bis die Ellbogen die Schulterhöhe erreicht haben
KH Seitheben	4	12-15	9	2:1:1:1	2,0								Beide Arme gleichzeitig heben, eventuell leicht abfälschen bei den letzten Wiederholungen
Umgekehrte Butterflys	2	15-20	9	2:1:1:1	2,0								Im Untergriff greifen, Kabelzug auf Kinnhöhe platzieren und am Ende der Bewegung halten
Seitheben am Kabelzug	2	15-20	10	2:1:1:1	2,0								Füße eng am Turm und vom Kabelzug weglehnen

Volumen Total:
vordere: 60 Wdh.; seitliche: 180 Wdh.; hintere 188 Wdh.

DAS PROGRAMM — WOCHE #8

Woche 8: Schultertag

Übung	Sätze	Wdh.	RPE	Kadenz	Pause	Kg.	1	2	3	4	5	6	Hinweise
Kabelzug Außenrotatoren	2	12-15	6	1:1:1:	1,0								Übung zum Aufwärmen
LH Schulterdrücken	5	4-6	8.5	2:1:1:1	2,5								Körperspannung halten, Bauch und Oberschenkel besonders
KH Seitheben	3	8-10	8.5	2:1:1:1	2,0								Beide Arme gleichzeitig heben, eventuell leicht abfälschen bei den letzten Wiederholungen
Facepulls	3	10-12	9	2:1:1:1	2,0								Hier im Obergriff greifen, Schultern zusammenziehen und am Ende kurz halten
Rudern am Turm mit breitem Griff	4	15	9.5	2:1:2:1	2,0								Griff bis zur Brust führen, versuchen aus dem Rücken zu ziehen, nicht Armen

Notizen zum Workout:

DAS PROGRAMM WOCHE #8

Woche 8: Schulter Zusatz A

Übung	Sätze	Wdh.	RPE	Kadenz	Pause	Kg.	1	2	3	4	5	6	Hinweise
KH Schulterdrücken stehend / sitzend	4	8-10	8.5	2:1:1:1	2,0								Viel Spannung halten, Kurzhanteln nicht zu tief ablassen
Facepulls	4	12-15	9	2:1:1:1	2,0								Im Untergriff greifen, Kabelzug auf Kinnhöhe platzieren und am Ende der Bewegung halten
Aufrechtes Rudern mit KH	2	8-10	8.5	2:1:1:1	2,0								ROM: Nur so lange heben, bis die Ellbogen die Schulterhöhe erreicht haben
Vorgebeugte Seitheben mit KH	2	10-12	9	2:1:1:1	2,0								Am besten auf eine Bank legen, Winkel auf circa 45° stellen

Woche 8: Schulter Zusatz B

Übung	Sätze	Wdh.	RPE	Kadenz	Pause	Kg.	1	2	3	4	5	6	Hinweise
Aufrechtes Rudern am Kabelzug	3	8-10	8.5	2:1:1:1	2,0								ROM: Nur so lange heben, bis die Ellbogen die Schulterhöhe erreicht haben
KH Seitheben	4	12-15	9	2:1:1:1	2,0								Beide Arme gleichzeitig heben, eventuell leicht abfälschen bei den letzten Wiederholungen
Umgekehrte Butterflys	2	15-20	9	2:1:1:1	2,0								Im Untergriff greifen, Kabelzug auf Kinnhöhe platzieren und am Ende der Bewegung halten
Seitheben am Kabelzug	3	15-20	10	2:1:1:1	2,0								Füße eng am Turm und vom Kabelzug weglehnen

Volumen Total:

vordere: 60 Wdh.; seitliche: 200 Wdh.; hintere 200 Wdh.

In den Himmel kommen will jeder, nur sterben will keiner ...

Bist Du bereit den Preis für Deinen Erfolg zu zahlen?

Arm Authentizität II

8 Wochen Arm-Hypertrophie

FAQs zum Arm-Hypertrophie-Programm

1. Warum gibt es hier einen eigenen Armtag?

Studien zeigen immer wieder, dass man, je früher man sich innerhalb einer Trainingseinheit befindet, desto mehr Kraft hat, und desto stärker und härter man trainieren kann. [1] Insofern man korrekt und logisch trainiert, werden die Arme in der Regel erst nach diversen Verbundübungen beansprucht und bekommen somit nicht mehr den Reiz in der Intensität, wie es für einen bestmöglichen Aufbau ab einem bestimmten Punkt nötig wäre. Indem wir nun den Armen ihren eigenen Tag geben, stellen wir also die korrekte Priorität sicher und können so maximale Resultate erzielen.

2. Werden in diesem Workout-Programm nur noch die Arme trainiert?

Selbstverständlich nicht. Ich stelle dir mehrere mögliche Trainingspläne vor, bei denen für einen Zeitraum von 8 Wochen besonderer Fokus auf Ausbildung des Bizeps und Trizeps gelegt wird. Ich empfehle hier, generell zu einem Oberkörper- / Unterkörper-Split zu greifen, doch ich werde dir auch gleich Alternativen für das GK-Training vorstellen. Dennoch gilt nach wie vor folgende Regel: Immer erst Verbund- vor Isolationsübungen trainieren und niemals isoliert den Bizeps oder Trizeps trainieren, wenn du noch deine Brust, Schultern oder den Rücken in diesem einen Workout beanspruchen willst.

3. Ich habe noch Muskelkater vom Training zuvor - sollte ich trotzdem ins Training?

Mit Muskelkater erneut ins Training zu gehen, ist an sich kein Problem, solange man dadurch nicht die Gefahr für ein fahrlässiges Training und eine somit mögliche Verletzung riskiert. Sollte es dir schwerfallen, die Gewicht sauber zu bewegen und einen vollen und kontrollierten Bewegungsablauf der jeweiligen Übungen zu gewährleisten, dann beende das Training lieber und komme am nächsten Tag wieder. Ansonsten investiere mehr Zeit für das Warm-up und bereite dich so für das anstehende Workout besser vor. Solltest du nach 4 - 6 Wochen immer noch immer wieder stark vom Muskelkater betroffen sein, dann erhöhe deine tägliche Kalorienzufuhr und arbeite an deinem Schlaf. Der ideale Zustand ist stets die Abwesenheit von heftigem Muskelkater!

4. Warum gibt es nur diese Übungen, sind andere nicht vielleicht besser?

Die Übungen in diesem Programm bringen die höchste Form der Aktivierung der einzelnen Muskelfasern mit sich und sind deshalb fester Bestandteil. Mehr Variation braucht es nicht für den Muskelaufbau, vielmehr benötigen wir eine progressive Steigerung und das Erhöhen des Volumens. Wir müssen besser werden, und nicht stets nach neuen und ausgefallenen Übungen suchen. Diese Übungen sind das Resultat meiner letzten 5 Jahre des Trainings und sind nicht nur extrem effektiv, sondern auch leicht zu erlernen und gut von Woche zu Woche umsetzbar.

5. Wie viel Gewicht soll ich nehmen?

Das Arbeitsgewicht richtet sich nach der Wiederholungszahl und deiner eigenen aktuellen Kraftkapazität. Je weniger Wiederholungen auf dem Programm stehen, desto mehr Gewicht lädst du logischerweise auf und umgekehrt. Am Ende solltest du immer gerade so die angestrebte Wiederholungs- und Satzzahl erreichen und so viel Gewicht nehmen, dass es immer eine wirkliche Herausforderung für dich ist. Leider ist dies die einzig wirklich gute Erklärung, die ich dir mit auf den Weg geben kann.

Je länger du dabei bist, desto besser wirst du deine Gewichte kennen und dich intuitiv besser einordnen. In der Praxis solltest du so trainieren, dass eventuell noch eine Wiederholung möglich gewesen wäre oder es ein klein wenig mehr Gewicht hätte sein können. Das ist eine gute Grenze und entspricht ungefähr einem RPE von 8.5 bis 9. Ist der Wert höher angegeben, dann trainiere so hart, dass du quasi bis zum Muskelversagen trainierst und dementsprechend viel oder wenig Gewicht auflädst.

6. Wie steigere ich mit dem Programm und in Zukunft?

Progression ist und bleibt das A und O, das sollte bis hierhin klar sein und die folgenden Wochen und Monate sind natürlich keine Ausnahme. Zum einen hast du deinen Basis-Trainingsplan. Hier wendest du die doppelte Progression an, so wie ich es auf Seite 92 beschrieben habe. Hierfür ist eine stetige Dokumentation deines Trainings notwenig und ohne wirst du wenig bis kaum Erfolg haben. Selbiges gilt auch für die nun folgenden Elite Trainings.

Auch hier ist eine doppelte Progression und eine stetige Dokumentation notwendig, nur dass hier von Woche zu Woche nochmals mehr Volumen dazu kommt. Man könnte es quasi schon eine dreifache Progression nennen, die aber ebenso funktioniert wie die doppelte Progression. Dokumentiere deine Workouts, versuch dich zu steigern und deine Leistung hochzuhalten. Falls dann ein Satz oder eine Übung noch hinzukommt, dann trainierst du mit demselben Gewicht in derselben Intensität weiter und versucht lediglich eine, Schippe draufzupacken. Wenn du erst einmal im Programm bist und trainierst, wirst du verstehen was ich meine.

Die Arm-Anatomie

Bizepsmuskulatur im Überblick:

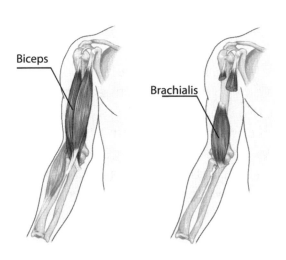

Biceps Brachii -
kurzer & langer Kopf; Armbeuger

Brachialis -
Oberarmmuskel

Anatomie und Funktion:

Der Bizeps besteht aus zwei Köpfen: einem langen Kopf (dem "äußeren") und einem kurzen Kopf (dem "inneren"). Beide Köpfe sind am Radiusknochen des Unterarms eingesetzt und entspringen dem Schulterblatt. Dies bedeutet, dass der Bizeps-Muskel sowohl den Ellenbogen als auch die Schulter verbindet und somit sowohl den Ellenbogen (z.B. curlen) als auch die Schulter (z.B. Frontheben) beugen kann. Während der lange Kopf eher bei der Schulterabduktion hilft, unterstützt der kurze Kopf mehr die Adduktion.

Der Brachialis ist der stärkere Ellenbogenbeuger, da er am Oberarmknochen entsteht und am Ellenbogenknochen des Unterarms eingesetzt ist. Er hat allerdings keine Wirkung auf die Schulter und funktioniert nur lediglich bis zum Ellenbogen.

Faserart der Bizepsmuskulatur:

Die Forschung deutet darauf hin, dass die Bizepsmuskulatur zu 40% aus Typ-1, bzw. langsamen und ermüdungsresistenteren Fasern besteht und zu 60% aus Typ-2-Muskelfasern bzw. den schnellen, relativ ermüdungsanfälligeren Fasern. [2] Das bedeutet für uns, dass wir den Bizeps ebenfalls mit einer Vielzahl von unterschiedlichen Wiederholungsbereichen trainieren sollten - und nicht nur leichtes Curlen (!) - mit mindestens einer schweren "Hauptbewegung", um die Typ-2-Fasern vollständig zu aktivieren.

Da der Bizeps auch mit allen schweren vertikalen oder horizontalen ziehenden Übungen beansprucht wird - häufig im Wiederholungsbereich von 4-6 Wiederholungen empfehle ich hier mehr die Sätze im Wiederholungsbereich von 8-12 bzw. 12-20, um doppelte und ähnliche Belastungen zu vermeiden, aber eine schwere Hauptübung ist trotzdem vorhanden. Grundsätzlich halte ich an folgender Aussage fest: *"Der Weg zu einem dicken Oberarm führt über einen noch breiteren Rücken."* Dies ist extrem wichtig für Anfänger zu verstehen, die zwar einen dominanten Oberarm haben wollen, aber nicht gewillt sind, schwere Verbundübungen wie Rudern oder Klimmziehen regelmäßig und progressiv zu trainieren. Wer also nicht mindestens 6-12 Monate schwere Verbundübungen trainiert hat, der sollte dies als Hauptaufgabe ansehen, und erst dann ein zusätzliches Armtraining in Betracht ziehen - was auch der Grund ist, dass die Arm-Hypertrophie das letzte Programm für dieses erste Jahr der Elite Workouts ist.

Für all jene darüber hinaus ergibt es durchaus Sinn, zusätzliche Arbeit für den Bizeps & Trizeps zu leisten. Um jedoch noch mehr und verbessert die Aktivierung der einzelnen Fasern im Bizeps und Trizeps zu ermöglichen, braucht es ab einer bestimmten Zeit einfach zusätzliche und isolierte Arbeit und einen gesonderten Fokus, um weiterhin optimale Resultate erzielen zu können.

Alle Übungen für den Bizeps führen zu einer sehr hohen Aktivierung der Fasern, weshalb es nicht die *eine* beste Übung gibt. Als Hauptübung würde ich dir deshalb zu einer Übung raten, die dir Spaß macht, sich gut anfühlt und mit der du dich gut und kontrolliert steigern kannst - für das Programm sind dies im Folgenden die SZ-Curls.

Trizepsmuskulatur im Überblick:

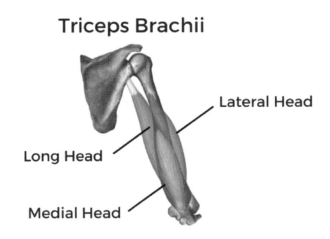

Triceps Brachhii:
- Caput longum
- Caput mediale
- Caput laterale

Anatomie und Funktion:

Der Trizeps-Muskel besteht aus drei Köpfen: dem medialen Kopf, dem langen Kopf und dem seitlichen Kopf. Der lange Kopf macht optisch den größten Teil des Trizeps aus und wird den Arm spürbar dicker erscheinen lassen. Der seitliche Kopf wird auch als „Hufeisen"-Muskel betitelt, welcher dem Trizeps die schöne ausgeprägte Form verleiht, wobei der mediale Kopf ein eher tieferer Muskel ist, der nicht so sichtbar wie die beiden anderen ist.

Die Hauptfunktion des Trizeps ist die Ellenbogenstreckung, da alle 3 Köpfe das Ellenbogengelenk kreuzen und in den Ellenbogenknochen des Unterarms einführen.

Sowohl der laterale als auch der mediale Kopf entspringen am Oberarmknochen, während der lange Kopf das Schultergelenk kreuzt und am Schulterblatt entspringt. Das bedeutet, dass neben der Ellenbogenstreckung der lange Kopf bei der Schulterstreckung und der Schulteradduktion beteiligt ist.

Faserart der Trizepsmuskulatur:

Die Forschung deutet darauf hin, dass die Trizepsmuskulatur ebenfalls zu 40% aus Typ-1, bzw. langsamen und ermüdungsresistenteren Fasern besteht und zu 60% aus Typ-2-Muskelfasern bzw. den schnellen, relativ ermüdungsanfälligeren Fasern. [3,4]

Das bedeutet für uns, dass wir den Trizeps mit einer Vielzahl von unterschiedlichen Wiederholungsbereichen trainieren sollten mit mindestens einer schweren „Hauptbewegung", um die Typ-2-Fasern vollständig zu aktivieren.

Ähnlich wie der Bizeps wird auch der Trizeps mit jeglichen schweren vertikalen oder horizontalen drückenden Übungen mit beansprucht - häufig im Wiederholungsbereich von 4-6 Wiederholungen, wobei die horizontalen Bewegungen zu einer besseren Aktivierung führen. [5] Deshalb empfehle ich, hier ebenfalls mehr die Sätze im Wiederholungsbereich von 8-12 bzw. 12-20 zu halten, um doppelte und ähnliche Belastungen zu vermeiden.

Mögliche Splits

Je nach Trainingsfortschritt und Trainingsphilosphie lässt sich das Arm-Hypertrophie-Programm wunderbar sowohl in ein Ganzkörpertraining implementieren als auch in ein Oberkörper- / Unterkörper-Split. Dies beutetet für dich, du kannst dein favorisiertes Training aus dem Basis-Trainingsplan fortführen und trotzdem bzw. vor allem dessen einen besonderen Fokus auf die Brust legen.

Tendenziell empfehle ich hierbei eher einen OK-/UK-Split, aber ein GK ist auch hier sehr gut möglich. Wer bisher erst zwischen 6 bis 12 Monate regelmäßig im Fitnessstudio "gutes" Krafttraining macht, dem rate ich zum GK - alles darüber hinaus kann im Ok-/Uk-Split trainieren.

1) **Ganzkörpertraining 3x in der Woche:**

Tag 1: Ganzkörpertraining + **Arm Zusatz A**

Tag 2: Pause

Tag 3: **Armtag**

Tag 4: Pause

Tag 5: Ganzkörpertraining + **Arm Zusatz A**

Tag 6: Pause

Tag 7: Pause

2) **Ganzkörpertraining jeden zweiten Tag**

Tag 1: **Armtag (Woche 1)**

Tag 2: Pause

Tag 3: Ganzkörpertraining + **Arm Zusatz A (Woche 1)**

Tag 4: Pause

Tag 5: Ganzkörpertraining + **Arm Zusatz B (Woche 1)**

Tag 6: Pause

Tag 7: **Armtag (Woche 2)**

Tag 8: Pause

Tag 9: Ganzkörpertraining + **Arm Zusatz A (Woche 2)**

Tag 10: Pause

Tag 11: Ganzkörpertraining + **Arm Zusatz B (Woche 2)**

Tag 12: Pause

Tag 13:	Pause
Tag 14:	**Armtag (Woche 3)**
Tag 15:	Pause
Tag 16:	Ganzkörpertraining + **Schulter Zusatz B (Woche 3)**

...

*das Arm-Hypertrophie-Programm ist auf 3 feste Tage in der Woche ausgelegt. Ein einzelner Armtag und 2 Tage, an denen zusätzliche Arbeit für die Arme geleistet wird. Deshalb habe ich eingangs auch geschrieben, dass dieses Programm am besten mit einem OK-/Uk-Split umsetzten ist.

Wer dagegen jeden 2. Tag ein GK verfolgt, muss etwas flexibler sein. Hier wird ein GK-Training durch einen einzelnen Armtag ersetzt, woraufhin an den folgenden zwei Ganzkörpereinheiten jeweils zusätzliche Arbeit für die Arme verrichtet wird. Dieser Zyklus wiederholt sich dann stets so lange, bis die 8 Wochen und das Programm rum sind. Nach zwei dieser Zyklen empfehle ich dir jedoch zwei Tage Pause vom Gym zu nehmen, anstatt nur einen. Die Widerstandsfähigkeit deiner Armmuskulatur wird zwar zunehmen, dennoch halte ich es für sinnvoll, hier ihr zwei Tage Pause zu gönnen. Auch kannst du öfter Pause machen und das Programm beispielsweise auf 10 Wochen strecken. Achte auf deine Regeneration und ob dein Körper mit der hohen Frequenz zurechtkommt, ansonsten erhöhe die freien Tage zwischen den einzelnen Armworkouts, bis es passt.

3) Oberkörper-/Unterkörper-Split:

Tag 1: Oberkörper + **Arm Zusatz A**
Tag 2: Unterkörper
Tag 3: **Armtag**
Tag 4: Pause
Tag 5: Oberkörper + **Arm Zusatz B**
Tag 6: Unterkörper
Tag 7: Pause

Ich persönliche empfehle dir den Split #3 für optimale Resultate. Besonders Dank des möglichen Fokus und einer klar strukturierten Woche. Dennoch sei auch hier nochmals erwähnt, dass ein GK-Training ebenso gut funktionieren kann und wird, solange es smart ausgearbeitet ist. _**Es ist und bleibt eine Frage der Vorlieben und der Aufteilung.**_ Dies sind jedoch bei Weitem nicht die einzigen Split-Möglichkeiten, ganz im Gegenteil. Deiner Fantasie ist hier keinerlei Grenzen gesetzt und solange du dich an meinen ausführlichen Theorieteil hältst und alles dementsprechend umsetzt, wird auch alles gut werden. Die vorherigen drei Splits sind lediglich meine Empfehlungen - was du daraus machst, ist dir überlassen.

Hinweis:

Vermeide es für den Verlauf des Programmes, bei Drück- bzw. Brustübungen außerhalb der Rückenübungen bis zum Muskelversagen zu trainieren.

(RPE 8.5 ist empfehlenswert)

Warm-up

Vor dem Training:
- 5-10 Minuten auf dem Laufband einlaufen, Körpertemperatur erwärmen
- Dynamisches Dehnen und Schwingen der Arme für 15-20 Wiederholungen

Vor der ersten Übung für eine Muskelgruppe:
- Arbeite dich in 3 bis 4 Sätzen mit dem Gewicht nach oben, starte leicht
- Diese Warm-ups sind nur für schwere Übungen notwendig und nur zu Beginn

DAS PROGRAMM — WOCHE #1

Woche 1: Armtag

Übung	Sätze	Wdh.	RPE	Kadenz	Pause	Kg.	1	2	3	4	5	6	Hinweise
Enges Bankdrücken	3	6-8	8.5	2:1:1:1	3,0								Schulterbreit greifen, die Stange soll die Brust berühren und für 1 Sek. dort halten
Curls mit der SZ-Stange	3	6-8	8.5	2:1:1:1	2,5								Schwerste Übung für den Bizeps, kontrolliert bleiben, nicht mit Schwung arbeiten
Trizepsdrücken am Kabelzug	2	8-10	8.5	2:1:1:1	2,0								Ellenbogen eng halten, nicht mit den Schultern in die Übung hereinlehnen
Konzentrations-Curls	2	8-10	8.5	2:1:1:2	2,0								Volle ROM, Arm am Ende der Bewegung komplett ausstrecken und für 2s halten
Diamond Pushups	2	12-15	9.5	3:1:1:1	2,0								Hände zum Dreieck formen, langsame und fokussierte exzentrische Ausführung
Stab-Curls am Kabelzug	2	12-15	9.5	2:1:2:1	2,0								Leicht weglehnen, Stab am maximalen Kontraktionspunkt halten

* Führe Tagebuch über deine erbrachten Leistungen, sodass du dich im Laufe des Programmes steigern und verbessern kannst. Mehr Leistung von Woche zu Woche = progressive Überladung = maximaler Muskelaufbau.

DAS PROGRAMM WOCHE #1

Woche 1: Arm Zusatz A

Übung	Sätze	Wdh.	RPE	Kadenz	Pause	Kg.	1	2	3	4	5	6	Hinweise
Preacher Curl	2	10-12	8.5	2:1:1:1	2,0								Arm komplett ablegen, Spannung komplett halten im Bizeps
Überkopfdrücken am Kabelzug	2	10-12	8.5	2:1:1:1	2,0								Beide Arme gleichzeitig, Seil am Ende der ROM auseinanderdrücken

Woche 1: Arm Zusatz B

Übung	Sätze	Wdh.	RPE	Kadenz	Pause	Kg.	1	2	3	4	5	6	Hinweise
Scott Curls	2	12-15	9.5	2:1:1:1	2,0								Am besten nutzt du die SZ-Stange, Arme sollten am unteren Ende vertikal sein
Trizeps Kickbacks	2	12-15	9.5	2:1:1:1	2,0								Beide Arme im Wechsel, eher leichteres Gewicht und maximale Kontraktion spüren

Volumen Total:
Bizeps: 128 Wdh.; Trizeps: 128 Wdh.

DAS PROGRAMM — WOCHE #2

Woche 2: Armtag

Übung	Sätze	Wdh.	RPE	Kadenz	Pause	Kg.	1	2	3	4	5	6	Hinweise
Enges Bankdrücken	3	6-8	8.5	2:1:1:1	3,0								Schulterbreit greifen, die Stange soll die Brust berühren und für 1 Sek. dort halten
Curls mit der SZ-Stange	3	6-8	8.5	2:1:1:1	2,5								Schwerste Übung für den Bizeps, kontrolliert bleiben, nicht mit Schwung arbeiten
Trizepsdrücken am Kabelzug	2	8-10	8.5	2:1:1:1	2,0								Ellenbogen eng halten, nicht mit den Schultern in die Übung hereinlehnen
Konzentrations-Curls	2	8-10	8.5	2:1:1:2	2,0								Volle ROM, Arm am Ende der Bewegung komplett ausstrecken und für 2s halten
Diamond Pushups	2	12-15	9.5	3:1:1:1	2,0								Hände zum Dreieck formen, langsame und fokussierte exzentrische Ausführung
Stab-Curls am Kabelzug	2	12-15	9.5	2:1:2:1	2,0								Leicht weglehnen, Stab am maximalen Kontraktionspunkt halten

Notizen zum Workout:

DAS PROGRAMM WOCHE #2

Woche 2: Arm Zusatz A

Übung	Sätze	Wdh.	RPE	Kadenz	Pause	Kg.	1	2	3	4	5	6	Hinweise
Preacher Curl	3	10-12	8.5	2:1:1:1	2,0								Arm komplett ablegen, Spannung komplett halten im Bizeps
Überkopfdrücken am Kabelzug	2	10-12	8.5	2:1:1:1	2,0								Beide Arme gleichzeitig, Seil am Ende der ROM auseinanderdrücken

Woche 2: Arm Zusatz B

Übung	Sätze	Wdh.	RPE	Kadenz	Pause	Kg.	1	2	3	4	5	6	Hinweise
Scott Curls	2	12-15	9.5	2:1:1:1	2,0								Am besten nutzt du die SZ-Stange, Arme sollten am unteren Ende vertikal sein
Trizeps Kickbacks	2	12-15	9.5	2:1:1:1	2,0								Beide Arme im Wechsel, eher leichteres Gewicht und maximale Kontraktion spüren

Volumen Total:
Bizeps: 140 Wdh.; Trizeps: 128 Wdh.

Notizen zum Workout:

DAS PROGRAMM — WOCHE #3

Woche 3: Armtag

Übung	Sätze	Wdh.	RPE	Kadenz	Pause	Kg.	1	2	3	4	5	6	Hinweise
Enges Bankdrücken	3	6-8	8.5	2:1:1:1	3,0								Schulterbreit greifen, die Stange soll die Brust berühren und für 1 Sek. dort halten
Curls mit der SZ-Stange	3	6-8	8.5	2:1:1:1	2,5								Schwerste Übung für den Bizeps, kontrolliert bleiben, nicht mit Schwung arbeiten
Trizepsdrücken am Kabelzug	2	8-10	8.5	2:1:1:1	2,0								Ellenbogen eng halten, nicht mit den Schultern in die Übung hereinlehnen
Konzentrations-Curls	2	8-10	8.5	2:1:1:2	2,0								Volle ROM, Arm am Ende der Bewegung komplett ausstrecken und für 2s halten
Diamond Pushups	2	12-15	9.5	3:1:1:1	2,0								Hände zum Dreieck formen, langsame und fokussierte exzentrische Ausführung
Stab-Curls am Kabelzug	2	12-15	9.5	2:1:2:1	2,0								Leicht weglehnen, Stab am maximalen Kontraktionspunkt halten

Notizen zum Workout:

DAS PROGRAMM — WOCHE #3

Woche 3: Arm Zusatz A

Übung	Sätze	Wdh.	RPE	Kadenz	Pause	Kg.	1	2	3	4	5	6	Hinweise
Preacher Curl	3	10-12	8.5	2:1:1:1	2,0								Arm komplett ablegen, Spannung komplett halten im Bizeps
Überkopfdrücken am Kabelzug	3	10-12	8.5	2:1:1:1	2,0								Beide Arme gleichzeitig, Seil am Ende der ROM auseinanderdrücken

Woche 3: Arm Zusatz B

Übung	Sätze	Wdh.	RPE	Kadenz	Pause	Kg.	1	2	3	4	5	6	Hinweise
Scott Curls	2	12-15	9.5	2:1:1:1	2,0								Am besten nutzt du die SZ-Stange, Arme sollten am unteren Ende vertikal sein
Trizeps Kickbacks	2	12-15	9.5	2:1:1:1	2,0								Beide Arme im Wechsel, eher leichteres Gewicht und maximale Kontraktion spüren

Volumen Total:
Bizeps: 140 Wdh.; Trizeps: 140 Wdh.

Notizen zum Workout:

DAS PROGRAMM — WOCHE #4

Woche 4: Armtag

Übung	Sätze	Wdh.	RPE	Kadenz	Pause	Kg.	1	2	3	4	5	6	Hinweise
Enges Bankdrücken	4	6-8	8.5	2:1:1:1	3,0								Schulterbreit greifen, die Stange soll die Brust berühren und für 1 Sek. dort halten
Curls mit der SZ-Stange	4	6-8	8.5	2:1:1:1	2,5								Schwerste Übung für den Bizeps, kontrolliert bleiben, nicht mit Schwung arbeiten
Trizepsdrücken am Kabelzug	2	8-10	8.5	2:1:1:1	2,0								Ellenbogen eng halten, nicht mit den Schultern in die Übung hereinlehnen
Konzentrations-Curls	2	8-10	8.5	2:1:1:2	2,0								Volle ROM, Arm am Ende der Bewegung komplett ausstrecken und für 2s halten
Diamond Pushups	2	12-15	9.5	3:1:1:1	2,0								Hände zum Dreieck formen, langsame und fokussierte exzentrische Ausführung
Stab-Curls am Kabelzug	2	12-15	9.5	2:1:2:1	2,0								Leicht weglehnen, Stab am maximalen Kontraktionspunkt halten

Notizen zum Workout:

DAS PROGRAMM WOCHE #4

Woche 4: Arm Zusatz A

Übung	Sätze	Wdh.	RPE	Kadenz	Pause	Kg.	1	2	3	4	5	6	Hinweise
Preacher Curl	3	10-12	8.5	2:1:1:1	2,0								Arm komplett ablegen, Spannung komplett halten im Bizeps
Überkopfdrücken am Kabelzug	3	10-12	8.5	2:1:1:1	2,0								Beide Arme gleichzeitig, Seil am Ende der ROM auseinanderdrücken

Woche 4: Arm Zusatz B

Übung	Sätze	Wdh.	RPE	Kadenz	Pause	Kg.	1	2	3	4	5	6	Hinweise
Scott Curls	2	12-15	9.5	2:1:1:1	2,0								Am besten nutzt du die SZ-Stange, Arme sollten am unteren Ende vertikal sein
Trizeps Kickbacks	2	12-15	9.5	2:1:1:1	2,0								Beide Arme im Wechsel, eher leichteres Gewicht und maximale Kontraktion spüren

Volumen Total:
Bizeps: 148 Wdh.; Trizeps: 148 Wdh.

Notizen zum Workout:

DAS PROGRAMM — WOCHE #5

Woche 5: Armtag

Übung	Sätze	Wdh.	RPE	Kadenz	Pause	Kg.	1	2	3	4	5	6	Hinweise
Enges Bankdrücken	4	6-8	8.5	2:1:1:1	3,0								Schulterbreit greifen, die Stange soll die Brust berühren und für 1 Sek. dort halten
Curls mit der SZ-Stange	4	6-8	8.5	2:1:1:1	2,5								Schwerste Übung für den Bizeps, kontrolliert bleiben, nicht mit Schwung arbeiten
Trizepsdrücken am Kabelzug	2	8-10	8.5	2:1:1:1	2,0								Ellenbogen eng halten, nicht mit den Schultern in die Übung hereinlehnen
Konzentrations-Curls	2	8-10	8.5	2:1:1:2	2,0								Volle ROM, Arm am Ende der Bewegung komplett ausstrecken und für 2s halten
Diamond Pushups	2	12-15	9.5	3:1:1:1	2,0								Hände zum Dreieck formen, langsame und fokussierte exzentrische Ausführung
Stab-Curls am Kabelzug	2	12-15	9.5	2:1:2:1	2,0								Leicht weglehnen, Stab am maximalen Kontraktionspunkt halten

Notizen zum Workout:

DAS PROGRAMM WOCHE #5

Woche 5: Arm Zusatz A

Übung	Sätze	Wdh.	RPE	Kadenz	Pause	Kg.	1	2	3	4	5	6	Hinweise
Preacher Curl	3	10-12	8.5	2:1:1:1	2,0								Arm komplett ablegen, Spannung komplett halten im Bizeps
Überkopfdrücken am Kabelzug	3	10-12	8.5	2:1:1:1	2,0								Beide Arme gleichzeitig, Seil am Ende der ROM auseinanderdrücken

Woche 5: Arm Zusatz B

Übung	Sätze	Wdh.	RPE	Kadenz	Pause	Kg.	1	2	3	4	5	6	Hinweise
Scott Curls	3	12-15	9.5	2:1:1:1	2,0								Am besten nutzt du die SZ-Stange, Arme sollten am unteren Ende vertikal sein
Trizeps Kickbacks	3	12-15	9.5	2:1:1:1	2,0								Beide Arme im Wechsel, eher leichteres Gewicht und maximale Kontraktion spüren

Volumen Total:
Bizeps: 163 Wdh.; Trizeps: 163 Wdh.

Notizen zum Workout:

DAS PROGRAMM — WOCHE #6

Woche 6: Armtag

Übung	Sätze	Wdh.	RPE	Kadenz	Pause	Kg.	1	2	3	4	5	6	Hinweise
Enges Bankdrücken	4	6-8	8.5	2:1:1:1	3,0								Schulterbreit greifen, die Stange soll die Brust berühren und für 1 Sek. dort halten
Curls mit der SZ-Stange	4	6-8	8.5	2:1:1:1	2,5								Schwerste Übung für den Bizeps, kontrolliert bleiben, nicht mit Schwung arbeiten
Trizepsdrücken am Kabelzug	2	8-10	8.5	2:1:1:1	2,0								Ellenbogen eng halten, nicht mit den Schultern in die Übung hereinlehnen
Konzentrations-Curls	2	8-10	8.5	2:1:1:2	2,0								Volle ROM, Arm am Ende der Bewegung komplett ausstrecken und für 2s halten
Diamond Pushups	3	12-15	9.5	3:1:1:1	2,0								Hände zum Dreieck formen, langsame und fokussierte exzentrische Ausführung
Stab-Curls am Kabelzug	3	12-15	9.5	2:1:2:1	2,0								Leicht weglehnen, Stab am maximalen Kontraktionspunkt halten

Notizen zum Workout:

DAS PROGRAMM WOCHE #6

Woche 6: Arm Zusatz A

Übung	Sätze	Wdh.	RPE	Kadenz	Pause	Kg.	1	2	3	4	5	6	Hinweise
Preacher Curl	3	10-12	8.5	2:1:1:1	2,0								Arm komplett ablegen, Spannung komplett halten im Bizeps
Überkopfdrücken am Kabelzug	3	10-12	8.5	2:1:1:1	2,0								Beide Arme gleichzeitig, Seil am Ende der ROM auseinanderdrücken
Dips	1	10-15	10	2:1:1:1	-								Enger Griff, Torso aufrecht und Brust raus, Auf Trizeps konzentrieren

Woche 6: Arm Zusatz B

Übung	Sätze	Wdh.	RPE	Kadenz	Pause	Kg.	1	2	3	4	5	6	Hinweise
Scott Curls	3	12-15	9.5	2:1:1:1	2,0								Am besten nutzt du die SZ-Stange, Arme sollten am unteren Ende vertikal sein
Trizeps Kickbacks	3	12-15	9.5	2:1:1:1	2,0								Beide Arme im Wechsel, eher leichteres Gewicht und maximale Kontraktion spüren
Schrägbank Hammer Curls	1	10-15	10	2:1:1:1	-								Beide Arme gleichzeitig, Schultern hängenlassen und aus dem Bizeps arbeiten

Volumen Total:
Bizeps: 193 Wdh.; Trizeps: 193 Wdh.

Notizen zum Workout:

DAS PROGRAMM — WOCHE #7

Woche 7: Armtag

Übung	Sätze	Wdh.	RPE	Kadenz	Pause	Kg.	1	2	3	4	5	6	Hinweise
Enges Bankdrücken	4	6-8	8.5	2:1:1:1	3,0								Schulterbreit greifen, die Stange soll die Brust berühren und für 1 Sek. dort halten
Curls mit der SZ-Stange	4	6-8	8.5	2:1:1:1	2,5								Schwerste Übung für den Bizeps, kontrolliert bleiben, nicht mit Schwung arbeiten
Trizepsdrücken am Kabelzug	2	8-10	8.5	2:1:1:1	2,0								Ellenbogen eng halten, nicht mit den Schultern in die Übung hereinlehnen
Konzentrations-Curls	2	8-10	8.5	2:1:1:2	2,0								Volle ROM, Arm am Ende der Bewegung komplett ausstrecken und für 2s halten
Diamond Pushups	3	12-15	9.5	3:1:1:1	2,0								Hände zum Dreieck formen, langsame und fokussierte exzentrische Ausführung
Stab-Curls am Kabelzug	3	12-15	9.5	2:1:2:1	2,0								Leicht weglehnen, Stab am maximalen Kontraktionspunkt halten

Notizen zum Workout:

DAS PROGRAMM — WOCHE #7

Woche 7: Arm Zusatz A

Übung	Sätze	Wdh.	RPE	Kadenz	Pause	Kg.	1	2	3	4	5	6	Hinweise
Preacher Curl	3	10-12	8.5	2:1:1:1	2,0								Arm komplett ablegen, Spannung komplett halten im Bizeps
Überkopfdrücken am Kabelzug	3	10-12	8.5	2:1:1:1	2,0								Beide Arme gleichzeitig, Seil am Ende der ROM auseinanderdrücken
Dips	2	10-15	10	2:1:1:1	-								Enger Griff, Torso aufrecht und Brust raus, auf Trizeps konzentrieren

Woche 7: Arm Zusatz B

Übung	Sätze	Wdh.	RPE	Kadenz	Pause	Kg.	1	2	3	4	5	6	Hinweise
Scott Curls	3	12-15	9.5	2:1:1:1	2,0								Am besten nutzt du die SZ-Stange, Arme sollten am unteren Ende vertikal sein
Trizeps Kickbacks	3	12-15	9.5	2:1:1:1	2,0								Beide Arme im Wechsel, eher leichteres Gewicht und maximale Kontraktion spüren
Schrägbank Hammer Curls	2	10-15	10	2:1:1:1	-								Beide Arme gleichzeitig, Schultern hängenlassen und aus dem Bizeps arbeiten

Volumen Total:
Bizeps: 208 Wdh.; Trizeps: 208 Wdh.

Notizen zum Workout:

DAS PROGRAMM — WOCHE #8

Woche 8: Armtag

Übung	Sätze	Wdh.	RPE	Kadenz	Pause	Kg.	1	2	3	4	5	6	Hinweise
Enges Bankdrücken	4	6-8	8.5	2:1:1:1	3,0								Schulterbreit greifen, die Stange soll die Brust berühren und für 1 Sek. dort halten
Curls mit der SZ-Stange	4	6-8	8.5	2:1:1:1	2,5								Schwerste Übung für den Bizeps, kontrolliert bleiben, nicht mit Schwung arbeiten
Trizepsdrücken am Kabelzug	3	8-10	8.5	2:1:1:1	2,0								Ellenbogen eng halten, nicht mit den Schultern in die Übung hereinlehnen
Konzentrations-Curls	3	8-10	8.5	2:1:1:2	2,0								Volle ROM, Arm am Ende der Bewegung komplett ausstrecken und für 2s halten
Diamond Pushups	3	12-15	9.5	3:1:1:1	2,0								Hände zum Dreieck formen, langsame und fokussierte exzentrische Ausführung
Stab-Curls am Kabelzug	3	12-15	9.5	2:1:2:1	2,0								Leicht weglehnen, Stab am maximalen Kontraktionspunkt halten

Notizen zum Workout:

DAS PROGRAMM — WOCHE #8

Woche 8: Arm Zusatz A

Übung	Sätze	Wdh.	RPE	Kadenz	Pause	Kg.	1	2	3	4	5	6	Hinweise
Preacher Curl	3	10-12	8.5	2:1:1:1	2,0								Arm komplett ablegen, Spannung komplett halten im Bizeps
Überkopfdrücken am Kabelzug	3	10-12	8.5	2:1:1:1	2,0								Beide Arme gleichzeitig, Seil am Ende der ROM auseinanderdrücken
Dips	2	10-15	10	2:1:1:1	-								Enger Griff, Torso aufrecht und Brust raus, auf Trizeps konzentrieren

Woche 8: Arm Zusatz B

Übung	Sätze	Wdh.	RPE	Kadenz	Pause	Kg.	1	2	3	4	5	6	Hinweise
Scott Curls	3	12-15	9.5	2:1:1:1	2,0								Am besten nutzt du die SZ-Stange, Arme sollten am unteren Ende vertikal sein
Trizeps Kickbacks	3	12-15	9.5	2:1:1:1	2,0								Beide Arme im Wechsel, eher leichteres Gewicht und maximale Kontraktion spüren
Schrägbank Hammer Curls	2	10-15	10	2:1:1:1	-								Beide Arme gleichzeitig, Schultern hängenlassen und aus dem Bizeps arbeiten

Volumen Total:
Bizeps: 218 Wdh.; Trizeps: 218 Wdh.

Notizen zum Workout:

Du sollst wachsen und gewinnen, aber Du sollst es mit Schweiß, Blut und Erbrochenem bezahlen.

- Pavel Tsatsouline

Der Übungskatalog
Alle Übungen im Überblick

DIE ÜBUNGEN — BRUST

LH-Schrägbankdrücken: Die beste Übung für einen rundum ästhetischen Oberkörper und eine der besten Übungen für die obere Brust. Hier können wie schwer trainieren und uns wirklich kontrolliert von Woche zu Woche steigern - deshalb ist das LH-Schrägbankdrücken eine von zwei Hauptübungen für dieses Programm.

LH-Bankdrücken: Dieselben Vorteile wie beim LH-Schrägbankdrücken, nur dass hier die komplette Brust gleichermaßen beansprucht wird. In Verlaufe des Programmes werden wir den Fokus wechseln und uns eine zeitlang eher auf die Progression beim normalen Bankdrücken konzertieren.

DIE ÜBUNGEN — BRUST

KH-Schrägbankdrücken: In der Regel bin ich kein großer Fan vom Kurzhanteltraining, da zu viele Athleten einfach viel zu früh damit beginnen und deshalb häufig unnötige Fehler machen. Nun, ich denke aber, du bist jetzt bereit dafür, und deshalb ist das KH-Schräggbankdrücken mit an Bord. Hiermit visieren wir eher die Typ-1-Muskelfasern an und trainieren leichter, aber mit mehr Wiederholungen.

Enge Brustpresse: Eine enge Brustpresse mit vertikalem Griff ist die perfekte Übung, um sich selbst ohne Trainingspartner ans Muskelversagen zu trainieren - und genau das machen wir hiermit auch. Bei den meisten Übungen empfehle ich dir, nicht bis ans Muskelversagen zu gehen, aber mit dieser Übung werden wir es hin und wieder tun, um auch die letzten Muskelfasern zu rekrutieren und maximale Ergebnisse zu erzielen.

DIE ÜBUNGEN — BRUST

Negatives Bankdrücken: Wie bereits geschrieben, werden wir uns 1/3 des Programmes vermehrt auf die untere Brust konzentrieren, um auch diese gut auszuprägen und die beste Übung ist hierfür das negative Bankdrücken. Wir können schwer und kontrolliert arbeiten und das bei zugleich sehr hoher Sicherheit.

Dips: Dips sind ebenfalls bestens geeignet, um die untere Brustmuskulatur zu aktivieren. Trainiere Dips frei oder mit Zusatzgewichten, je nach Fortschrittsgrad. Halte die Ellenbogen eng am Körper, gehe nicht zu tief runter und habe stets volle Kontrolle.

Enges Bankdrücken: Das enge Bankdrücken ist nicht nur eine hervorragende Übung für den Trizeps, sondern beansprucht ebenso auch die obere Brustmuskulatur. Wichtig ist hier die Mind-Muscle-Connection und du solltest dich aktiv darauf fokussieren, das Gewicht aus der oberen Brust zu drücken.

DIE ÜBUNGEN — RÜCKEN

Rack Pulls: Rack Pulls sind eine der schweren Hauptübungen für dieses Programm und zielen primär auf den Trapez, die Rhomboiden, aber auch auf den Rückenstrecker ab. Hier können wir sauber und schwer trainieren und eine kontrollierte progressive Überladung für fast den gesamten Rücken gewährleisten. Die Stange legen wir im Rack leicht unter den Knien ab und bewegen uns von dort aus nach oben, ähnlich wie beim Kreuzheben.

Breites Latziehen: Bei der Suche nach der bestmöglichen Übung für den Latissimus muss man mehrere Faktoren in Betracht ziehen. Winkel, Griffpositionierung und die Ausführung. Schaut man sich die Studienlage an, so findet man folgendes ideale Szenario: Obergriff, zur Brust, leicht zurückgelehnt und etwas breiter greifen als schulterbreit. [1,2,3]

DIE ÜBUNGEN — RÜCKEN

Enges Latziehen: Ähnliche Ausgangsposition wie das breitere Latziehen und ähnliche Aktivierung des Latissimus. Hier können wir in den meisten Fällen etwas mehr Gewicht bewegen und aktivieren noch etwas mehr die Rhomboiden und den Trapezmuskel.

Langhantel-Rudern UG: Das Langhantel-Rudern ist eine der besten Übungen für den gesamten Rücken, weshalb die Ausführung im Untergriff ebenfalls eine der schweren Hauptübungen für dieses Programm ist. Im Untergriff aktivieren wir besser den Latissimus, aber auch sehr stark die Rhomboiden, den Trapezius und auch die Arme.
Wichtig: Bei der Ausführung den Oberkörper circa. 45° aufrechthalten und den Kopf als Verlängerung der Wirbelsäule betrachten, <u>NICHT</u> nach vorne in den Spiegel gucken.

DIE ÜBUNGEN — RÜCKEN

Langhantel-Rudern OG: Die Alternative zum Untergriffrudern ist das Rudern im Obergriff. Hier beanspruchen wir hauptsächlich den oberen Teil des Rückens, sprich die hinteren Schultern und die Trapezmuskulatur. Der Oberkörper sollte hierbei parallel zum Boden sein und der Kopf zum Boden gerichtet.

T-Bar Rudern: Eine weitere schwere Übung, besonders für den oberen Rücken und den Latissimus. Von der Aktivierung her ähnlich wie das UG Langhantel-Rudern, nur dass hier noch mehr die hinteren Schultern mit ins Spiel genommen werden.

DIE ÜBUNGEN — RÜCKEN

Enges Rudern am Turm: Mit dem engen Rudern haben wir eine horizontale Ruderübung, die ebenfalls klasse den Latissimus trainiert, aber auch die Arme, hintere Schultern und die Rhomboiden. Viele glauben irrtümlicherweise, dass nur vertikales Ziehen den Latissimus beansprucht, doch Studien zeigen klar, dass horizontales Ziehen ebenso dazu im Stande ist, weshalb diese Übung Teil des Programmes ist. [4]

Obergriff Klimmziehen: Der Klassiker: das Klimmziehen. Tolle Verbundübung für den gesamten Rücken und den Bizeps. Greife hier im Obergriff und etwas breiter als schulterbreit. Notfalls auch mit Zusatzgewicht.

DIE ÜBUNGEN — RÜCKEN

Facepulls: Facepulls am Seilzug sind nicht nur bei Experten sehr beliebt, um die Körperhaltung und die Gesundheit der Schulter zu verbessern, sondern sie sind auch eine meiner absoluten Lieblingsübungen für eine runde und gutausgeprägte hintere Schulter. Die externe Rotationskomponente, wie man sie hat, wenn man den Unterhandgriff benutzt, stärkt die Rotatorenmanschettenmuskulatur und die horizontale Abduktionskomponente zielt direkt auf die hinteren Deltas ab, wodurch diese Übung nicht nur essentiell in jedem guten schulterfokussierten Programm ist.

Überzüge am Seilzug: Überzüge stellen eine gute letzte Isolationsübung für den Lat dar und sind hervorragend, um nochmal richtig Blut in den Rücken reinzupumpen. Hier haben wir eine große ROM und eine gleichzeitig geringe Beteiligung der anderen Rückenmuskeln, weshalb die Überzüge den perfekten "Finisher" darstellen.

DIE ÜBUNGEN — BEINE

Kniebeugen: Der Klassiker schlechthin: eine schöne Kniebeuge bzw. gute Squads. Forschungen zeigen ganz klar, dass jegliche Form der Kniebeuge eine hohe Aktivierung des Quadriceps mit sich bringt, und zudem hat man hier wunderbares Potential, sich von Training zu Training kontrolliert zu steigern und seine Muskeln so progressiv zu überladen. Konträr zur weit vebreiteten Meinung spielt es keine wirkliche Rolle, wie breit oder eng man beim Beugen steht, die Aktivierung der Quads bleibt quasi identisch, solange man nur tief genug geht, dass die Schenke parallel zum Boden sind. [5,6,7]

DIE ÜBUNGEN — BEINE

Front Squats: In diesem Programm sind mehrere Varianten der Kniebeuge enthalten, da andere Ausführungen unterschiedliche Vorteile mit sich bringen und andere Reize hervorrufen. Eine dieser weiteren Varianten sind die sogenannten Front Squats, bei denen wir die Stange auf der Brust und dem Schlüsselbein ablassen, anstelle hinter dem Kopf und dem Nacken. Durch den frontlastigen Winkel bringen die Front Squats eine höhere Aktivierung der Quads mit sich (besonders im Vastus lateralis und Vastus medialis) und sind deshalb eine willkommene Alternative zur herkömmlichen Kniebeuge. [8,9]

DIE ÜBUNGEN — BEINE

Enge Smith-Maschine Squats: Mit dieser Übung widerspreche ich mir im Prinzip doppelt: grundsätzliche rate ich jedem dringlichst davon ab, in der Smith-Maschine zu trainieren und wie eben dargelegt, bringt es in der Theorie keine Vorteile, eng oder breit zu stehen. Und dennoch ... mit dem richtigen Einsatz und dem richtigen Fokus vom Kopf her auf den Vastus medialis (innerer), entfacht diese Übung ein wahres Feuer in den Quads und ist die perfekte Übung für höhere Wiederholungszahlen. Stelle die Füße parallel, stehe nicht weiter als schulterbreit und gehe so tief wie möglich ...

DIE ÜBUNGEN — BEINE

Hack Squats: Die vierte Variante des Kniebeugens ist ein echter Klassiker der Golden Era des Bodybuilding. Die Rede ist von den Hack Squats bzw. den Hackenschmidt-Kniebeugen. Voraussetzung für diese Übung ist, dass dein Gym das jeweilige Equipment besitzt. Ist dies nicht der Fall, dann tausche diese Übung im Programm mit den engen Kniebeugen in der Smith-Maschine aus. Auch hier hilft: wenig Gewicht und viel spüren. Die Ausführung sollte langsam, kontrolliert und so tief wie möglich sein. Trainiere hier nicht mit dem Ego, sondern sehr behutsam und achte darauf, dass deine Knie in der Ausgangsposition nicht gestreckt, sondern stets leicht gebeugt sind.

DIE ÜBUNGEN — BEINE

Beinpresse: Die Beinpresse ist eine weitere schwere Hauptübung für dieses Programm und auch eine meiner heutigen Lieblingsübungen für die Beine, die ich viel zu viele Jahre vollkommen außer acht gelassen habe - und wofür ich den Preis zahlen musste. Mit der Beinpresse können wir wesentlich mehr Gewicht bewegen im Vergleich zu anderen Übungen, was wiederum potent den Muskelaufbau stimuliert und wieso die Beinpresse fundamental für dieses Bein-Programm ist und nicht nur die Kniebeuge mit all ihren Ablegern ...

DIE ÜBUNGEN — BEINE

Beinstrecker: Wenn es um die reine Aktivierung der Muskelfasern im Quadriceps geht, dann steht hier ganz klar der Beinstrecker an erster Stelle. [10] Zwar ist die reine Aktivierung extrem hoch in dieser Übung, jedoch sind die Beinstrecker nur semi-optimal zur progressiven und vor allem schweren Überladung geeignet, weshalb sie keine Hauptübung in diesem Programm sind, sondern eher nach den schweren Übungen zum Einsatz kommen, um viel Volumen ins Beintraining zu bekommen.

Rumänisches Rudern LH: Mit dem rumänischen Rudern sind wir nicht nur bei der schweren Hauptübung für den Beinbeuger angelangt, sondern auch bei den Übungen für den Beinbeuger ganz allgemein und mit dem rumänische Rudern lassen sich die Beinbeuger-Muskeln wunderbar isolieren. Diese Übung solltest du eher als "Dehn-Übung" ansehen und hier ebenfalls tendenziell weniger Gewicht wählen, dafür sehr langsam und kontrolliert arbeiten.

Rumänisches Rudern KH: Die Variante des rumänischen Ruderns mit den KH ermöglicht einem, nochmal "tiefer" in die Muskelfasern zu trainieren und andere Reize zu setzen, als wir es eh schon mit der LH tun. Typischerweise trainieren wir das rumänische Rudern mit den KH eher im höheren Wiederholungsbereich und zielen somit primär auf die Typ-1-Muskelfasern des Beinbeugers ab.

DIE ÜBUNGEN — BEINE

Leg Curls (liegend oder sitzend): Leg Curls sind quasi die Übung für den Beinbeuger, was Beinstrecker für die Quads sind: sehr hohe Aktivierung der Muskelfasern, aber nur wenig bzw. nicht optimaler Raum für progressive Überladung. Studien haben auch gezeigt, dass Leg Curls besser den Beinbeuger aktivieren als beispielsweise rumänisches Kreuzheben oder es eine Kniebeuge jemals könnte. [11]

Ausfallschritte: Eine weitere Übung für dieses Programm sind die allseits beliebten Ausfallschritte, welche stark auf die Quads und ebenfalls den Gluteus abzielen. Durch die hohe Wiederholungszahl beanspruchen wir hiermit sehr gut die Typ-1-Muskelfasern der jeweiligen Gruppe und trainieren gleichzeitig unsere Unterarme mit.

DIE ÜBUNGEN — BEINE

Wadenheben: Ganz klassische Übung für die Waden. Hier ein guter Tipp für eine bessere Entwicklung der Waden: Halte die Endposition für 1 bis 2 Sekunden in dieser Position, sodass wirklich alle Fasern aktiviert werden und du dich nicht nur wie ein Gummiband mit Schwung wieder nach oben katapultierst. Auf diese Weise trainierst du deine Waden sofort deutlich besser und wirst wesentlich bessere Resultate erzielen.

Wadenheben im Stehen: Stell dich auf eine Kante, halte dich gegebenenfalls an einem Turm oder ähnlichem fest und nimm den vollen ROM mit. Die ersten Wiederholungen fallen in der Regel sehr leicht, wirklich spannend wird es dann aber erst ab 10+ Wiederholungen ...

DIE ÜBUNGEN   SCHULTERN

Kabelzug Außenrotation: Diese Bewegung ist als Prähabilitationsmaßnahme zur Stärkung der Muskulatur der Rotatorenmanschetten und zur Verbesserung der Stabilität der Schulter vorgesehen. Führe sie vor jedem Schultertraining mit 10 bis 20 Wiederholungen pro Arm aus als Warm-up.

DIE ÜBUNGEN — SCHULTERN

Langhantel-Schulterdrücken (stehend): Das Schulterdrücken mit der Langhantel ist nicht nur eine der potentesten Übungen für den gesamte Oberkörper, sondern auch besonders gut zum Aufbau einer großen Schulter geeignet. Studien zeigen, dass vertikales Pressen eine wesentlich höhere Delta-Aktivierung bewirkt als horizontales Pressen [12], und zudem ist eine Übung wie das LH Schulterdrücken bestens für eine kontrollierte und progressive Überladung geeignet, weshalb das LH-Schulterdrücken fester Bestandteil dieses Programmes ist. Beim 1RM empfiehlt es sich, mit einem Gewichthebergürtel zu trainieren - ist aber kein Muss.

DIE ÜBUNGEN SCHULTERN

Kurzhantel-Schulterdrücken (stehend oder sitzend): Im Vergleich mit dem stehenden Langhantel-Schulterdrücken, dem sitzenden Langhantel-Schulterdrücken und auch dem sitzenden Kurzhantel-Schulterdrücken, liegt das stehende Kurzhantel-Schulterdrücken - in Bezug auf die totale Aktivierung des Deltas - laut einer guten Studie an der Spitze dieser vier Übungen. [13] Da diese Übung jedoch nicht so schwer geladen werden kann, ist sie nicht als "schwere Hauptübung" für dieses Programm gedacht. Dennoch ist sie einfach zu effektiv, um sie überhaupt nicht mit einzubeziehen.

DIE ÜBUNGEN — SCHULTERN

Facepulls am Seilzug: Facepulls am Seilzug sind nicht nur bei Fachleuten aus der Industrie sehr beliebt, um die Körperhaltung und die Gesundheit der Schulter zu verbessern, sondern es ist auch eine meiner Lieblingsübungen für eine runde und gut ausgeprägte hintere Schulter. Die externe Rotationskomponente, wie man sie hat, wenn man den Unterhandgriff benutzt, stärkt die Rotatorenmanschettenmuskulatur und die horizontale Abduktionskomponente zielt direkt auf die hinteren Deltas ab, wodurch diese Übung essentiell in jedem guten schulterfokussierten Programm ist.

DIE ÜBUNGEN   SCHULTERN

Aufrechtes Rudern am Kabelzug: Aufgrund der starken Schulterabduktionskomponente ist diese Übung eine der besten Verbundbewegungen für die seitliche Delta-Entwicklung. Einer Studie zufolge führt ein breiterer Griff mit der Langhantel zu einer stärkeren lateralen Delta-Aktivierung, da die Verwendung eines Seils jedoch mehr Freiheit am Schultergelenk als bei einer Langhantel ermöglicht, ist hier die Seilvariante enthalten. [14]

WICHTIG: Um eine mögliche Schulterverletzung (Impingement Syndrom) zu verhindern, achte darauf, dass die Ellbogen NICHT über die Schulterhöhe hinausragen und du die Übung eher mit leichterem Gewicht und sehr kontrolliert ausführst.

Kurzhantel-Seitheben: Das Seitheben ist ebenso eine bewährte wie klassische Übung für die seitliche Schultermuskulatur und darf hier natürlich auch nicht fehlen. Das Geheimnis für eine saubere und sichere Ausführung liegt in der Wahl des richtigen Gewichts, welches häufig leichter sein sollte, als viele denken. Arbeite sauber, langsam und kontrolliert und aktiviere somit möglichst viele Muskelfasern für maximale Resultate.

DIE ÜBUNGEN   SCHULTERN

Seitheben am Kabelzug: Mit dieser Übung isolieren wir besonders die seitlichen Deltas. Da das Kabel einen konstanten Widerstand ermöglicht, steht der Muskel während des gesamten Bewegungsablaufs voll unter Spannung. Wenn man sich außerdem leicht vom Kabelzug weg lehnt und somit den Abduktionswinkel verändert, wird nochmals mehr Belastung auf die seitlichen Deltas gelegt und wir nehmen etwas Gewicht aus der Rotatorenmanschette heraus.

DIE ÜBUNGEN — SCHULTERN

Umgekehrte Butterflys: Umgekehrte Butterflys sind ebenfalls eine großartige Übung, die eine sehr hohe Aktivierung der hinteren Schultern mit sich bringt. Wie du dabei die Hände positionierst, bleibt dir überlassen. Sowohl der horizontale Griff, aber auch der vertikale Griff, lösen eine sehr hohe Aktivierung der Muskelfasern in den hinteren Deltas aus. Fasse so, wie es es sich für dich am besten anfühlt.

Vorgebeugtes Seitheben: Ähnliche Ausführung wie beim normalen Seitheben mit der Kurzhantel, nur dass wir uns hier weiter nach vorne lehnen und so eine höhere Aktivierung der hinteren Deltas bewirken.

Umgekehrtes Cross Over am Kabelzug: Tolle Alternative zu den umgekehrten Butterflys und bieten somit etwas mehr Variation im Programm. Der Hauptfokus liegt auch hier auf den hinteren Deltas.

DIE ÜBUNGEN — SCHULTERN

Rudern am Turm mit breitem Griff: In einer Studie wurde diese Form des Ruderns als eine der Top-3-Übung für die Aktivierung der hinteren Deltas gekrönt. [15] Durch die Maschine und den klaren Bewegungsablauf bildet das breite Rudern eine perfekte Verbundübung für die hinteren Deltas und bietet Potential für eine stetige und kontrollierte progressive Überladung.

DIE ÜBUNGEN — SCHULTERN

Aufrechtes Rudern mit der Kurzhantel: Auch hier eine simple Alternative zum aufrechten Rudern am Kabelzug, die im Laufe des Programmes immer wieder verwendet wird.

DIE ÜBUNGEN — ARME

Enges Bankdrücken: Das enge Bankdrücken ist eine der Hauptübungen in diesem Programm für die Arme, weil wir hier schwer und kontrolliert arbeiten können, was zu einer vermehrten Aktivierung der Muskelfasern im Trizeps führt. Ein enger Griff bedeutet, dass wir hier circa schulterbreit greifen.

Diamond Push-ups: Diamond Push-ups konzentrieren sich vor allem auf den Trizeps Brachii, den Muskel, der entlang der Rückseite des Armes läuft, und sind eine klasse Übung zum Auspumpen nach einem schweren Training. Klasse Übung, die leicht und kontrolliert ausgeführt wird.

DIE ÜBUNGEN — ARME

Trizepsdrücken am Kabelzug: Das Trizepsdrücken zielt verstärkt auf den seitlichen Kopf ab und sorgt so für den schönen "Hufeisen"-Effekt im Trizeps. Wichtig zu beachten beim Trizepsrücken am Seil ist, dass du dich nicht in die Übung hereinlehnst, sondern wirklich komplett aus dem Trizeps arbeitest, sonst droht Verletzungsgefahr.

Überkopfdrücken am Kabelzug: Im Gegensatz zum normalen Trizepsdrücken ist die Schulter in dieser Bewegung in einer stärker gebeugten Position, was bedeutet, dass der lange Kopf des Trizeps mehr ins Spiel kommt. Die Hauptidee besteht darin, Übungen zu kombinieren, die beide Schulterpositionen verwenden, so dass sowohl der seitliche als auch der lange Kopf gleichermaßen entwickelt werden können.

DIE ÜBUNGEN — ARME

Dips (mit Zusatzgewicht): Als eine weitere Verbundübung sind Dips enthalten, weil sie den Trizeps mit den Schultern in einer längeren Position als beim Bankdrücken beanspruchen. Dies verlagert den Schwerpunkt mehr auf den kurzen Kopf. Ein engerer Griff und eine aufrechtere Körperhaltung werden die Belastung von Brustmuskeln und Schultern nehmen und eher auf den Trizeps legen.

Trizeps Kickbacks: Die Kickbacks, trotz der eher geringen ROM, sind eine tolle Übung für die gesamte Entwicklung des Trizeps. Kickbacks werden bei dir versteckt die Mind-Muscle-Connection verstärken und dich spüren lassen, wie sich eine maximale Anspannung anfühlt. Dies wiederum wird die anderen Trizeps-Übungen ebenfalls in deinem Training verbessern und sorgt so für ein rundum besseres Trizeps-Training.

DIE ÜBUNGEN — ARME

Curls mit der SZ-Stange: Die Curls mit der SZ-Stange sind gleichzusetzen mit dem engen Bankdrücken für den Trizeps: Sie sind sicher und wir können hier viel Gewicht bewegen und im Vergleich zur Langhantel wird das Handgelenk wesentlich weniger beansprucht.

Schrägbank-Hammer-Curls: Bei den meisten Übungen liegt der Großteil der Belastung im ersten Drittel der Bewegung und sinkt, je weiter wir am Ende der ROM sind. Anders ist dies, sobald wir den Winkel ändern und Studien haben gezeigt, dass beim Schrägbank-Curlen die größte Belastung im letzten Drittel liegt, also genau umgekehrt. Um wirklich alle Bereiche stets ausreichend zu trainieren, ändern wir hin und wieder den Winkel und sorgen so für ein gute Abdeckung und optimale Aktivierung der Fasern im gesamten Bizeps.

DIE ÜBUNGEN — ARME

Preacher Curls: Preacher Curls sind besonders gut, um den Bizeps wirklich isoliert zu spüren und was es bedeutet, nur den Bizeps zu trainieren. Zu viele Trainierende arbeiten mit Schwung und aktiveren stärkere Hilfsmuskeln wie beispielsweise die Schultern - und das ist natürlich absolut kontraproduktiv. Hier kommen die Preacher Curls ins Spiel, die ein sehr guter Lehrer für das gesamte Bizepstraining sein werden.

Scott Curls: Scott Curls sind quasi Preacher Curls 2.0. Etwas schwieriger in der Ausführung, führen jedoch zu einer besseren und höheren Aktivierung der Muskelnfasern im Bizeps durch den stark vertikalen Winkel. Achte hier darauf, dass nur deine Ellenbogen auf der Unterlage liegen und du eher von "oben" die Übung ausführst.

DIE ÜBUNGEN — ARME

Konzentrations-Curls: Ähnlich wie bei den Preacher Curls stützen wir hier ebenfalls die Ellenbogen ab und verhindern so ein mögliches Abfälschen der Ausführung. Der große Unterschied besteht hier jedoch darin, dass die Schulter weniger stark beansprucht wird, wodurch die Belastung vom Brachialis eher auf die Brachiis verlagert wird und wir so besser den Bizeps treffen.

Stab-Curls am Kabelzug: Curlen am Kabel hat den großen Vorteil, dass der Bizeps über die gesamte ROM unter Spannung steht und die Belastung nicht variiert, so wie es bei den anderen Freihantelübungen der Fall ist. Idealerweise stehst du mit dem Rücken zum Kabelzug und befestigt das Kabel am unteren Ende und ziehst zwischen deinen Beinen nach oben. So dehnst du deinen Bizeps auch am Ende jeder Wiederholung.

Manche Menschen wollen, dass es passiert, manche wünschen, dass es passiert ... und andere machen es möglich.

- Michael Jordan

Schlusswort

Gedanken zum Schluss

Fitness ist eine Reise ... mit diesen Worten habe ich dieses Buch begonnen und mit diesen Worten möchte ich dieses Buch abschließen. Entweder du liest diese Zeilen nach dem erstmaligen Durchlesen oder tatsächlich nach dem erstmaligen Durcharbeiten, doch egal wie du auf diese Seite jetzt hier gestoßen bist, ich hoffe, es hat dir gefallen und du konntest eine Menge wertvolle Informationen für dein eigenes Training mitnehmen.

Wir haben vieles besprochen, sind tief in die Details gegangen und zwischenzeitlich war es sicher auch etwas verwirrend für dich - doch ich hoffe, du bist am Ball geblieben und hast an den komplizierten Stellen nicht einfach den Kopf abgeschaltet, sondern hast die Dinge wirklich bis zu Ende gedacht und sie deshalb auch voll und ganz verstanden.

Am Ende bleiben nur zwei Dinge übrig.

Das erste ist die Umsetzung. Dieses Buch ist wirkungslos, wenn du es nicht die Tat umsetzt, wenn du nicht deinen Trainingsplan anpasst und wenn du nicht nach den Programmen trainierst. Es gibt Leute, die nehmen dieses Buch und das vorhandene Wissen und bauen sich einen komplett neuen Köper auf mit mehr Freude und mehr Erfolgen als jemals zuvor - und dann gibt es Leute, die einfach gar nichts machen, bei denen das Buch im Schrank verstaubt und bei denen nicht ein einziges Workout umgesetzt wird.

Jeder von uns trägt die nötigen Charaktereigenschaften für beide dieser Gewohnheiten in sich. Die Frage ist nur: *Wofür entscheidest du dich?*

Heute ...?

Nimmst du das Wissen und somit dein Leben in die Hand, wirst stärker und stärker und gibst mal wirklich 12 Monate Vollgas - oder halt doch wieder nicht? Diese Entscheidung liegt bei dir und bei dir ganz alleine und leider bin ich nicht in der Lage, dir das Training abzunehmen. Doch das ist auch nicht Sinn der Sache und wahrscheinlich würde dann alles nur halb so viel Spaß machen. Ich bin der Überzeugung, dass es durchaus seinen Sinn im Leben hat, dass Dinge schwer sind und seine Zeit brauchen. Dass die Götter einen Riegel vor zu schnellen Erfolgen gelegt haben und dass wahre Veränderung und wahre Errungenschaften eben doch nicht ganz über Nacht kommen. Das Leben will unseren Charakter prüfen, unsere Bisskraft, und ob wir wirklich gewillt sind, den Weg bis zu Ende zu gehen. Und dann - und nur dann - wird sich dir ein neues Leben eröffnen.

Ein Leben mit mehr Stärke und ein Leben mit einem Körper, auf den du jederzeit stolz sein kannst. Jetzt und auch noch in 20 Jahren. Vor dem Erfolg liegt der Schweiß und das ist gut so, doch eine weitere Sache möchte ich dir noch mit auf den Weg geben.

Es lohnt sich!

Gewissermaßen stehe ich bereits am Ende eines langen, steinigen Weges und kann dir nur Mut machen, dass sich all die mühsamen Stunden, all die vielen Momente der Lustlosigkeit und auch die vielen Opfer über die Monate und Jahre auszahlen werden. Es lohnt sich wirklich und du wirst nicht nur deinen Körper transformieren, sondern auch dein gesamtes Leben in einem Ausmaß, von dem du heute nicht einmal zu träumen wagst - und das ist keine Übertreibung.

Ein fachlicher Tipp noch auf diesem Wege: Sobald du das Programm abgeschlossen, sobald du ein Jahr am Stück meine Elite-Trainings befolgt hast, geht es genau so weiter, wie du es willst. Du kannst das Jahr exakt so wiederholen mit denselben Programmen und demselben Ablauf, lediglich mit mehr Gewicht und somit mit einer höheren Arbeitslast, oder aber du pickst dir einzelne Workouts heraus und fokussierst dich noch mehr auf die einzelnen Schwachstellen oder worauf du als nächstes Lust hast. Diese Wahl liegt bei dir und du hast tatsächlich jetzt alle Werkzeuge an der Hand, um für alle Zeiten dir deinen eigenen Trainingsplan zu schreiben und innerhalb diesem zu progressieren.

Zum Abschied wünsche ich dir noch drei Dinge von ganzem Herzen: Gesundheit, Selbstdisziplin und die Einsicht zur Tat. Diese Kombination ist in meinen Augen unschlagbar und das wirkliche Erfolgsgeheimnis im Leben. Es gibt keine Abkürzungen, es gibt kein Hack - die wahre Abkürzung besteht viel eher darin, so früh wie möglich den ganzen Weg zu gehen, anstatt buchstäblich Jahre zu verschwenden auf der Suche nach der einen Abkürzung, nach dem einen Geheimnis, welches es so in dieser Form nicht gibt...

Alles Gute auf deinem Weg und vielleicht begegnen wir uns ja mal im Fitnessstudio und du zeigst mir dann deine Erfolge. Bis dahin!

Dein Sjard

Studien und Quellen

Die verschiedenen Muskelfasern

1. Antonio Jose, "Nonuniform Response of Skeletal Muscle to Heavy Resistance Training: Can Bodybuilders Induce Regional Muscle Hypertrophy?", The Journal of Strength & Conditioning Research: February 2000
2. *Ibid.*
3. Per-Olof Astrand, Kaare Rodahl, Hans Dahl, Sigmund B. Stromme, "Textbook of Work Physiology -4th Edition, Physiological Bases of Exercise" 2003
4. Nardone A, Romanò C, Schieppati M., "Selective recruitment of high-threshold human motor units during voluntary isotonic lengthening of active muscles.", J Physiol. 1989 Feb;409:451-71.
5. Burd NA, Mitchell CJ, Churchward-Venne TA, Phillips SM, "Bigger weights may not beget bigger muscles: evidence from acute muscle protein synthetic responses after resistance exercise", Appl Physiol Nutr Metab. 2012 Jun;37(3):551-4. doi: 10.1139/h2012-022. Epub 2012 Apr 26.

Die Periodisierung des Trainings

1. Nardone A, Romanò C, Schieppati M., "Selective recruitment of high-threshold human motor units during voluntary isotonic lengthening of active muscles", J Physiol. 1989 Feb;409:451-71.
2. *Ibid.*

Beständigkeit, Volumen, Intensität und Frequenz

1. Burd NA, Mitchell CJ, Churchward-Venne TA, Phillips SM., "Bigger weights may not beget bigger muscles: evidence from acute muscle protein synthetic responses after resistance exercise." Appl Physiol Nutr Metab. 2012 Jun;37(3):551-4. doi: 10.1139/h2012-022. Epub 2012 Apr 26.
2. Robbins, D.W., P.W. Marshall, and M. McEwen, The e ect of training volume on lower- body strength. J Strength Cond Res, 2012. 26(1): p. 34-9.
3. Radaelli, R., et al., Dose-response of 1, 3, and 5 sets of resistance exercise on strength, local muscular endurance, and hypertrophy. J Strength Cond Res, 2015. 29(5): p. 1349-58.
4. Krieger, J.W., Single versus multiple sets of resistance exercise: a meta-regression. J Strength Cond Res, 2009. 23(6): p. 1890-901.
5. Krieger, J.W., Single vs. multiple sets of resistance exercise for muscle hypertrophy: a meta-analysis. J Strength Cond Res, 2010. 24(4): p. 1150-9.

6. Fry, A. and W. Kraemer, Resistance Exercise Overtraining and Overreaching. Sports Medicine, 1997. 23(2): p. 106-129.
7. Helms, E.R., et al., Recommendations for natural bodybuilding contest preparation: resistance and cardiovascular training. Journal of Sports Medicine and Physical Fitness, 2014.
8. Wernbom, M., J. Augustsson, and R. Thomee, The influence of frequency, intensity, volume and mode of strength training on whole muscle cross-sectional area in humans. Sports Med, 2007. 37(3): p. 225-64.
9. Gonzalez-Badillo, J.J., et al., Moderate resistance training volume produces more favorable strength gains than high or low volumes during a short-term training cycle. J Strength Cond Res, 2005. 19(3): p. 689-97.
10. Campos, G.E., et al., Muscular adaptations in response to three different resistance- training regimens: specificity of repetition maximum training zones. Eur J Appl Physiol, 2002. 88(1-2): p. 50-60.
11. Schoenfeld, B.J., et al., Effects of Low- Versus High-Load Resistance Training on Muscle Strength and Hypertrophy in Well-Trained Men. J Strength Cond Res, 2015.
12. Schoenfeld, B.J., et al., Muscular adaptations in low- versus high-load resistance training: A meta-analysis. Eur J Sport Sci, 2014: p. 1-10.
13. Schoenfeld, B.J., et al., Effects of different volume-equated resistance training loading strategies on muscular adaptations in well-trained men. Journal of Strength and Conditioning Research, 2014.
14. Helms, E.R., et al., Recommendations for natural bodybuilding contest preparation: resistance and cardiovascular training. Journal of Sports Medicine and Physical Fitness, 2014.
15. Izquierdo, M., et al., Differential effects of strength training leading to failure versus not to failure on hormonal responses, strength, and muscle power gains. J Appl Physiol (1985), 2006. 100(5): p. 1647-56.
16. Saulo Martorelli, Eduardo Lusa Cadore, Mikel Izquierdo, Rodrigo Celes, André Martorelli, Vitor Alonso Cleto, José Gustavo Alvarenga, Martim Bottaro, "Strength training with repetitions to failure does not provide additional strength and muscle hypertrophy gains in young women", Eur J Transl Myol 27 (2): 113-120, 2017
17. Schoenfeld BJ, Ogborn D, Krieger JW., "Effects of Resistance Training Frequency on Measures of Muscle Hypertrophy: A Systematic Review and Meta-Analysis.", Sports Med. 2016 Nov;46(11):1689-1697. doi: 10.1007/s40279-016-0543-8.
18. Schoenfeld, B.J., et al., Influence of Resistance Training Frequency on Muscular Adaptations in Well-Trained Men. J Strength Cond Res, 2015. 29(7): p. 1821-9.
19. Raastad, T., et al., Powerlifters improved strength and muscular adaptations to a greater extent when equal total training volume was divided into 6 compared to 3 training sessions per week, in 17th annual conference of the ECSS, Brugge 4-7 2012
20. Hartman, M.J., et al., Comparisons between twice-daily and once-daily training sessions in male weight lifters. International journal of sports physiology and performance, 2007. 2(2): p. 159-69.
21. Hakkinen, K. and M. Kallinen, Distribution of strength training volume into one or two daily sessions and neuromuscular adaptations in female athletes. Electromyography and Clinical Neurophysiology, 1994. 34(2): p. 117-24.

22. Hakkinen, K. and A. Pakarinen, Serum hormones in male strength athletes during intensive short term strength training. European Journal of Applied Physiology and Occupational Physiology, 1991. 63(3-4): p. 194-9.
23. McLester, J.R., Bishop, E., Guilliams, M.E., Comparison of 1 day and 3 days per week of equal-volume resistance training in experienced subjects. Journal of Strength and Conditioning Research, 2000. 14(3): p. 273-281.
24. Raastad, T., et al., Powerlifters improved strength and muscular adaptations to a greater extent when equal total training volume was divided into 6 compared to 3 training sessions per week, in 17th annual conference of the ECSS, Brugge 4-7 2012.

Progression - Der Schlüssel zum Erfolg

1. Chilibeck, P.D., et al., A comparison of strength and muscle mass increases during resistance training in young women. Eur J Appl Physiol Occup Physiol, 1998. 77(1-2): p. 170-5.
2. Reilly T, Piercy M., "The effect of partial sleep deprivation on weight-lifting performance.", Ergonomics. 1994 Jan;37(1):107-15.
3. Samuels C., "Sleep, recovery, and performance: the new frontier in high-performance athletics.", Neurol Clin. 2008 Feb;26(1):169-80; ix-x. doi: 10.1016/j.ncl.2007.11.012.
4. Mah CD, Mah KE, Kezirian EJ, Dement WC., "The effects of sleep extension on the athletic performance of collegiate basketball players.", Sleep. 2011 Jul 1;34(7):943-50. doi: 10.5665/SLEEP.1132.
5. http://sleepfoundation.org/
6. Frøsig C, Richter EA., "Improved insulin sensitivity after exercise: focus on insulin signaling."Obesity (Silver Spring). 2009 Dec;17 Suppl 3:S15-20. doi: 10.1038/oby.2009.383.
7. Wang X, Hu Z, Hu J, Du J, Mitch WE., "Insulin resistance accelerates muscle protein degradation: Activation of the ubiquitin-proteasome pathway by defects in muscle cell signaling." Endocrinology. 2006 Sep;147(9):4160-8. Epub 2006 Jun 15.
8. Wilson JM, Marin PJ, Rhea MR, Wilson SM, Loenneke JP, Anderson JC., "Concurrent training: a meta-analysis examining interference of aerobic and resistance exercises." J Strength Cond Res. 2012 Aug; 26(8):2293-307. doi: 10.1519/JSC.0b013e31823a3e2d.
9. Chiu, L.Z.F. and J.L. Barnes, The Fitness-Fatigue Model Revisited: Implications for Planning Short- and Long-Term Training. Strength & Conditioning Journal, 2003. 25(6): p. 42-51.
10. Helms, E.R., et al., Recommendations for natural bodybuilding contest preparation: resistance and cardiovascular training. Journal of Sports Medicine and Physical Fitness, 2014.

Die etwas kleineren Erfolgsfaktoren im Training

1. West, D.W. and S.M. Phillips, Anabolic processes in human skeletal muscle: restoring the identities of growth hormone and testosterone. Phys Sportsmed, 2010. 38(3): p. 97-104.
2. Schoenfeld, B.J., The mechanisms of muscle hypertrophy and their application to resistance training. J Strength Cond Res, 2010. 24(10): p. 2857-72.
3. Goldberg AL, Etlinger JD, Goldspink DF, Jablecki C., "Mechanism of work-induced hypertrophy of skeletal muscle.", Med Sci Sports. 1975 Fall;7(3):185-98.
4. Helms, E.R., et al., Recommendations for natural bodybuilding contest preparation: resistance and cardiovascular training. Journal of Sports Medicine and Physical Fitness, 2014.
5. De Salles, B.F., et al., Rest interval between sets in strength training. Sports Med, 2009. 39(9): p. 765-77.
6. Schoenfeld, B.J., et al., Eects of Low- Versus High-Load Resistance Training on Muscle Strength and Hypertrophy in Well-Trained Men. J Strength Cond Res, 2015.
7. Schoenfeld, B.J., et al., Muscular adaptations in low- versus high-load resistance training: A meta-analysis. Eur J Sport Sci, 2014: p. 1-10.
8. Schoenfeld BJ., "The mechanisms of muscle hypertrophy and their application to resistance training.", J Strength Cond Res. 2010 Oct;24(10):2857-72. doi: 10.1519/JSC.0b013e3181e840f3.
9. Zourdos, M.C., et al., The repeated bout eect in muscle-specic exercise variations. J Strength Cond Res, 2015.
10. Clarkson, P.M., K. Nosaka, and B. Braun, Muscle function after exercise-induced muscle damage and rapid adaptation. Med Sci Sports Exerc, 1992. 24(5): p. 512-20.
11. Paulsen, G., et al., Leucocytes, cytokines and satellite cells: what role do they play in muscle damage and regeneration following eccentric exercise? Exerc Immunol Rev, 2012. 18: p. 42-97.
12. Flann, K.L., et al., Muscle damage and muscle remodeling: no pain, no gain? Journal of Experimental Biology, 2011. 214(Pt 4): p. 674-9.
13. Schoenfeld, B.J., et al., Eects of dierent volume-equated resistance training loading strategies on muscular adaptations in well-trained men. Journal of Strength and Conditioning Research, 2014.
14. Ahtiainen, J.P., et al., Short vs. long rest period between the sets in hypertrophic resistance training: Inuence on muscle strength, size, and hormonal adaptations in trained men. Journal of Strength and Conditioning Research, 2005. 19(3): p.
15. de Souza, T.P.J., et al., Comparison Between constant and decreasing rest intervals: inuence on maximal strength and hypertrophy. Journal of Strength and Conditioning Research, 2010. 24(7): p. 1843-1850
16. Buresh, R., K. Berg, and J. French, The eect of resistive exercise rest interval on hormonal response, strength, and hypertrophy with training. Journal of Strength and Conditioning Research, 2009. 23(1): p. 62-71
17. Henselmans, M. and B.J. Schoenfeld, The eect of inter-set rest intervals on resistance exercise-induced muscle hypertrophy. Sports Med, 2014. 44(12): p. 1635-43.

18. Headley, S.A., et al., Effects of lifting tempo on one repetition maximum and hormonal responses to a bench press protocol. J Strength Cond Res, 2011. 25(2): p. 406-13.
19. Hatfield DL, Kraemer WJ, Spiering BA, Häkkinen K, Volek JS, Shimano T, Spreuwenberg LP, Silvestre R, Vingren JL, Fragala MS, Gómez AL, Fleck SJ, Newton RU, Maresh CM., "The impact of velocity of movement on performance factors in resistance exercise.", J Strength Cond Res. 2006 Nov;20(4):760-6.
20. Goldberg AL, Etlinger JD, Goldspink DF, Jablecki C., "Mechanism of work-induced hypertrophy of skeletal muscle.", Med Sci Sports. 1975 Fall;7(3):185-98.
21. Kim E, Dear A, Ferguson SL, Seo D, Bemben MG., "Effects of 4 weeks of traditional resistance training vs. superslow strength training on early phase adaptations in strength, flexibility, and aerobic capacity in college-aged women.", J Strength Cond Res. 2011 Nov;25(11):3006-13. doi: 10.1519/JSC.0b013e318212e3a2.
22. Neils CM, Udermann BE, Brice GA, Winchester JB, McGuigan MR., "Influence of contraction velocity in untrained individuals over the initial early phase of resistance training.", J Strength Cond Res. 2005 Nov; 19(4):883-7.
23. Munn J, Herbert RD, Hancock MJ, Gandevia SC., "Resistance training for strength: effect of number of sets and contraction speed.", Med Sci Sports Exerc. 2005 Sep;37(9):1622-6.
24. Hatfield DL, Kraemer WJ, Spiering BA, Häkkinen K, Volek JS, Shimano T, Spreuwenberg LP, Silvestre R, Vingren JL, Fragala MS, Gómez AL, Fleck SJ, Newton RU, Maresh CM., "The impact of velocity of movement on performance factors in resistance exercise.", J Strength Cond Res. 2006 Nov;20(4):760-6.
25. Snyder, B.J. and J.R. Leech, Voluntary increase in latissimus dorsi muscle activity during the lat pull-down following expert instruction. J Strength Cond Res, 2009. 23(8): p. 2204-9.
26. Snyder, B.J. and W.R. Fry, Effect of verbal instruction on muscle activity during the bench press exercise. J Strength Cond Res, 2012. 26(9): p. 2394-400.
27. Stone, M., S. Plisk, and D. Collins, Training principles: evaluation of modes and methods of resistance training--a coaching perspective. Sports Biomech, 2002. 1(1): p. 79-103.
28. Behm, D.G., Neuromuscular implications and applications of resistance training. The Journal of Strength & Conditioning Research, 1995. 9(4): p. 264-274.
29. Schoenfeld, B.J., et al., Effects of different volume-equated resistance training loading strategies on muscular adaptations in well-trained men. Journal of Strength and Conditioning Research, 2014.
30. Woodley, S.J. and S.R. Mercer, Hamstring muscles: architecture and innervation. Cells, Tissues, Organs, 2005. 179(3): p. 125-41.
31. Glass, S.C. and T. Armstrong, Electromyographical activity of the pectoralis muscle during incline and decline bench presses. Journal of Strength and Conditioning Research, 1997. 11(3): p. 163-167.
32. Ebben WP, Feldmann CR, Dayne A, Mitsche D, Alexander P, Knetzger KJ., "Muscle activation during lower body resistance training.", Int J Sports Med. 2009 Jan;30(1):1-8. doi: 10.1055/s-2008-1038785. Epub 2008 Oct 30.
33. Antonio, J., Nonuniform response of skeletal muscle to heavy resistance training: Can bodybuilders induce regional muscle hypertrophy? Journal of Strength and Conditioning Research, 2000. 14(1): p. 102-113.

34. Schoenfeld, B.J., The mechanisms of muscle hypertrophy and their application to resistance training. J Strength Cond Res, 2010. 24(10): p. 2857-72.
35. Paoli A, Gentil P, Moro T, Marcolin G, Bianco A. Resistance Training with Single vs. Multi-joint Exercises at Equal Total Load Volume: Effects on Body Composition, Cardiorespiratory Fitness, and Muscle Strength. Front Physiol. 2017
36. Hansen S, Kvorning T, Kjaer M, Sjøgaard G., "The effect of short-term strength training on human skeletal muscle: the importance of physiologically elevated hormone levels.", Scand J Med Sci Sports. 2001 Dec;11(6):347-54.
37. Kraemer WJ, Fry AC, Warren BJ, Stone MH, Fleck SJ, Kearney JT, Conroy BP, Maresh CM, Weseman CA, Triplett NT, et al., "Acute hormonal responses in elite junior weightlifters.", Int J Sports Med. 1992 Feb;13(2):103-9.
38. Antonio Jose, "Nonuniform Response of Skeletal Muscle to Heavy Resistance Training: Can Bodybuilders Induce Regional Muscle Hypertrophy?", The Journal of Strength & Conditioning Research: February 2000
39. Schoenfeld BJ, Grgic J, Ogborn D, Krieger JW. Strength and Hypertrophy Adaptations Between Low- vs. High-Load Resistance Training: A Systematic Review and Meta-analysis. J Strength Cond Res. 2017 Dec; 31(12):3508-3523.
40. Peterson MD, Rhea MR, Alvar BA., "Applications of the dose-response for muscular strength development: a review of meta-analytic efficacy and reliability for designing training prescription.", J Strength Cond Res. 2005 Nov;19(4):950-8.
41. Chilibeck, P.D., et al., A comparison of strength and muscle mass increases during resistance training in young women. Eur J Appl Physiol Occup Physiol, 1998. 77(1-2): p. 170-5.
42. Seynnes, O.R., M. de Boer, and M.V. Narici, Early skeletal muscle hypertrophy and architectural changes in response to high-intensity resistance training. Journal of Applied Physiology, 2007. 102(1): p. 368-73.
43. Fry, A.C., The role of resistance exercise intensity on muscle fiber adaptations. Sports Medicine, 2004. 34(10): p. 663-79.
44. Helms, E.R., et al., Recommendations for natural bodybuilding contest preparation: resistance and cardiovascular training. Journal of Sports Medicine and Physical Fitness, 2014.
45. Simao, R., et al., Exercise order in resistance training. Sports Med, 2012. 42(3): p. 251-65.
46. Simão, R., et al., Influence of exercise order on repetition performance during low-intensity resistance exercise. Research in Sports Medicine, 2012. 20(3-4): p. 263-273.

Training bei wenig Zeit oder Krankheit

1. McMahon GE, Morse CI, Burden A, Winwood K, Onambélé GL., "Impact of range of motion during ecologically valid resistance training protocols on muscle size, subcutaneous fat, and strength.", J Strength Cond Res. 2014 Jan;28(1):245-55. doi: 10.1519/JSC.0b013e318297143a.

2. Jespersen JG, Nedergaard A, Andersen LL, Schjerling P, Andersen JL., "Myostatin expression during human muscle hypertrophy and subsequent atrophy: increased myostatin with detraining.", Scand J Med Sci Sports. 2011 Apr;21(2):215-23. doi: 10.1111/j.1600-0838.2009.01044.x.
3. Dirks ML, Wall BT, van de Valk B, Holloway TM, Holloway GP, Chabowski A, Goossens GH, van Loon LJ., "One Week of Bed Rest Leads to Substantial Muscle Atrophy and Induces Whole-Body Insulin Resistance in the Absence of Skeletal Muscle Lipid Accumulation.", Diabetes. 2016 Oct;65(10):2862-75. doi: 10.2337/db15-1661. Epub 2016 Jun 29.
4. McMaster DT, Gill N, Cronin J, McGuigan M., "The development, retention and decay rates of strength and power in elite rugby union, rugby league and American football: a systematic review.", Sports Med. 2013 May;43(5):367-84. doi: 10.1007/s40279-013-0031-3.
5. Nygren AT, Karlsson M, Norman B, Kaijser L., "Effect of glycogen loading on skeletal muscle cross-sectional area and T2 relaxation time.", Acta Physiol Scand. 2001 Dec;173(4):385-90.
6. Hansen BF, Asp S, Kiens B, Richter EA., "Glycogen concentration in human skeletal muscle: effect of prolonged insulin and glucose infusion.", Scand J Med Sci Sports. 1999 Aug;9(4):209-13.
7. Mujika I, Padilla S., "Cardiorespiratory and metabolic characteristics of detraining in humans.", Med Sci Sports Exerc. 2001 Mar;33(3):413-21.
8. Costill DL, Fink WJ, Hargreaves M, King DS, Thomas R, Fielding R., "Metabolic characteristics of skeletal muscle during detraining from competitive swimming.", Med Sci Sports Exerc. 1985 Jun;17(3): 339-43.
9. Guiseppe Coratella, Federico Schena, "Eccentric resistance training increases and retains maximal strength, muscle endurance and hypertrophy in trained men", Applied Physiology Nutrition and Metabolism41(11) · August 2016, DOI: 10.1139/apnm-2016-0321
10. Kalapotharakos V, Smilios I, Parlavatzas A, Tokmakidis SP., "The effect of moderate resistance strength training and detraining on muscle strength and power in older men.", J Geriatr Phys Ther. 2007;30(3): 109-13.
11. Staron RS, Leonardi MJ, Karapondo DL, Malicky ES, Falkel JE, Hagerman FC, Hikida RS., "Strength and skeletal muscle adaptations in heavy-resistance-trained women after detraining and retraining.", J Appl Physiol (1985). 1991 Feb;70(2):631-40.
12. Bruusgaard JC, Liestøl K, Ekmark M, Kollstad K, Gundersen K., "Number and spatial distribution of nuclei in the muscle fibres of normal mice studied in vivo.", J Physiol. 2003 Sep 1;551(Pt 2):467-78. Epub 2003 Jun 17.
13. J. C. Bruusgaard, I. B. Johansen, I. M. Egner, Z. A. Rana, and K. Gundersen, "Myonuclei acquired by overload exercise precede hypertrophy and are not lost on detraining", PNAS August 24, 2010. 107 (34) 15111-15116; https://doi.org/10.1073/pnas.0913935107
14. Gundersen K., "Excitation-transcription coupling in skeletal muscle: the molecular pathways of exercise.", Biol Rev Camb Philos Soc. 2011 Aug;86(3):564-600. doi: 10.1111/j.1469-185X.2010.00161.x. Epub 2010 Oct 6.
15. Bruusgaard JC, Johansen IB, Egner IM, Rana ZA, Gundersen K., "Myonuclei acquired by overload exercise precede hypertrophy and are not lost on detraining.", Proc Natl Acad Sci U S A. 2010 Aug 24;107(34):15111-6. doi: 10.1073/pnas.0913935107. Epub 2010 Aug 16.

16. Gundersen K, Bruusgaard JC., "Nuclear domains during muscle atrophy: nuclei lost or paradigm lost?", J Physiol. 2008 Jun 1;586(11):2675-81. doi: 10.1113/jphysiol.2008.154369. Epub 2008 Apr 25.
17. Ogasawara R, Yasuda T, Ishii N, Abe T., "Comparison of muscle hypertrophy following 6-month of continuous and periodic strength training.", Eur J Appl Physiol. 2013 Apr;113(4):975-85. doi: 10.1007/s00421-012-2511-9. Epub 2012 Oct 6.
18. Tomiyama AJ, Mann T, Vinas D, Hunger JM, Dejager J, Taylor SE., "Low calorie dieting increases cortisol.", Psychosom Med. 2010 May;72(4):357-64. doi: 10.1097/PSY.0b013e3181d9523c. Epub 2010 Apr 5.
19. Cangemi R, Friedmann AJ, Holloszy JO, Fontana L., "Long-term effects of calorie restriction on serum sex-hormone concentrations in men.", Aging Cell. 2010 Apr;9(2):236-42. doi: 10.1111/j.1474-9726.2010.00553.x. Epub 2010 Jan 20.
20. Zito CI, Qin H, Blenis J, Bennett AM., "SHP-2 regulates cell growth by controlling the mTOR/S6 kinase 1 pathway.", J Biol Chem. 2007 Mar 9;282(10):6946-53. Epub 2007 Jan 17.
21. Demling RH, DeSanti L., "Effect of a hypocaloric diet, increased protein intake and resistance training on lean mass gains and fat mass loss in overweight police officers.", Ann Nutr Metab. 2000;44(1):21-9.
22. de Boer MD, Selby A, Atherton P, Smith K, Seynnes OR, Maganaris CN, Maffulli N, Movin T, Narici MV, Rennie MJ., "The temporal responses of protein synthesis, gene expression and cell signalling in human quadriceps muscle and patellar tendon to disuse.", J Physiol. 2007 Nov 15;585(Pt 1):241-51. Epub 2007 Sep 27.
23. Jones SW, Hill RJ, Krasney PA, O'Conner B, Peirce N, Greenhaff PL., "Disuse atrophy and exercise rehabilitation in humans profoundly affects the expression of genes associated with the regulation of skeletal muscle mass.", FASEB J. 2004 Jun;18(9):1025-7. Epub 2004 Apr 14.
24. Glover EI, Phillips SM, Oates BR, Tang JE, Tarnopolsky MA, Selby A, Smith K, Rennie MJ., "Immobilization induces anabolic resistance in human myofibrillar protein synthesis with low and high dose amino acid infusion.", J Physiol. 2008 Dec 15;586(24):6049-61. doi: 10.1113/jphysiol.2008.160333. Epub 2008 Oct 27.
25. Lucas Duarte Tavares, Eduardo Oliveira de Souza, Carlos Ugrinowitsch, Gilberto Candido Laurentino, Hamilton Roschel, André Yui Aihara, Fabiano Nassar Cardoso, Valmor Tricoli, "Effects of different strength training frequencies during reduced training period on strength and muscle cross-sectional area", APPLIED SPORT SCIENCES | Published online: 19 Mar 2017
26. Bickel CS, Cross JM, Bamman MM., "Exercise dosing to retain resistance training adaptations in young and older adults.", Med Sci Sports Exerc. 2011 Jul;43(7):1177-87. doi: 10.1249/MSS.0b013e318207c15d.
27. Bell GJ, Syrotuik DG, Attwood K, Quinney HA., "Maintenance of strength gains while performing endurance training in oarswomen.", Can J Appl Physiol. 1993 Mar;18(1):104-15.
28. Bickel CS, Cross JM, Bamman MM., "Exercise dosing to retain resistance training adaptations in young and older adults.", Med Sci Sports Exerc. 2011 Jul;43(7):1177-87. doi: 10.1249/MSS.0b013e318207c15d.

29. Carroll TJ1, Abernethy PJ, Logan PA, Barber M, McEniery MT., "Resistance training frequency: strength and myosin heavy chain responses to two and three bouts per week.", Eur J Appl Physiol Occup Physiol. 1998 Aug;78(3):270-5.
30. Braith RW1, Graves JE, Pollock ML, Leggett SL, Carpenter DM, Colvin AB., "Comparison of 2 vs 3 days/week of variable resistance training during 10- and 18-week programs.", Int J Sports Med. 1989 Dec; 10(6):450-4.

Big Bad Back

1. Schoenfeld BJ, Ogborn D, Krieger JW. Effects of Resistance Training Frequency on Measures of Muscle Hypertrophy: A Systematic Review and Meta-Analysis. Sports Med. 2016;46(11):1689-1697. doi:10.1007/s40279-016-0543-8.
2. Johnson G, Bogduk N, Nowitzke A, House D. Anatomy and actions of the trapezius muscle. Clin Biomech (Bristol, Avon). 1994;9(1):44-50. doi:10.1016/0268-0033(94)90057-4.

Brust Overload

1. Schoenfeld BJ, Ogborn D, Krieger JW. Effects of Resistance Training Frequency on Measures of Muscle Hypertrophy: A Systematic Review and Meta-Analysis. Sports Med. 2016;46(11):1689-1697. doi:10.1007/s40279-016-0543-8.
2. Srinivasan RC, Lungren MP, Langenderfer JE, Hughes RE. Fiber type composition and maximum shortening velocity of muscles crossing the human shoulder. Clin Anat. 2007;20(2):144-149. doi:10.1002/ca.20349.
3. Johnson MA, Polgar J, Weightman D, Appleton D. Data on the distribution of bre types in thirty-six human muscles. An autopsy study. J Neurol Sci. 1973;18(1):111-129.
4. Trebs AA, Brandenburg JP, Pitney WA. An electromyography analysis of 3 muscles surrounding the shoulder joint during the performance of a chest press exercise at several angles. J strength Cond Res. 2010;24(7):1925-1930. doi:10.1519/JSC.0b013e3181ddfae7.
5. Barnett C, Kippers V, Turner P. Effects of Variations of the Bench Press Exercise on the EMG Activity of Five Shoulder Muscles. J Strength Cond Res. 1995;9(4). http://journals.lww.com/nsca-jscr/Fulltext/1995/11000/Effects_of_Variations_of_the_Bench_Press_Exercise.3.aspx.
6. Schick EE, Coburn JW, Brown LE, et al. A comparison of muscle activation between a Smith machine and free weight bench press. J strength Cond Res. 2010;24(3):779-784. doi:10.1519/JSC.0b013e3181cc2237.
7. Alberton CL, Lima CS, Moraes AC De. RELATIONSHIP BETWEEN WORKLOAD AND NEUROMUSCULAR ACTIVITY IN THE BENCH PRESS EXERCISE. 2013;17(1):1-6.
8. Chris Barnett, Vaughan Kippers, Peter Turner, "Effects of Variations of the Bench Press Exercise on the EMG Activity of Five Shoulder Muscles.", The Journal of Strength and Conditioning Research 9(4) · November 1995, DOI: 10.1519/00124278-199511000-00003

Quadzilla

1. Spineti J, de Salles BF, Rhea MR, et al. In uence of exercise order on maximum strength and muscle volume in nonlinear periodized resistance training. J strength Cond Res. 2010;24(11):2962-2969. doi: 10.1519/ JSC.0b013e3181e2e19b.
2. Goldberg AL, Etlinger JD, Goldspink DF, Jablecki C.,"Mechanism of work-induced hypertrophy of skeletal muscle.", Med Sci Sports. 1975 Fall;7(3):185-98.
3. Chiu, L.Z.F. and J.L. Barnes, The Fitness-Fatigue Model Revisited: Implications for Planning Short- and Long-Term Training. Strength & Conditioning Journal, 2003. 25(6): p. 42-51.
4. Helms, E.R., et al., Recommendations for natural bodybuilding contest preparation: resistance and cardiovascular training. Journal of Sports Medicine and Physical Fitness, 2014.
5. Gouzi, F., Maury, J., Molinari, N., Pomiès, P., Mercier, J., Préfaut, C., & Hayot, M. (2013). Reference values for vastus lateralis fibre size and type in healthy subjects over 40 years old: a systematic review and metaanalysis. Journal of Applied Physiology, 115(3), 346-354.
6. Johnson, M., Polgar, J., Weightman, D., & Appleton, D. (1973). Data on the distribution of fibre types in thirty-six human muscles: an autopsy study. Journal of the Neurological Sciences, 18(1), 111-129.
7. Jennekens, F. G., Tomlinson, B. E., & Walton, J. N. (1971). Data on the distribution of fibre types in five human limb muscles. An autopsy study. Journal of the Neurological
8. Johnson, M., Polgar, J., Weightman, D., & Appleton, D. (1973). Data on the distribution of fibre types in thirty-six human muscles: an autopsy study. Journal of the Neurological Sciences, 18(1), 111-129.

Deltoid Domination

1. Spineti J, de Salles BF, Rhea MR, et al. In uence of exercise order on maximum strength and muscle volume in nonlinear periodized resistance training. J strength Cond Res. 2010;24(11):2962-2969. doi: 10.1519/ JSC.0b013e3181e2e19b.
2. Ganderton C, Pizzari T. A systematic literature review of the resistance exercises that promote maximal muscle activity of the rotator cu in normal shoulders. Shoulder Elb. 2013;5(2):120-135. doi:10.1111/ sae.12010.
3. Mavidis A, Vamvakoudis E, Metaxas T, et al. Morphology of the deltoid muscles in elite tennis players. J Sports Sci. 2007;25(13):1501-1506. doi:10.1080/02640410701213442.
4. Gundill M. Pressing Issues: Building better shoulders with overhead presses. Ironman. August 2002.

Arm Authentizität II

1. Spineti J, de Salles BF, Rhea MR, et al. In uence of exercise order on maximum strength and muscle volume in nonlinear periodized resistance training. J strength Cond Res. 2010;24(11):2962-2969. doi: 10.1519/ JSC.0b013e3181e2e19b.
2. Dahmane R, Djordjevic S, Simunic B, Valencic V. Spatial ber type distribution in normal human muscle Histochemical and tensiomyographical evaluation. J Biomech. 2005;38(12):2451-2459. doi:10.1016/ j.jbiomech.2004.10.020.
3. Moore DR, Phillips SM, Babraj JA, Smith K, Rennie MJ. Myo brillar and collagen protein synthesis in human skeletal muscle in young men after maximal shortening and lengthening contractions. Am J Physiol Endocrinol Metab. 2005;288(6):E1153-9. doi:10.1152/ ajpendo.00387.2004.
4. Terzis G, Georgiadis G, Vassiliadou E, Manta P. Relationship between shot put performance and triceps brachii ber type composition and power production. Eur J Appl Physiol. 2003;90(1-2):10-15. doi: 10.1007/s00421-003-0847-x.
5. McCaw ST, Friday JJ. A Comparison of Muscle Activity Between a Free Weight and Machine Bench Press. J Strength Cond Res. 1994;8(4). doi:10.1519/1533-4287(1994)008<0259:ACOMAB>2.3.CO;2.

Der Übungskatalog

1. Signorile JF, Zink AJ, Szwed SP.,"A comparative electromyographical investigation of muscle utilization patterns using various hand positions during the lat pull-down.", J Strength Cond Res. 2002 Nov;16(4): 539-46.
2. Lehman GJ, Buchan DD, Lundy A, Myers N, Nalborczyk A. Variations in muscle activation levels during traditional latissimus dorsi weight training exercises: An experimental study. Dyn Med. 2004;3(1):4. doi: 10.1186/1476-5918-3-4.
3. http://suppversity.blogspot.de/2014/04/lat-pulldowns-revisited-whats-optimal.html
4. Lehman GJ, Buchan DD, Lundy A, Myers N, Nalborczyk A. Variations in muscle activation levels during traditional latissimus dorsi weight training exercises: An experimental study. Dyn Med. 2004;3(1):4. doi: 10.1186/1476-5918-3-4.
5. McCaw ST, Melrose DR., "Stance width and bar load effects on leg muscle activity during the parallel squat.", Med Sci Sports Exerc. 1999 Mar;31(3):428-36.
6. Paoli A, Marcolin G, Petrone N., "The effect of stance width on the electromyographical activity of eight superficial thigh muscles during back squat with different bar loads.", J Strength Cond Res. 2009 Jan; 23(1):246-50.
7. Escamilla RF, Fleisig GS, Lowry TM, Barrentine SW, Andrews JR., "A three-dimensional biomechanical analysis of the squat during varying stance widths.", Med Sci Sports Exerc. 2001 Jun;33(6):984-98.
8. Contreras B, Vigotsky AD, Schoenfeld BJ, Beardsley C, Cronin J., "A Comparison of Gluteus Maximus, Biceps Femoris, and Vastus Lateralis Electromyography Amplitude in the Parallel, Full, and Front Squat

Variations in Resistance-Trained Females.", J Appl Biomech. 2016 Feb;32(1):16-22. doi: 10.1123/jab. 2015-0113. Epub 2015 Aug 6.
9. Yavuz HU, Erdağ D, Amca AM, Aritan S., "Kinematic and EMG activities during front and back squat variations in maximum loads.", J Sports Sci. 2015;33(10):1058-66. doi: 10.1080/02640414.2014.984240. Epub 2015 Jan 29.
10. Ebben WP, Feldmann CR, Dayne A, Mitsche D, Alexander P, Knetzger KJ., "Muscle activation during lower body resistance training.", Int J Sports Med. 2009 Jan;30(1):1-8. doi: 10.1055/s-2008-1038785. Epub 2008 Oct 30.
11. Ebben WP., "Hamstring activation during lower body resistance training exercises.", Int J Sports Physiol Perform. 2009 Mar;4(1):84-96.
12. Barnett C, Kippers V, Turner P. E ects of variations of the bench press exercise on the EMG Activity of 5 Shoulder Muscles. 1995:222-227.
13. Saeterbakken AH, Fimland MS. E ects of body position and loading modality on muscle activity and strength in shoulder presses. J strength Cond Res. 2013;27(7):1824-1831. doi:10.1519/JSC.0b013e318276b873.
14. McAllister MJ, Schilling BK, Hammond KG, Weiss LW, Farney TM. E ect of grip width on electromyographic activity during the upright row. J strength Cond Res. 2013;27(1):181-187. doi: 10.1519/JSC.0b013e31824f23ad.
15. Botton CE, Wilhelm EN, Ughini CC, Silveira R, Allegre P. Electromyographical Analysis of the Deltoid. 2013;17(2):67-71. doi:10.5604/17342260.1055261.

Notizen:

Notizen:

Notizen:

Notizen:

Notizen:

Notizen:

Notizen:

Notizen:

Notizen: